Dieses Buch stellt sich vor

Westafrika gehört zu denjenigen Gebieten der Erde, deren Zukunft mit der Europas besonders eng verbunden ist. Denn die meisten westafrikanischen Staaten sind der EWG assoziiert und genießen ein vordringliches Anrecht auf Entwicklungshilfe. Außerdem erreicht der Tourismus, der von Jahr zu Jahr mehr über Europas Grenzen hinausbrandet, allmählich in stärkeren Wellen das Gestade Westafrikas. Das Spiel und Gegenspiel hat bereits begonnen: Steigender Verkehr, steigende Zahl der Besucher, steigender Verkehr.

In diese Bewegung schalten wir uns mit diesem Buch ein und bieten unseren Lesern wohl den ersten deutschsprachigen Reiseführer durch die sechzehn Länder Westafrikas. Gerade wer in noch wenig erschlossene und bekannte Länder reist, ist darauf angewiesen, sich vorher gründlich zu orientieren und aus anderen Erfahrungen zu lernen. Der unbekannten Pfade gibt es noch genug und genug des Reizvollen, wenn man sich diese unbekannten Pfade zu den Eigenarten und Schönheiten der Landschaften von den bekannten und gut erkundeten aus erschließt.

Der Verfasser hat uns jedes einzelne der sechzehn Länder beschrieben. Auf sorgfältig zusammengestellten Reiserouten zeigt er die einzelnen Sehenswürdigkeiten am Wege, gibt uns die Ziele an, sorgt wie ein diensteifriger Reiseleiter dafür, daß wir wissen, wo wir unser müdes Haupt hinlegen sollen, daß wir die klimagemäße Verpflegung erhalten, daß wir unsere Gesundheit schützen. Er übt mit uns ein, wie wir uns den Westafrikanern gegenüber verhalten sollen, erklärt uns die besten Anreisewege und verkürzt uns den Weg zu den notwendigen Ausweisen und Papieren. Wir erfahren, was wir mitnehmen sollen, um für das Klima, für die Stadt und für den Busch ausgerüstet zu sein. Wir erhalten Anhaltspunkte für Preise, Winke für den Jäger und wichtige Adressen, an die wir uns wenden können, wenn wir einmal Hilfe brauchen sollten.

Dem Reiseführer vorausgeschickt ist ein Blick auf das Ganze dieser Großlandschaft, ihre Geschichte, Natur und Kultur, ihre Völker, ihre Wirtschaft usw. Dieser nicht minder gewichtige Teil des Buches bietet dem Kursleiter für Entwicklungshelfer, seinen Hörern, den Lehrern und Schülern höherer Schulen und allen weltgerichteten Menschen deutscher Sprache ein gesuchtes, zuverlässiges Informationsmaterial zum Lernen und Lehren.

Der Herausgeber

WESTAFRIKA
MAI'S AUSLANDSTASCHENBUCH NR. 24

MAI'S AUSLANDSTASCHENBÜCHER (1..)
MAI'S WELTFÜHRER (1a..)

enthalten Reiseführer für ff. Länder in alphabetischer Reihenfolge
mit den Nummern der Buchreihen 1 und 1 a in Klammern

Ägypten-Oasen (20 a)
Äquatorialguinea (31)
Äthiopien (29)
Afghanistan (13 a)
Antillen (28)
Algerien (20)
Argentinien (14 a)
Australien (5)
Bali (12 a)
Bolivien (8 a)
Brasilien (2)
Britisch
  Honduras (28)
Burma (30)
Burundi (29)
Ceylon (16 a)
Chile (17 a)
Costa Rica (28)
Cuba (28)
Dahome (24)
Dominikanische
  Republik (28)
Ecuador (22 a)
El Salvador (28)
Elfenbeinküste (24)
Gabun (31)
Galápagos-
  Inseln (22 a)
Gambia (24)
Ghana (24)
Guatemala (28)
Guinea (24)
Haiti (28)
Hawaii (32)
Honduras (28)
Hong Kong (10 a)
Indien (6)

Indonesien (12 a)
Irak (22)
Iran (2 a)
Jamaica (28)
Japan (27)
Java (12 a)
Jordanien (22)
Kambodscha (30)
Kamerun (31)
Kanada (10)
Kapverden (24)
Karibien (28)
Kenia (29)
Kolumbien (7 a)
Komoren
Kongo/Brazza (31)
Laos (30)
Libanon (22)
Liberia (24)
Libyen (20)
Mali (24)
Malaysia (9 a)
Madagaskar
Mauretanien (24)
Mauritius
Marokko (20)
Mexiko (21 a)
Mittelamerika (28)
Naher Osten (22)
Nepal (18 a)
Neuseeland (15 a)
Nicaragua (28)
Niger (24)
Nigeria (3 a und 24)
Nordafrika (20)
Ostafrika (29)
Obervolta (24)

Panama (28)
Paraguay (11 a)
Peru (6 a)
Philippinen (19 a)
Portugiesisch
  Guinea (24)
Puerto Rico (28)
Réunion
Ruanda (29)
Sahara (20 a)
San Salvador (28)
Senegal (24)
Seyrhellen
Sierra Leone (24)
Sikkim (18a)
Singapore (9 a)
Somalia (29)
Spanisch-
  Nordafrika (20)
  Westafrika (20)
Sudan (29)
Südafrika (4)
Südsee (32)
Südwestafrika (4)
Syrien (22)
Tansania (29)
Thailand (1 a)
Togo (24)
Tschad (31)
Tunesien (20)
Uganda (29)
Uruguay (5 a)
USA (9)
Venezuela (4 a)
Zaire (31)
Zentralafrika (31)

MAI'S AUSLANDSTASCHENBUCH NR. 24

WESTAFRIKA

(Kapverden, Mauretanien, Mali, Senegal, Gambia,
Guinea-Bissau, Guinea, Sierra Leone, Liberia,
Elfenbeinküste, Obervolta, Ghana, Togo, Dahome,
Niger, Nigeria)

3. neubearbeitete Auflage

VON

PROF. DR. JOSEF SCHRAMM, DAKAR

VERLAG
„VOLK UND HEIMAT", 8021 BUCHENHAIN VOR MÜNCHEN

WIR STELLEN DEN AUTOR VOR

Der Verfasser unseres Bandes „Westafrika" ist Dr. Josef Schramm, ord. Professor an der Universität Dakar/Senegal/Westafrika. Er hat in Wien, Berlin, Innsbruck und Paris Geographie, Germanistik, Völkerkunde und Tropenmedizin studiert, wurde zum Dr. phil. an der Universität Innsbruck promoviert und habilitierte sich für Geographie unter besonderer Betonung der völkerkundlichen Aspekte an der Universität Salzburg.

Prof. Dr. Schramm hat elf Jahre in Afrika gelebt und zwar in Nord-, West- und Zentralafrika, wo er die Landschaften bereiste, um Forschungen zu betreiben. Auf Grund seiner zahlreichen wissenschaftlichen Veröffentlichungen wurde er von der Pariser Académie des Sciences d'Outre-Mer zum assoziierten Mitglied gewählt.

Die von Prof. Dr. Schramm verfaßten Bände in den Reihen „Mai's Auslandstaschenbücher" und „Mai's Weltführer" waren zunächst als Einführungen für Geographische Exkursionen entstanden, die er mit seinen Studenten in Freiburg i. Br., Marburg/Lahn und Salzburg geplant und durchgeführt hat.

Alle Rechte vorbehalten — Printed in Austria
Druck: Druckerei Ernst Ploetz, A-9400 Wolfsberg, Österreich
Herausgeber: Dr. Richard Mai
JSBN 3-87936-096-0
1974

DER INHALT

Teil I: Länder und Leute

Natur und Geschichte — 8
- Allgemeines — 8
- Klima — 9
- Pflanzen- und Tierwelt — 11
- Gewässer — 13
- Oberflächengestalt und Untergrund — 14
- Ältere Geschichte — 16
- Kolonialgeschichte — 21
- Die Unabhängigkeit — 23

Mensch und Gemeinschaft — 26
- Ethnische und sprachliche Gliederung — 26
- Religionen — 28
- Ländliche Siedlungen — 30
- Städtische Siedlungen — 32
- Soziale Verhältnisse — 32
- Politische Verhältnisse — 35

Kulturwerte Westafrikas — 36
- Darstellende und bildende Künste — 36
- Unterricht und Erziehung — 38
- Rundfunk, Presse, Theater, Film — 39

Wirtschaftliche Gegebenheiten — 41
- Bodenschätze — 41
- Forstwirtschaft — 42
- Fischerei — 43
- Viehzucht — 43
- Landwirtschaft — 45
- Handwerk, Industrie — 46

Verkehrswesen — 47

Teil II: Land für Land mit Reiserouten und Sehenswürdigkeiten

Von Europa nach Westafrika — 52
- Luftweg — 52
- Schiffsweg — 52
- Landweg — 53

Reisen durch Westafrika 54
   Süd-Nordstrecken 54
   West-Oststrecken 56

Fahrten und Ausflüge in einzelnen Ländern Westafrikas 58

   Kapverden 58
   Mauretanien 60
   Mali 68
   Senegal 77
   Gambia 99
   Guinea-Bissau 103
   Guinea 105
   Sierra Leone 110
   Liberia 113
   Elfenbeinküste 117
   Obervolta 125
   Ghana 129
   Togo 138
   Dahome 144
   Niger 153
   Nigeria 158

Hundert Tips für Westafrikafahrer 164

   Anreise 166
   Ausweise 167
   Ausrüstung 169
   Unterkünfte 170
   Gastronomische Spezialitäten 171
   Kostenvoranschlag 174
   Günstige Reisezeit 174
   Winke für den Jäger 175

Wichtige Adressen 177
Auswahl aus dem Schrifttum 181
Namens-, Orts- und Sachverzeichnis . . . 183
Bildbeilage
Karten

TEIL I

LÄNDER UND LEUTE

Natur und Geschichte

Afrika ist mit 30 302 000 qkm etwa dreimal größer als Europa. Im Gegensatz zum stark gegliederten europäischen Kontinent mit seinen vielen Buchten, Halbinseln und Inseln ist Afrika eine Festlandmasse ohne stärkere Gliederung. Die Großlandschaften dieses Kontinents: Nordafrika, Ostafrika, Inseln im Indischen Ozean, Südafrika, Zentralafrika und Westafrika stellen durch ihre große Fläche und ihre besonderen geographischen Gegebenheiten Subkontinente dar. Zwischen ihnen gibt es keine scharfen Grenzen, sondern man findet überall breite Übergangszonen.

Die größte Wüste der Erde, die Sahara, trennt Westafrika vom nördl. Teil dieses Kontinents, im Westen und Süden ist der Atlantische Ozean die Grenze und im Osten hat man sich geeinigt, aufgrund botanischer und teilweise ethnischer Indikationen Nigeria zu Westafrika und Kamerun zu Zentralafrika zu zählen. In diesem Umfang nimmt Westafrika rund 6 000 000 Quadratkilometer ein, was rund ein Fünftel des afrikanischen Kontinents ist bzw. soviel wie ganz Europa ohne die Sowjetunion. Dementsprechend sind auch die Entfernungen groß: von Dakar bis zum Tschadsee sind es fast 3500 km, was der Strecke Paris—Ural entspricht, und die Nord-Süd-Entfernung beträgt mehr als 2000 km, etwa die Strecke Hamburg—Rom.

Westafrika ist durch seine physisch-geographischen Verhältnisse, durch die ethnische und religiöse Vielfalt sowie durch seine reichen kulturellen Leistungen sehenswert.

Westafrika ist keine in sich abgeschlossene Welt: über die Sahara-Pisten gab es immer schon Verbindungen zu Nordafrika, noch intensiver waren seit jeher die Beziehungen zu Zentralafrika; seit dem 15. Jhdt. besteht von der Küste des Atlantischen Ozeans ein reger Verkehr mit Europa und Amerika. Der Austausch von Menschen, Techniken und Wirtschaftsgütern zwischen Westafrika und Europa ging nicht immer friedlich vor sich. Portugiesen, Niederländer, Briten, Franzosen und Deutsche errichteten in Westafrika Kolonien, westafrikanische Soldaten wurden im 1. und 2. Weltkrieg auf den europäischen Kriegsschauplätzen eingesetzt. Als Folge dieser historischen Begebenheiten ist man als Europäer in einigen westafrikanischen Staaten nicht gern gesehen, in anderen dagegen wird man vorbehaltlos als Freund aufgenommen. Daher ist es ratsam, nicht in jene Gebiete zu gehen, wo man den Europäer nicht sehen will. Dagegen lohnt sich ein Besuch in jenen Gebieten, in denen man die Europäer freundlich empfängt ... und dies kann man ohne jede Gefahr für Leib und Leben tun, sofern die gesundheitlichen Vorschriften beachtet werden.

Klima

Wenn man an Westafrika denkt, dorthin reisen will, sollte man zunächst nach den klimatischen Verhältnissen fragen. Der Mensch kann vieles ändern, aber bisher ist es ihm nicht gelungen, das Klima eines Großraumes zu verändern. Wenn man die Westafrikaner, ihre Geschichte, Kultur und Wirtschaft verstehen will, sollte man zumindest einen Überblick der klimatischen Verhältnisse haben. Klima und Mensch stehen hier in einem engen Zusammenhang.

In den Schulbüchern steht, daß Westafrika in den Tropen liegt. Dies allein ist noch keine Erklärung, denn wir haben es mit Wüstengebieten, mit wechselfeuchten und mit immerfeuchten Gebieten zu tun. Die Klischeevorstellung „Afrika ist heiß" hatte schon oft ernste Erkältungen zur Folge.

Die **Temperaturen** sind in der Regel tropisch-hoch und man kann nicht von Sommer und Winter sprechen. Die Jahresamplituden, d. h. der Temperaturunterschied ist objektiv nicht sehr groß zwischen den einzelnen Jahreszeiten, aber subjektiv wird man Hitze empfinden, wenn es sich z. B. um feuchte Luft handelt. In der Wüste sind die Tagesamplituden sehr hoch: nachts fällt das Thermometer bis in die Nähe des Gefrierpunktes und erreicht mittags mehr als 40° C. Das ist noch lange keine „siedende Hitze", aber der Körper ist den starken täglichen Schwankungen der Temperatur ausgesetzt. In den meisten küstennahen Gebieten Westafrikas herrscht eine weitgehende Gleichmäßigkeit der Temperaturen. Tagsüber hat man kaum mehr als 30°, aber nachts kühlt es nicht ab. Sofern man kein Klimagerät in der Wohnung hat, empfindet man z. B. 25° als schlafstörend. Bei kurzen Aufenthalten kommt man leicht über die Hürden der Temperatur, bei längerem Verweilen muß man sich auf Wärme und auf Kälte einstellen.

Die **Luftfeuchtigkeit** ist in der Wüste gering, sie nimmt nach Süden hin zu bzw. in der Nähe von Gewässern. Trockene Luft ist bei 40° leichter zu ertragen als feuchte Luft bei 30°. Wenn die Luftfeuchtigkeit unter 50% liegt, verdunstet der Schweiß sofort, ist jedoch die Luftfeuchtigkeit höher als 80%, fühlt man sich in Schweiß gebadet, denn die Absorptionsfähigkeit der Luft ist zu gering.

Die **Niederschläge** fallen ausschließlich in Form von Regen, nur ganz ausnahmsweise kommt es mal zu einem kurzfristigen Hagel. Entsprechend dem zenitalen Sonnenstand folgt eine Regenzeit. Da bekanntlich der Zenitalstand der Sonne am nördl. Wendekreis zur Sommersonnenwende erreicht wird, hat man danach, d. h. Juli, August, September, die Regenzeit in Westafrika. Fälschlicherweise bezeichnet man diese als „hivernage", d. h. Winter. Es handelt sich nicht um eine kalte Jahreszeit, sondern um eine feucht-heiße, schwüle und für Europäer unangenehme Zeit. Je näher zum Äquator, umso länger ist die Regenzeit, umso höher sind die Niederschlagsmengen. In der Wüste fallen nur „alle sieben Jahre" Regen, in den Landschaften südlich davon müssen mindestens 500 mm — gut verteilt — fallen, um landwirtschaftlichen Nutzen zu erbringen. Wenn diese ausblieben, so etwa in den Katastrophenjahren 1913 und 1972, nicht mal 200 mm erreichen, herrscht Hunger: Menschen und Tieren fehlen Wasser und Pflanzen. Zwischen Guinea und Westghana erreichen die Niederschläge in den atlantiknahen Gebieten mehr als 2000 mm, wobei es etwa im Mai eine „kleine Regenzeit" gibt. Bei günstiger topographischer Lage fallen mehr als 2500 mm Regen, und wenn diese jahreszeitlich gut verteilt sind, spricht man von „immerfeuchten Tropen". Ebenso wie im Norden Dürren zu Katastrophen führen, kann es im Süden infolge zu ausgiebiger Regenfälle zu Katastrophen kommen.

Die **Winde** sind nach den Jahreszeiten verschieden. Azoren- und Sahara-Hoch einerseits und der Kalmengürtel andererseits haben zur Folge, daß in den Monaten Dezember, Januar, Februar der vorherrschende Wind aus Nord und Nordost kommt, d. h. Passatwinde und Harmattan. Juli, August, September kommt es zu Verlagerungen im Luftdruck und in Westafrika bilden sich, zwischen Dakar und dem Tschadsee, Tiefs. Die Folge davon sind Winde aus Südwest, d. h. regenbringende monsunartige Luftströmungen, zu Beginn und gegen Ende der Regenzeit in Form heftiger Tornados.

Von Süd nach Nord haben wir in Westafrika mehrere streifenförmige Klimazonen, die man kurz folgend kennzeichnen könnte:

a) **Guinea-Klima.** Hier herrscht hohe Luftfeuchtigkeit, es fallen reichlich Niederschläge und zwar in zwei Regenzeiten (1300—4000 mm). Auch die Trockenzeiten sind nicht völlig ohne Niederschlag. Typisches Guinea-Klima hat die Gegend von Abidjan. Variationen weisen die Küstengebiete von Togo-Dahome (wenig Niederschläge) und Guinea (nur eine Regenzeit) auf. Die Temperaturen sind konstant hoch.

b) **Sudan-Klima.** Die Niederschlagsmengen liegen hier etwa zwischen 500 bis 1300 mm. Sie fallen während der Regenzeit, die im Süden 8, im Norden etwa 5 Monate dauert. Die Luftfeuchtigkeit wechselt stark im Laufe des Tages und ist auch entsprechend der Jahreszeit verschieden. Die Temperatur zeigt größere Tages- und Jahresschwankungen als im Bereich des Guinea-Klimas.

c) **Sahel-Klima.** Die Niederschlagsmenge liegt hier nur noch zwischen 200 und 500 mm. Die Trockenzeit dauert 9 bis 10 **Monate**.

Die Temperaturen zeigen große Schwankungen zwischen Tag und Nacht.

d) **Wüsten-Klima.** Etwa nördlich des 16. Breitengrades liegt die Niederschlagsmenge unter 200 mm, d. h. es regnet nicht mehr jedes Jahr. Gelegentlich kommt es dabei zu sehr heftigen Regengüssen. Die Temperaturen zeigen sehr große Schwankungen zwischen Tag und Nacht. Sehr unangenehm können hier die Sandstürme werden.

Neben diesen vier streifenartig angeordneten Hauptklimatypen könnte man noch auf Grund lokaler Gegebenheiten einige kleinere Klimabereiche unterscheiden. An der Küste von Mauretanien und dem Senegal spricht man von einem **„Subkanarischen Klima"**, da es hier zeitweise sehr schwül ist und trotzdem keine Niederschläge fallen. Im Futa-Djalon, wie überall über 800 m ü. M., unterscheidet man ein **„Gebirgsklima"** mit kühlen Nächten. Im Trockengebiet von Südostghana/Südtogo/Süddahome spricht man gelegentlich auch von einem **„Benin-Klima"** usw.

Die günstigste Jahreszeit für Jagd- oder Studienreisen sind die Monate Dezember, Januar, Februar, März (zugegeben: man kann auch anderer Meinung sein). Zu dieser Zeit ist es nicht unerträglich heiß, die Luftfeuchtigkeit ist mäßig und man kann mit andauerndem, trockenem Wetter rechnen. Einen eigenen Reiz hat auch eine Fahrt während der Monate Juli/August, d. h. während der Regenzeit. Man muß aber mit hoher Luftfeuchtigkeit, heftigen Regen und unterbrochenen Straßen rechnen. Dafür wird man an schönen Tagen durch den Anblick einer saftig-grünen Landschaft belohnt, die sonst nur in einem eintönigen Rot-Braun-Grau zu sehen ist.

Pflanzen- und Tierwelt

Den Klimazonen entspricht die Verbreitung der Pflanzen und der Tiere. Im tropischen Westafrika wird man kaum Pflanzen der europäischen gemäßigten Zone finden und auch wenige europäische Tiere. Man lasse sich nicht von den Namen täuschen. Wenn man in Westafrika von Kirschen spricht, so meint man damit eine Frucht, die mit unserer Kirsche wenig zu tun hat. Ebenso sind die westafrikanischen „Birnen", „Äpfel" usw. mit unseren Früchten nicht zu vergleichen. Die „Rehe" und „Hirsche" sind Antilopen, die „Wildschweine" sind Warzenschweine oder Pinselohrschweine, der „Hase" ist oft eine Antilope...

Genau wie die Klimazonen, so bilden auch die Pflanzenregionen weitgezogene Ost-West-Streifen.

a) **Guinea-Zone.** Nachdem hier reiche Niederschläge fallen und die Temperatur das ganze Jahr über mehr als 20° beträgt, konnte sich ein immergrüner Regenwald ausbilden. Es ist ein Wald, dessen Bäume durchschnittlich 30 m hoch sind, einzelne Riesen ragen bis 50 m aus ihm heraus. Auf dem Boden herrscht Lichtarmut, daher sieht man dort weder Gras noch Moos, sondern Lianen und Epiphyten. Die Blätter erneuern sich laufend, so daß es keine Kahlperiode gibt. Aubreville hat im Regenwald der Elfenbeinküste 590 Holzarten festgestellt. Wo das ursprüngliche Pflanzenkleid erhalten ist, kann man von einem primären Wald oder auch von einem Urwald sprechen, wo jedoch der Mensch den Wald einmal gerodet hat, darf man nicht mehr von einem „Urwald" sprechen, nur von einem Sekundärwald. Hier findet sich unter den Bäumen vielfach ein dichtes Gestrüpp von Sträuchern und Gräsern, so daß der Uneingeweihte den Eindruck gewinnt, als wäre der Urwald „durch riesige Gräser" undurchdringlich — wie es in vielen Beschreibungen heißt. Die bekanntesten Bäume des Guinea-Waldes sind Khaya-Arten (Meliazeen), Erythrophloeum (Leguminosen), Cylicodiscus (Mimosen), Mitragynae (Mimosen). — Im Guinea-Wald leben die meisten Tiere in den oberen Stockwerken des Waldes und sind daher mehr Flug- und Klettertiere, weit weniger Läufer. Charakteristische Waldtiere sind die Schimpansen, Halbaffen, Schuppentiere, fliegenden Eichhörnchen, Palmratten, von den Vögeln Graupapageie und Turako.

b) **Sudan-Zone.** Entsprechend den geringeren Niederschlagsmengen sind in dieser Zone nur noch entlang der Flüsse Streifen immergrünen Waldes („Galeriewälder") erhalten. Sonst sieht man hier Wälder, die während der Trockenzeit keine Blätter haben. Das Landschaftsbild wird jedoch von den Grasflächen beherrscht. Entweder handelt es sich um eine Baumsavanne (auch „Parklandschaft" genannt) oder um eine Buschsavanne. In beiden Fällen ist das übermannshohe Elefantengras charakteristisch. Aubreville zählte hier 370 Holzarten, davon 95 Leguminosen, und 30 Combretazeen. — Charakteristische Vertreter der Tierwelt sind Paviane, Büffel, Hyänen, Elefanten, verschiedene Antilopenarten, Wildtauben, Frankolins, Raubvögel, sowie in den Flüssen Nilpferde und Krokodile.

c) **Sahel-Zone.** Hier fallen noch weniger Niederschläge und daher ist die Zahl der Bäume gering. An ihre Stelle treten Sträucher, vielfach Dornbusch. Das Gras ist wesentlich niedriger als in der Sudan-Zone. Je nach der Häufigkeit der Sträucher spricht man von einer „Dornbusch-Savanne" oder von einer „Gras-Savanne". Die meisten Sträucher gehören zu den Akazien und Euphorben, dann folgen Ficus-Arten und Gummibäume. Die Gräser setzen sich hauptsächlich aus Pennisetum- und Imperata-Arten zusammen, stellenweise herrschen magere Aristida-Arten oder die als Viehweiden geschätzten Vetiveria-Gräser. — Die meisten Tiere dieser Zone sind ausgezeichnete Läufer, da sie in der Regel weite

Strecken auf der Nahrungssuche zurücklegen müssen. Die bekanntesten Tiere sind hier Löwe, Leopard, Gepard, Antilopen, Gazellen, Giraffe, Hyänen, Schakale, Strauß.

d) **Wüste.** Auch dieses Gebiet ist nicht völlig vegetationslos. Wenn es regnet, so wachsen Gräser und Kräuter in großer Zahl und bilden einen dichten grünen Teppich. Kurz danach kann man dort eine Menge von Insekten und dann auch Vögel und Säugetiere sehen. Bald verschwindet die Vegetationsdecke und auch die Tiere verschwinden, ohne daß man recht weiß, wie und wohin. Wo in der Wüste dauernde Wasserstellen vorhanden sind, gibt es Oasen. Hier ist die Dattelpalme der wichtigste Baum und die Gerste das wichtigste Gras. — Von den wilden Tieren kommen jene aus dem Sahel gelegentlich in die Wüste, so vor allem Gazellen, Schakale, Strauß, Raubvögel. Als typisches Tier der westafrikanischen Saharagebiete gilt der Fennek, der braune Wüstenfuchs mit langen Ohren.

Wie beim Klima so gibt es auch hier einige besondere Formen, die durch örtliche Gegebenheiten bedingt sind. In der Nähe des Meeres, wo sich Ebbe und Flut bemerkbar machen, findet man **Mangroven.** Die hier vertretenen Rhizophorazeen und Combretazeen haben die charakteristischen Luftwurzeln. Vielfach bleibt die reife Frucht am Baum und treibt eine Wurzel, die sich allmählich in den Schlickboden eingräbt. Dadurch bilden die Mangroven ein Dickicht, und man kann hier nur in einem Kahn durchkommen. So eine mühsame Fahrt lohnt aber, weil man dabei eine Menge farbenprächtiger Vögel sehen kann und außerdem verschiedene Fische, Krabben, Krokodile, Schildkröten.

In den **Gebirgszonen** sind Höhenwald und Grasflächen zu sehen. Manche dieser Pflanzenarten findet man erst im ostafrikanischen Hochland wieder. Ebenso verhält es sich mit einigen Insekten und einigen gut gefiederten Vogelarten.

In Westafrika ist das ursprüngliche Pflanzenkleid weit mehr erhalten als in Europa und daher kann man noch ursprüngliche Formationen sehen, obzwar in den letzten Jahrzehnten sehr viel gerodet wurde. Die Zahl der wilden Tiere ist in den letzten 20 bis 30 Jahren sehr stark zurückgegangen.

Gewässer

Die meisten Flüsse Westafrikas fließen in den Atlantischen Ozean, nur wenige ergießen sich in den Tschadsee oder in andere abflußlose Becken. Das bedeutendste „Wasserschloß" Westafrikas ist der Futa-Djalon, wo viele Flüsse ihre Quellen haben.

Am Rande der Wüste fließt der **Senegal** in den Atlantik. Der mündungsfernste Quellfluß Bafing hat seinen Ursprung im Futa-Djalon in 750 m Meereshöhe. Bis Kayes (775 km) ist es ein schneller Gebirgsfluß. Von Kayes bis Podor (655 km) reicht der Mittellauf, der ein sehr verschiedenes Aussehen hat. Zwischen Dezember und Mai ist nur wenig Wasser zwischen Sand und Geröll zu sehen, von Juli bis November gibt es soviel Wasser, daß eine Schiffahrt möglich ist. Von Podor bis St. Louis (270 km) macht sich schon der Einfluß des Meeres bemerkbar, so daß hier das ganze Jahr über Schiffahrt möglich ist. Die Mündung selbst liegt derzeit etwa 26 km südlich Saint-Louis. Sie verlagert sich jedes Jahr, weil der Fluß riesige Sandmassen mitführt, die Barre im Meer den Abtransport jedoch verhindert.

Folgt man der Küste weiter nach Süden, so ist der **Gambia** der nächste bedeutende Fluß. Seine Quelle liegt ebenfalls im Futa-Djalon. Im Unterlauf hat er sich 30—50 m in ein Sandsteinplateau eingegraben. Die Flut macht sich mehr als 200 km landeinwärts bemerkbar. Etwa 150 km vor der Mündung hat der Fluß eine Breite von 1,6 km und daneben liegt ein 3—5 km breiter Streifen, der während der Regenzeit überschwemmt ist. Ähnlich wie beim Gambia ist die Lage auch bei den Flüssen, die weiter östlich fließen: Corubal, Konkure, Sewa, St. Paul u. a. Weiter östlich tritt an Stelle der Riasküste eine Haff-Nehrung-Küste. Hier münden Sassandra, Volta, Mono.

Der größte Fluß Westafrikas ist der **Niger,** rund 4200 km lang. Seine Quelle liegt im Futa-Djalon. Schon nach knappen 150 km ist er — während der Regenzeit — schiffbar. Zwischen Bamako und Kulikoro überwindet er durch Schnellen eine Steilstufe und fließt danach in das weite Sumpfgebiet — jetzt kanalisiert — von Segu-Timbuktu. Hier, am Rande der Wüste, ändert der Niger seinen bisherigen Nord-Ost-Lauf und fließt in südöstlicher Richtung. Zwischen Ansongo und Niamey sind abermals zahlreiche Schnellen, dann wird der Fluß ruhiger und wieder schiffbar. Die Mündung selbst besteht aus einem weitverzweigten Delta, welches jährlich um einige hundert Meter in das Meer hinauswächst. Die schiffbaren Nebenflüsse des Nigers sind im Oberlauf Milo und Bani, im Unterlauf der Benue.

In den Tschadsee fließen **Komadugu** und **Jadse,** beide sind nur während der Regenzeit richtige Flüsse. In die übrigen abflußlosen Becken fließen nur unbedeutende Wadis.

Die stehenden Gewässer in Küstennähe sind die **Lagunen,** die einen periodischen Abfluß zum Meer haben. Entlang der großen Flüsse entstanden vielfach Seen und Sümpfe, welche das Überschwemmungswasser während der Regenzeit aufnehmen.

Oberflächengestalt und Untergrund

Wie beim Klima und beim Pflanzenkleid, kann man auch bei der Oberflächengestalt von Süd nach Nord Streifen unterscheiden, die eine Ost—West-Erstreckung haben. Nach dem Küstenstrich folgt eine Küstenebene, dann eine vom Futa-Djalon bis zum Kamerunberg reichende Serie von Gebirgen, die nach Norden in ein riesiges, ziemlich eintöniges Plateau übergehen.

a) **Küste.** Vor zwei-, dreihundert Jahren gab man den Küstenabschnitten klingende Namen wie Pfefferküste, Goldküste, Sklavenküste. Heute will man diese Namen kaum noch hören, da sie ihre Entstehung der Kolonialgeschichte verdanken. — Vom Weißen bis zum Grünen Kap, also zwischen Nuadibu und Dakar, erstreckt sich eine ziemlich kahle Dünenküste. Dahinter liegen Lagunen oder Schotts („Niaye"). Südlich Dakar haben wir eine Riasküste, die für die Schiffahrt auch noch deshalb gut geeignet ist, weil die Barre schwach ist. Etwa am Kap Palmas wird die Küste wieder flach, weist Haffs, Nehrungen und manchmal niedere Dünen auf. Das Nigerdelta schließlich besteht aus zahlreichen Nebenarmen, Sümpfen, Halbinseln und Inseln.

b) **Küstenebene.** Hinter dem Küstensaum reicht die flachwellige Ebene mal mehr, mal weniger in das Landesinnere. Aus der Ebene ragen hie und da einzelne Hügel empor, die aus härterem Material bestehen. Die Erosion ist hier, infolge der hohen und häufigen Niederschläge, stark.

c) **Gebirge.** Die Ebene geht landeinwärts in ein Plateau über und aus diesem erheben sich einzelne Gebirge. Sie bilden keine Kette, sondern eine Reihe von Gebirgsstöcken. Im Westen ist der Futa-Djalon die bedeutendste Erhebung. Seine Gipfel erreichen 1425 (Kawendu) und 1515 (Tamge) Meter. Weiter südöstlich liegt das 2130 und 1497 m hohe Massiv Loma-Sugula (Tingi), noch weiter östlich das 1752 m hohe Nimba-Massiv. Time und Dan-Berge (Elfenbeinküste) sowie das Aschanti-Hochland (Ghana) erreichen keine 1000 m, das Togogebirge liegt knapp darüber, die Atakora-Berge in Dahome weisen nur 800 m auf. In Nigeria zeigt das Bautschi-Jos-Hochland Gipfel von 1600 und 1780 m, die Berge an der Kameruner Grenze erreichen 1500—2000 m. Im Süden hat der Kamerunberg mit seinen 4070 m keine Verbindung zu den Bergen Nigerias.

d) **Plateau.** Das weite Plateau des Inneren senkt sich fast unmerklich im Osten zum Tschadsee (Tschadseebecken), in der Mitte zum Sumpfgebiet Segu-Timbuktu (Niger-Becken) und im Westen zum Senegal (Senegal-Becken). Aus dem Plateau ragen zahlreiche Inselberge empor, im Norden bilden Air und der Adrar der Iforas Gebirgsmassive, die 1900 bzw. 1000 m hoch sind.

Der größte Teil Westafrikas stellt eine alte Masse dar, die hauptsächlich aus präkambrischen Gesteinsbildungen besteht. Nach der Terminologie der französischen Geologen handelt es sich um folgende Stufen: **älteres Präkambrium** oder Dahomeyen, bestehend aus Glimmerschiefern, Gneis, zum Teil mit charakteristischem

Vorkommen von Rutil und Hämatit; **mittleres Präkambrium**, mit dem älteren Akwapimien und dem jüngeren Birrimien. Das Hauptgestein besteht aus Glimmerschiefern, Quarziten, dazu charakteristische Amphibolite und Laven. Es folgt das **obere Präkambrium** mit dem Tarkwaien und dem Faléméen. Bezeichnend für diese Stufen sind Sandstein, Schiefer, Quarzite und Konglomerate. Im **Paläozoikum** wurde die präkambrische Scholle stark zerstört, jedoch nicht gefaltet. Gesteinsbildend waren vor allem Silur und Devon (Sandstein). Während des **Mesozoikums** bildeten sich die großen Binnenbecken und auch die Becken an der Küste (Elfenbeinküste, Dahome). Das **Tertiär** ist für Westafrika eine wesentlich ruhigere Zeit als für Europa. Es bildete sich die Ebene von Onitscha-Oweri (Erdöl) und es kam an der Kamerunlinie so wie im Air zu vulkanischer Tätigkeit. Im **Quartär** entstanden die heutigen Küstenformen. Im Norden gab es einige Veränderungen durch Windwirkung, während der Vulkanismus nur an wenigen Stellen (Air, Westsenegal) die Landschaft umgestaltete.

Ältere Geschichte

In Europa war man vielfach der Ansicht, Westafrika sei ein geschichtsloses Gebiet gewesen, als die ersten Europäer dorthin kamen. Heute weiß man, daß Westafrika eine alte Vorgeschichte und Geschichte hat.

Vorgeschichtliche Funde sind vor allem im Gebiet der offenen Graslandschaften gemacht worden. Spuren menschlichen Lebens stammen aus dem älteren und dem mittleren Paläolithikum und man vermutet den Ahnen der Sudan-Negroafrikaner im sog. Homo Asselarensis. Neolithische Funde sind uns hauptsächlich aus der Savanne bekannt. In vorgeschichtlicher Zeit hat es nachweisbar zwei Wege gegeben, die Westafrika mit Nordafrika verbunden haben. Der westliche Weg führte vom Niger über den mauretanischen Adrar, Zemur und Gundam nach Südmarokko, in der Nähe des Kap Juby bzw. nach Sidjilmasa im Tafilalet. Dieser Weg ist mit Sicherheit um das Jahr 1000 vor Christi belegt, und man findet hier Kupfer- und Bronzegegenstände, welche eine auffallende Ähnlichkeit mit den Bronzefunden der Iberischen Halbinsel haben. Der zweite Weg ging vom Niger (Gao, Timbuktu) über den Adrar der Iforas, den Hoggar, Fezzan nach Tripolitanien. Das Eisen und das Pferd sind wahrscheinlich auf diesem Weg nach Westafrika gekommen, im 3. Jhdt. n. Chr. auch das Kamel.

Auf Grund der jüngsten Erforschungen der Meeresströmungen und der Winde kann man ziemlich sicher behaupten, daß im Altertum nur ganz selten Seefahrer aus dem Mittelmeerraum an die westafrikanischen Küsten gekommen sind. Für die Karthager,

Römer, Wandalen und Byzantiner, die in Nordafrika regierten, blieb die große Wüste eine Trennungslinie. Erst nach Pachado kamen in größerer Zahl aus dem Mittelmeergebiet nach Westafrika. Die erste arabische Expedition in den Westsudan fand 734 statt.

Die einzelnen westafrikanischen ethnischen Gruppen hatten ihre Stammesfürstentümer, wobei infolge von Wanderviehzucht und Wanderhackbau zunächst keine Territorialstaaten entstanden sind. Um 300 n. Chr. wurde von Hellhäutigen, vermutlich Berbern, der **Staat Ghana** (oder Gana) zwischen dem mittleren Niger (Timbuktu) und dem oberen Senegal (Kayes) gegründet. Er hatte eine feste Hauptstadt namens Ghana oder Kumbi, vermutlich südwestl. des heutigen Nema in Südost-Mauretanien (Kumbi-Saleh), vereinigte verschiedene ethnische und sprachliche Gruppen, hatte eine feste Sozialordnung und Herrscherdynastien. Nachfolger des Regierenden konnte nur der Sohn seiner Schwester werden, damit der Herrscher wirklich nur aus königlichem Geblüt hervorgehe. Es gab einen regen Handelsverkehr mit Marokko, denn ab etwa 400 n. Chr. gab es in der Westsahara genügend Dromedare (einhöckrige Kamele), um die Wüste in drei Monaten durchqueren zu können. Dabei behielten sich die Könige von Ghana das Recht vor, Karawanen aus dem Norden zu empfangen oder nicht, da wegen Wassermangels auf der letzten Teilstrecke erst eine Wasserkolonne der Karawane entgegenziehen mußte. War dies nicht der Fall, verdursteten die marokkanischen Reisenden. Der arabische Reisende El Bekri nahm 1067 an einer solchen Fahrt teil und berichtete darüber. Den almoravidischen Königen von Marokko, die selbst aus der Sahara stammten, gefiel diese Vorgangsweise der Ghana-Herrscher nicht; daher wurde 1077 eine „Strafexpedition" durchgeführt und die Hauptstadt Kumbi zerstört. Als 1146 die Almohaden in Marokko die Herrschaft der Almoraviden gebrochen hatten, begann für Ghana eine neue Blüte, die jedoch nur ein knappes Jahrhundert dauerte, denn 1235 eroberte Mali das Reich Ghana. Die von der Universität Dakar unter Leitung von Serge Robert unternommenen Ausgrabungen in Tegdaust (Audaghost), in Walata und Kumbi Saleh haben erbracht, daß es blühende Städte mit Handel und Handwerk waren.

Die Malinke oder Mandingo haben Mitte des 11. Jhdts. ihre Stammesherrschaft gefestigt und allmählich ausgedehnt. Im Jahre 1200 war Mussa Keita König geworden; er gilt als Gründer des **Reiches Mali.** Es entstand im Südosten des Ghanareiches und wurde noch größer, noch mächtiger als das ältere Ghana. Der Höhepunkt der Macht wurde unter Mansa Musa (1312—1337) erreicht. Von ihm hörte man in Europa, als er 1324 eine Pilgerfahrt nach Mekka unternahm mit 60.000 Begleitern, tausenden von Tieren und einem fabelhaften Goldschatz. Dieser Höhepunkt war bereits überschritten, als der arabische Reisende Ibn Batuta 1352 in Mali weilte; trotzdem sind seine Schilderungen aufschlußreich. Weitere Nachrichten liefern uns die Berichte der portugiesischen Gesandtschaften an den Mali-Hof 1482, 1485 und 1534. Verschiedene Nachbarn bedrängten das Mali-Reich, so vor allem die Mossi (1400), die Songhai (1468) und die Bambara (1645). Schließlich gelang es 1670 den Bambara, die Herrschaft der Keita-Dynastie zu zerschlagen, der letzte König mußte weichen und sich mit den letzten Treuen in die Heimat der Vorfahren zurückziehen. Den **Bambara** gelang es nicht, jenen blühenden Handel mit Marokko aufrechtzuerhalten, den Ghana und Mali pflegten. Gold, Elfenbein und Sklaven gingen von Süd nach Nord; in umgekehrter Richtung kamen Salz, Datteln, Kupfer, Stoffe, Eisen. Auch die westlichen Nachbarn der Bambara, die **Tekrur** (Tukulor), die am Senegalfluß ein Reich errichtet hatten, konnten den Transsaharahandel nicht in den Griff bekommen.

Am mittleren Niger entstand im 7. Jhdt. der Staat **Songhai**, auch sonrhai geschrieben, dessen Hauptstadt zunächst Kukia, dann Gao war. Die Herrscher Dja Kosoi (Anfang des 11. Jhdts.) und Sonni Ali (Mitte des 15. Jhdts.), besonders aber Mohammed Askia der Große (1493—1528), der eine geregelte Verwaltung, ein stehendes Heer und ein Schulwesen mit einer Hochschule an der Spitze (Timbuktu) eingeführt hat. Nach einem mehrjährigen Streit um den Besitz der Salzlager in der Sahara griffen 1591 starke marokkanische Verbände Songhai an und besiegten es in mehreren blutigen Schlachten.

Im 16. Jhdt. entstand das **Reich der Wolof** im westl. Senegal; ihre Könige „Damel" standen an der Spitze einer mehrklassigen Gesellschaftsordnung, in der jedem von Geburt an seine wirtschaftliche Funktion zugewiesen war. Am transsaharischen Handel waren sie nicht maßgeblich beteiligt, wohl aber beim portugiesischen, englischen, niederländischen und französischen Überseehandel. Ähnliches gilt für die **Serer,** die östlichen Nachbarn der Wolof.

Im mittleren Westafrika entstand im 11. Jhdt. das **Reich der Mossi,** welches in der Folgezeit in die Staaten Wagadugu, Yatenga und Gurma zerfiel. Um 1400 waren sie so mächtig, daß sie Timbuktu stürmten und eroberten, ohne das Ziel, den Transsaharahandel in die Hände zu bekommen, erreicht zu haben. Ihre Könige („Mogho-Naba") entfalteten große Pracht und versuchten ihre Stellung zu halten trotz islamischer Vorstöße aus dem Norden und europäischer Kolonisationsbestrebungen aus dem Süden. 1896 eroberten die Franzosen das Land, die Könige hatten nur noch eine Ehrenstellung. Ihre Verwandten, die **Dagomba,** errichteten im 14. Jhdt. einen Staat, waren zeitweise den Aschanti tributflichtig, 1899 wurde ihr Land zwischen England und Deutschland aufgeteilt.

Im Süden des heutigen Ghana gründete Osai Tutu 1695 das **Reich Aschanti** mit der Hauptstadt Kumasi. Der große Goldreichtum jenes Gebietes verschaffte dem Staat Einfluß und Macht. Das Symbol des Herrschers war der „Goldene Stuhl". Genormte Goldgewichte sorgten für Währung und Wirtschaft, gewandte Handwerker fertigten Schmuck und Gebrauchsgegenstände aus Gold an. Als die Aschanti Herren des Küstengebietes wurden, nahmen sie direkte Handelsbeziehungen mit den Europäern auf und erregten mit ihrem Gold die Habgier der Engländer. Nach mehreren Feldzügen gelang es 1900 den Engländern, die Aschanti zu besiegen und sich des Goldenen Stuhls zu bemächtigen. Auch nach diesem Raub blieb den vornehmen Aschanti Gold ein Metall für den laufenden Gebrauch wie anderswo Bronze oder Eisen.

Im **Reich Da-Home** regierten die Könige mit straffer Hand. Noch vor dem 15. Jhdt. entstand der Staat Allada, der zu Da-Home wurde mit der Verlegung des Herrschersitzes nach A-Bome und territorialen Erweiterungen nach allen Himmelsrichtungen. König Wegbadja (1650—1680) organisierte die Verwaltung und das Heer, König Agadja (1708—1728) schaltete sein Land in den direkten Handelsverkehr mit Brasilien ein. Die Königspaläste in Abome (siehe unter „Dahome") sind Zeugen einer wohldurchdachten Architektur, die kleinen Gegenstände, besonders Figurinen, aus Eisen oder Bronze zeigen einen hohen Stand des Kunsthandwerkes. Die Behauptung, Dahome sei der grausamste Staat der Welt gewesen, sollte die 1894 erfolgte Eroberung durch Frankreich rechtfertigen. Vom Reich Dahome löste sich eine Seitenlinie der Allada-Herrscher und gründete einen eigenen Staat im heutigen Ost-Dahome, dessen Hauptstadt 1688 Hogbonu wurde, von den Portugiesen **Porto Novo** genannt.

Im Gegensatz zur starken Zentralgewalt in Dahome stand das **Reich Yoruba** (Joruba), getragen von mehreren großen Bauernbünden, die man nicht ganz zutreffend als Städte bezeichnet hat. Die Bünde stellten eine vertikale Gliederung dar, außerdem gab es eine stark betonte, mehrschichtige horizontale sozio-ökonomische Gliederung. Der oberste Chef hatte in Friedenszeiten wenig zu sagen, lediglich im Kriegsfalle übte er das Kommando aus. Etwa im 11. Jhdt. soll König Oni in Ife die Yoruba-Föderation gegründet haben. Seine Nachfolger eroberten Gebiete im Westen, wo sie lange Kriege gegen die Dahome führten und die Abspaltung des Porto-Novo-Staates von Abome förderten. Das Sagengut und die Holzplastiken der Yoruba sind beachtenswert. Nahe Verwandte der Yoruba gründeten im 12. Jhdt. den **Staat Benin,** der keine große Territorialmacht besaß, aber wegen seiner kunstvollen Bronzegüsse und Elfenbeinschnitzereien in Europa sehr bekannt wurde. Der Bronzeguß soll Ende des 13. Jhdts. von den Joruba übernommen und verfeinert worden sein. Reliefplatten und Kopfplastiken von hohem künstlerischen Wert entstanden, bevor Europäer an die Küste kamen. Als 1490 die ersten portugiesischen

Missionare nach Benin kamen, waren sie tief beeindruckt von der Anlage der Stadt, der Bauweise der Häuser, den Bronzegüssen und den Holz- bzw. Elfenbeinschnitzereien. 1897 eroberten die Engländer Benin und setzten den letzten König, Owerami, ab. Schon vier Jahre vorher hatten die Engländer das Yorubareich zerstört.

Im Grasland des Sahel hatten die rinderzüchtenden **Fulbe** am unteren Senegal im 11. Jhdt. ein eigenes Staatswesen errichtet. Die sonstigen Fulbe, die mit ihren Herden vom unteren Senegal über die heutigen Staaten Mali, Obervolta, Niger, Nigeria, Kamerun und Tschad bis nach Kordofan in der Republik Sudan wanderten, zahlten den jeweiligen Herrschern Gebühren für das Weiderecht. Sie hatten eine feste soziale Organisation mit Ardos (Vorsteher kleinerer Gemeinschaften) und Lamibe (Einzahl: Lamido, Vorsteher größerer Gemeinschaften). Über den Lamibe stand kein gemeinsamer Herrscher aller Fulbe. Um 1700 versuchte der Lamido im Futa Djalon, in der heutigen Republik Guinea einen zentralen Fulbestaat zu schaffen, was ihm nicht gelang. Die Herrscher des Fulbestaates Massina, im heutigen Mali, versuchten dasselbe, besonders Seku Hamadu (1810—1844), ohne Erfolg. Ende des 19. Jhdts. gelang es dem Herrscher des Fulbestaates von Futa Toro (Senegal) Omar, genannt wegen seiner Mekkapilgerfahrt El Hadj Omar, den Lamido von Massina, Hamadu Hamadu, zu besiegen und ein Reich vom unteren Senegal bis zum mittleren Niger zu gründen. In mehreren Gefechten wurde er von den Franzosen zurückgedrängt und schließlich besiegt. Den bedeutendsten Fulbestaat konnten die Ostfulbe errichten unter **Usmanu dan Fodio** (1804—1817). Von Sokoto aus (Nordnigeria) rief er alle Fulbe zum Freiheitskampf auf. Er nahm den Titel eines Sultans (= Beherrscher der Gläubigen) an, seine wichtigsten Heerführer, zugleich Provinzgouverneure, trugen den Titel Emir, denen die Lamibe untergeordnet waren. In kurzer Zeit wurden die Landschaften Gobir, Zaria, Zamfara, Katsina, Kano, Nupe und Adamaua sowie deren Randlandschaften erobert, so daß ein Reich vom mittleren Niger bis zum Schari entstand, von der Sahara bis an den Rand des immerfeuchten Regenwaldes. Nach Usmanus Tod strebten die Emire und Lamibe auseinander, Ende des 19., Anfang des 20. Jhdts. schlossen sie einzeln Protektoratsverträge mit den Franzosen, Briten und Deutschen.

In das Fulbereich Usmanu dan Fodios wurden auch die **Haussastaaten** einverleibt. Diese gewandten Händler und Handwerker hatten im heutigen Nordnigeria sieben echte und sieben unechte Haussa-Stadtstaaten errichtet, deren wichtigste Kano war. Jede Stadt hatte eine unabhängige Verwaltung, es gab keine übergeordnete Persönlichkeit und auch keine gemeinsame Ratsversammlung.

Das **Reich Kanem-Bornu** umfaßte in Westafrika die Landschaft Bornu, die erst Ende des 14. Jhdts. zur Residenz der Herrscher wurde, ab etwa 800 n. Chr. residierten diese in Kanem, östl. des Tschadsees. Im 16. und 17. Jhdt. war Bornu sehr mächtig und stand in regem Handelsaustausch mit Nordafrika. Die Angriffe der Fulbe wehrte 1810 der Kanembu El Amin ab, sein Sohn Omar setzte 1846 die Saif-Dynastie, die seit 800 regierte, ab. Die Kanembu-Herrscher bemühten sich, die früheren Handelskontakte mit Nordafrika zu beleben, darüber hinaus wollten sie mit den Europäern in Verbindung kommen. April 1851 wurden Heinrich Barth, A. Overweg und J. Richardson in der Residenzstadt Kuka freundlichst empfangen, wo Barth mit Unterbrechungen bis 1855 weilte. 1852—1854 weilte auch Eduard Vogel in Bornu, 1862 M. von Beuermann, 1865—1867 Gerhard Rohlfs, 1870—1874 Gustav Nachtigal. 1893 eroberte der Ägypter Rabeh Bornu; als er 1900 von den Franzosen besiegt wurde, teilten sich Briten, Deutsche und Franzosen das Reich Bornu-Kanem auf.

Kolonialgeschichte

Die Kontakte zwischen West- und Nordafrika sind sehr alt, aber die Saharier und Nordafrikaner haben es verstanden, zu verhindern, daß europäische Händler in direkte Kontakte mit den Westafrikanern traten. Dies konnten sie zu Lande verhindern, aber nicht zu See. Die Kolonialgeschichte gliedert sich in mehrere Abschnitte, die zeitlich und räumlich nicht gleich sind.

Handel

Auf der Suche nach einem Seeweg in das Eldorado Südasiens kamen portugiesische Schiffe zwischen 1444 und 1460 an mehrere Küstenplätze Westafrikas. Die Kontakte zwischen Afrikanern und Europäern waren zunächst gering. Die Portugiesen tauschten Eisen, Kupfer und Stoffe gegen dringend benötigtes Gemüse, Obst, Holz und Trinkwasser. In einer zweiten Phase brachten die Portugiesen Kokosnüsse, Maniok u. a. Pflanzen, ermutigten die Afrikaner zum Pflanzen. Durch die engeren Kontakte kam es in einer dritten Phase zu einem regelmäßigen Handelsaustausch.

Seit der Mitte des 16. Jhdts. tauchten in Westafrika auch französische und englische Kaufleute auf, ab 1595 auch holländische. Damit begann eine neue Phase der Handelsbeziehungen, gekennzeichnet durch eine scharfe Konkurrenz der Europäer, durch den Dreieckshandel Europa-Afrika-Mittelamerika und gelegentlich auch durch Austragungen der europäischen Kriege an der westafrikanischen Küste. Zeitweise spielten auch die Dänen, Schweden, Kurländer und Brandenburger eine Rolle. Kurland betätigte sich am Gambiafluß und zum Teil an der Küste Mauretaniens, Brandenburg im heutigen Ghana. Einen besonderen Aufschwung erlebte dieser Handel, als man kräftige Arbeiter für die Plantagen der neuen Welt benötigte und die Sklaven in menschenunwürdiger Weise auf den Schiffen zusammengepfercht wurden, ohne genügend Trinkwasser und Nahrungsmittel.

Mit dem Beginn des 19. Jhdts., als der Sklavenhandel nicht mehr das große Geschäft war, begann sich ein Wandel insofern abzuzeichnen, als jetzt tropische Rohstoffe immer stärker in den Vordergrund traten: neben Reis auch Baumwolle, pflanzliche und tierische Fette, Wildkautschuk, etwas später auch tropische Hölzer. Dazu kamen noch immer die früheren Handelsgüter: Häute, Wachs, Honig, Elfenbein und in immer geringerer Menge Gold.

Kolonien und Schutzherrschaften

Die Industrialisierung in Westeuropa hatte zur Folge, daß man dort nicht nur tropische Rohstoffe, sondern auch Absatzmärkte für die Industrieerzeugnisse benötigte. Man erstrebte daher zunächst feste „nationale" Stützpunkte in Westafrika, im weiteren Verlauf Einflußzonen mit Handelsmonopol. Die Stützpunkte wurden zu Kolonien erklärt und die Einflußzonen zu Protektoraten bzw. Schutzherrschaften. Als die teilnehmenden europäischen Mächte beim Berliner Kongreß 1884/85 den Grundsatz verkündeten, daß nur jener Kolonialbesitz anerkannt wird, der tatsächlich besetzt ist, begann ein Wettrennen um die Eroberung Westafrikas. Den größten Teil konnte sich Frankreich sichern, danach kam Großbritannien. Deutschland sicherte sich Togo, Portugal einen Teil von Guinea und den winzigen Stützpunkt Widdah (Ajuda) in Dahome.

Neben den wirtschaftlichen Gesichtspunkten kam es Frankreich und Großbritannien auch darauf an, in Westafrika Soldaten zu rekrutieren. Im französischen und im britischen Weltreich war es üblich, landesfremde Soldaten einzusetzen, französische Minister erklärten offen, daß sie auch Afrikaner im Falle eines Krieges mit Preußen einsetzen werden.

Die zwei Weltkriege und die Zwischenkriegszeit

Während des ersten Weltkrieges setzten die Franzosen und Briten westafrikanische Soldaten gegen die Deutschen in Togo, Kamerun und Europa ein, andere Westafrikaner kämpften in Togo und Kamerun auf deutscher Seite. Als europäische Offiziere den afrikanischen Soldaten den Befehl gaben, auf Europäer zu schießen, Europäer zu töten, begann das Ende der europäischen Vorherrschaft in Westafrika. Zunächst waren es nur wenige, die erkannten, daß die Europäer keine Übermenschen sind, dann wurden es immer mehr. Man horchte auf, als nach dem ersten Weltkrieg Togo nicht einfach als Kolonie unter Großbritannien und Frankreich aufgeteilt werden durfte, sondern zu Mandatsgebieten des Völkerbundes wurde und dort u. a. keine Soldaten für die britische bzw. französische Armee ausgehoben werden durften, auch jährliche Berichte über den Zustand in den Mandatsgebieten in Genf abgegeben werden mußten uzw. gedruckt und öffentlich zugänglich waren.

Während des 2. Weltkrieges standen wieder Europäer gegen Europäer und im französischen Westafrika sogar Franzosen gegen Franzosen (Petain- und de Gaulle-Anhänger). Es war den afrikanischen und europäischen führenden Menschen klar, daß der Kolonialismus in der bestehenden Form zu Ende gehen muß.

Die letzte Phase des Kolonialismus

Nach dem Ende des 2. Weltkrieges strebte Großbritannien für seine westafrikanischen Besitzungen den allmählichen Übergang zur Selbstverwaltung an, während Frankreich und Portugal eine Assimilierung der Afrikaner an das sogenannte Muttervolk als Ziel sahen. Westafrikaner kamen in die Parlamente von Paris und Lissabon, mehrere Westafrikaner, darunter auch die späteren Staatspräsidenten Leopold S. Senghor und Félix Houphouet-Boigny, wurden mit französischen Ministerämtern betraut. Die meisten verantwortlichen Vertreter der Westafrikaner wollten mit Großbritannien und Frankreich zusammenarbeiten, waren gegen die Assimilierung und traten für eine weitgehende Selbstverwaltung ein. Als um 1950 viele „kleine Weiße" nach Französisch-Westafrika kamen, um in kürzester Zeit ganz reich zu werden, begannen die ersten Spannungen, an einigen Stellen verbunden mit Bombenanschlägen. Die Kolonialzeit war zu Ende.

Die Unabhängigkeit

Die Anfänge

Noch bevor es zu den großen Kolonialeroberungen durch die europäischen Staaten kam, wurde 1847 die Republik **Liberia** ausgerufen. 1862 haben die USA die liberianische Unabhängigkeit anerkannt. Keine europäische Macht wagte dieses Territorium anzutasten. Die sozio-politische Struktur Liberias und die Lebensart der herrschenden Schicht blieb den anderen Westafrikanern weitgehend unbekannt. Deshalb und auch infolge der Abgeschlossenheit wurde Libereia nicht zum Anwalt oder gar Wortführer der westafrikanischen Unabhängigkeitsbewegung.

Diese Rolle übernahm in den anglophonen Ländern Kwame Nkrumah, der als Führer der Convention People's Party in der britischen Goldküste den Engländern solange zäh zusetzte, bis sie 1957 bereit waren, der Gold Coast die Unabhängigkeit im Rahmen des Commonwealth zuzugestehen. Nkrumah wählte für sein Land den Namen **Ghana** und hoffte, im neuen Staat ganz Westafrika vereinigen zu können. Anders ging Seku Ture in Französisch-Guinea vor. Als Mitglied des französischen Parlamentes in Paris trat er für eine Zusammenarbeit mit Frankreich ein, doch 1958 forderte er seine Landsleute auf, gegen den Vorschlag General de Gaulles zu stimmen, der die Schaffung einer Communauté Française vorsah. Vier Tage später wurde die unabhängige Republik **Guinea** ausgerufen (2. 10. 1958). Frankreich zog sich zurück, mit allem Personal sowie unter Verweigerung jeder Hilfe oder Währungsgarantie. Die neue Republik Guinea stand isoliert da.

Unabhängigkeitswelle

Die unbeugsame Haltung Seku Tures hatte zur Folge, daß sich General de Gaulle entschloß, den anderen Territorien Französisch-Westafrikas die Unabhängigkeit zu geben, aber man sollte nicht wie im Falle Guinea in Feindschaft scheiden, sondern weiterhin zusammenarbeiten. Der Versuch, mehrere Territorien in einem neuen Staat zusammenzufassen, scheiterte. So wurden die restlichen sieben französischen Territorien 1960 zu unabhängigen Staaten und zu Mitgliedern der UNO.

Ebenfalls 1960 erhielten **Nigeria** und **Sierra Leone** ihre Unabhängigkeit von Großbritannien, **Gambia** folgte erst 1965.

Nachdem **Dahome** 1961 die winzige portugiesische Enklave Ajuda besetzt hatte, blieb nur noch Portugiesisch-Guinea eine europäische Kolonie, in der seit Jahren blutige Kämpfe toben.

Einer der Grundsätze der Organisation der Afrikanischen Einheit ist es, an den von den Kolonialmächten geerbten Grenzen nicht zu rütteln. Die einzige Ausnahme ist die Grenze zwischen Nigeria und Kamerun, wo auf Grund nicht ganz einwandfreier Volksabstimmungen nur der Süden von Westkamerun an Kamerun kam, der Norden hingegen an Nigeria.

Seit der Unabhängigkeit

Von den 13 Staaten die zwischen 1957 und 1965 ihre Unabhängigkeit erlangt haben, wurden in zehn Staatsstreiche durch Militärs vorgenommen, Mitte 1973 stehen sechs Staaten unter Militärherrschaft. Nur in fünf Staaten sind noch die Politiker an der Spitze, die im Augenblick der Unabhängigkeit zu Staatspräsidenten gewählt wurden. Innere Spannungen blieben nirgends aus. Die schwerste Krise war der Biafra-Krieg in Ostnigeria. Im Grunde handelte es sich um eine schmutzige Konkurrenz großer Erdölfirmen, dafür spannte man Idealisten in Afrika und Europa ein, lieferte Waffen und Munition. Die Folge war, daß mehr als 100 000 Menschen getötet wurden und mindestens soviel verhungert sind. Die Zahl der Kriegsinvaliden wird auf 300 000 geschätzt, eine ganze Landschaft wurde verwüstet, Siedlungen und Behausungen zerstört.

Die zwischenstaatlichen Spannungen führten zu Massenausweisungen fremder Staatsbürger, zu Beschlagnahmen von Privatvermögen, militärischen Drohungen und in einem Fall zu Krieg. Wegen des Besitzes einer kleinen Insel im Nigerstrom (die Insel ist etwa sechs Monate im Jahr überschwemmt) griffen Dahome und Niger zu den Waffen. Erfreulicherweise gelang es den Nachbarn dieser beiden Staaten und Frankreich, den Krieg schnell zu beenden. Heute ist die frühere Spaltung Westafrikas in zwei politische Blöcke (Monrovia und Casablanca) überwunden; die Grenzen zwischen Senegal und Mali sowie zwischen Ghana und seinen Nachbarn sind geöffnet, die Spannungen zwischen Guinea und seinen Nachbarn werden langsam abgebaut. Geblieben ist allerdings bislang noch die Trennungslinie der Sprache und daher ein anglophones (Nigeria, Ghana, Liberia, Sierra Leone, Gambia), frankophones (Niger, Dahome, Togo, Obervolta, Elfenbeinküste, Guinea, Senegal, Mali, Mauretanien) und lusitanophones (Guinea-Bissau, Kapverden) Westafrika.

Die neuen unabhängigen Staaten Westafrikas sind nirgends die Nachfolger der früheren westafrikanischen Reiche und Staaten, sondern **Nachfolger der von den Kolonialherren geschaffenen Territorien.** Viele politische, wirtschaftliche, kulturelle und soziale Schwierigkeiten sind wegen der Kolonialvergangenheit vorhanden. Andererseits machen es sich einige Afrikaner allzuleicht mit der billigen Behauptung, daß a l l e Schwierigkeiten eine Folge des Kolonialismus seien.

Von Zeit zu Zeit berichten afrikanische Presseorgane über Fälle von Nepotismus, Korruption und Unterschlagungen. Mit diesen Problemen müssen die westafrikanischen Staatsführungen selbst fertig werden.

Europäern, die kürzere oder längere Zeit in Westafrika leben, kann nur geraten werden, sich nicht in die politischen Verhältnisse der Gaststaaten einzumischen, schon deshalb nicht, weil den Europäern in den meisten Fällen die Kenntnisse der Volkssprachen fehlen, um eine gegebene Lage mit aller Objektivität beurteilen zu können. Der „Küstenklatsch" der Europäer war während der Kolonialzeit oft Schuld an Fehlbeurteilungen der Lage, er ist es leider vielfach bis heute geblieben. Vorschnelle Meinungsbildungen können zu unangenehmen Folgen führen.

Mensch und Gemeinschaft

Ethnische und sprachliche Gliederung

Bezeichnend für Westafrika ist die große Zahl von Ethnieen, die ihre eigenen Sprachen und Kulturen haben. Während der Kolonialzeit hat man verächtlich von Stämmen und Stammesdialekten gesprochen, daher ist es höflicher, heute den Begriff Ethnie zu gebrauchen. Heute vermeidet man die Ausdrücke „Rasse" und „Stamm", da beide während der Kolonialzeit gebräuchlich waren. Der Ausdruck „Neger" ist nicht beleidigend, aber höflicher ist es, von „Negroafrikanern" zu sprechen oder einfach nur von „Afrikanern".

In einer großen Gliederung könnte man zunächst drei Gruppen unterscheiden: „Saharier", die in der Wüste wohnen, „Sahelier", die vorwiegend im offenen Grasland siedeln, und Sudanesen, die sowohl im Grasland wie im Waldbereich leben.

Die meisten S a h a r i e r sind Menschen heller Hautfarbe, die man auch als Arabo-Berber bezeichnet. Die wichtigsten Ethnien sind die Mauren, die Tuareg und die Araber. Die weißen **Mauren** sind teils berberischer, teils arabischer Abkunft, in der Regel von kleiner, sehniger Gestalt, länglichem Schädel, geraden Nasen, heller Hautfarbe, die Männer sind sehr stolz auf ihren Bart. Sie treten stets würdevoll auf, auch wenn ihr meist blaues Kleid nicht eben materiellen Wohlstand andeutet. Sie bezeichnen sich als „Beidan", d. h. Weiße, und bewohnen hauptsächlich Mauretanien, sind aber als Händler in Mali, Senegal und Gambia zahlreich. Die **Tuareg** sind von hoher Gestalt, sehnig, schlank und dunklerer Hautfarbe als die Mauren. Sie sind berberischer Abstammung, Großviehzüchter und waren früher als Plünderer verschrieen. Ihre Wohngebiete liegen in der algerischen Sahara, im nördl. Mali und nördl. Niger. Die **Araber** in der Nähe des Tschadsees (Schoa, Kanuri, Bornuan) sind mittelgroß, schlank und von bräunlich-rötlich schimmernder Hautfarbe. Sie sind hauptsächlich Schafzüchter. Die Saharier zusammen bilden rd. 8% der Bevölkerung Westafrikas.

Unter dem Begriff „S a h e l i e r" versteht man ethnische Gruppen, von denen angenommen wird, mindestens ein Teil ihrer Ahnen sei berberischer Abstammung. Dazu gehören vor allem die Bororo und Fulbe, man rechnet auch noch die Haussa und Yoruba hinzu. **Bororo** und **Fulbe** sind von mittlerer Gestalt, haben längliche Schädel, manchmal betont starke Nasen, sind als Kinder hellhäutig und dunklen allmählich nach. Ihre Hauptbeschäftigung ist die Rinderzucht, die sie zwischen der Senegalmündung und dem

Tschadsee betreiben. Die **Haussa**, hauptsächlich in Nordnigeria wohnend, sind von hoher Gestalt und dunkler Hautfarbe, sie sind hauptsächlich Händler und Handwerker. Die **Yoruba** in Westnigeria und Ostdahome sind von kleinerer Gestalt, dunkelhäutig und in erster Linie Bauern. Etwa 20% der Gesamtbevölkerung Westafrikas kann man zu den Saheliern rechnen.

Die S u d a n e s e n, etwas mehr als 70% der Westafrikaner, sind von schlanker Gestalt, dunkelhäutig und mit verhältnismäßig kleinen Nasen. Man kann sie in drei Untergruppen einteilen: Sudan-, Benin- und Küstentypus.

Zum **Sudan-Typus** rechnet man die Gruppen des offenen Graslandes. Sie befassen sich vor allem mit dem Anbau von Hirse und Erdnüssen, einige auch mit Viehzucht, Handel und Fischfang. Die zahlreichsten und bekanntesten Ethnien dieser Gruppe sind die Wolof im Senegal, die Malinke oder Mandingo in Guinea und Mali, die Bambara in Mali, die Senufo und Baule der Elfenbeinküste, die Mossi und Gurma in Ghana und Obervolta.

Der **Benin-Typus** ist im Waldgebiet anzutreffen. Die Stämme dieser Gruppe sind Bauern, welche im regenreichen Gebiet Knollengewächse, Kochbananen, Gemüse pflanzen. Zu dieser Gruppe gehören u. a. die Diola in Senegal und Gambia, die Balante und Mandjako in Portugiesisch-Guinea, die Sussu in Guinea, die Mende und Bullon in Sierra Leone, die Kpele und Grebo in Liberia, die Bete und Agni der Elfenbeinküste, die Nzima, Fanti und Ga in Ghana, die Ewe in Togo, die Fon in Dahome, die Ibo in Nigeria.

Der **Küsten-Typus** hat sich dem Leben am Meer und in den Mangroven sehr gut angepaßt. Zu dieser Gruppe gehören die Lebu im Senegal, die Pepel, Inselbewohner von Portugiesisch-Guinea, die Kru in Sierra Leone, Liberia und der Elfenbeinküste, die Angolon in Ghana, die Calabar in Nigeria.

Eine besondere Gruppe stellen die rund 30 000 **Ameriko-Liberianer** dar. Es sind Nachfahren befreiter amerikanischer Sklaven, die in Sprache und Zivilisation amerikanisch geblieben sind. Die Zahl der Kreolen schätzt man auf rund 200 000. Das sind Nachfahren weißer Männer und sudanesischer Frauen, die als freie Menschen geboren sind. Die Kreolen stellen 75% der Einwohner der Kapverden und bilden starke Gruppen in Senegal, Gambia, Guinea und Sierra Leone. Zu den Kreolen rechnet man manchmal auch die „Portugili" oder „Brasilianos", d. h. Sudanesen, die aus dem portugiesischsprachigen Brasilien nach Westafrika zurückgekommen sind. Man findet sie vor allem in Ghana, Togo und Dahome als tüchtige Kaufleute.

Von den Asiaten sind in erster Linie die **Libanesen** vertreten, die im Handel und in der Industrie eine große Rolle spielen. **Amerikaner** findet man als Ärzte, Lehrer und Pfarrer auf den Missionsstationen. Von den **Europäern** sind die Franzosen, Briten und Portugiesen immer noch am zahlreichsten. Größere Gruppen von Europäern leben vor allem in Dakar und Abidjan. Sie sind Ärzte, Kaufleute, Missionare und Techniker im Dienste der jungen westafrikanischen Staaten.

Hier soll nicht auf die Frage eingegangen werden, was man in Westafrika als Sprache und was nur als Mundart bezeichnen darf. Es gibt noch keine endgültige Klassifizierung, und man kann nur feststellen, daß die Sprachen voneinander sehr verschieden sind. Es gibt Sprachen mit Präfixen, Sprachen mit Suffixen und Sprachen mit Prä- und Suffixen. Ganz grob kann man sich folgenden Überblick zurechtlegen:

Sudanesische Sprachen:

a) Lagunen-Gruppe, z. B. Anyi-Tschi, Watschi, Gun, Ewe und Fon,
b) Guinea-Gruppe, z. B. Baga, Nalu, Mani, Koniagi, Wolof,
c) Volta-Gruppe, z. B. Bobo, Mossi, Gurma,
d) Mande-Gruppe mit den Untergruppen
    dx) Manding, mit Bambara, Malinke, Diula,
    dy) Mande, mit Sosso, Sonike, Bozo,
    dz) Mandefu, mit Mende, Toma, Gerze,
e) Tschad-Gruppe, mit der Haussa-Sprache.

Hamititsch-semitische Sprachen:

Arabisch (das sich als Sprache des Korans immer mehr verbreitet), mit der Volkssprache Hassani in Mauretanien,
Fulani oder Pular (Sprache der Fulbe),
Tamaschek (Sprache der Tuareg),
Zenaga (Berberisch in Mauretanien).

Infolge der Vielfalt an Sprachen in den neuen Staaten hält man auch weiterhin an den europäischen Sprachen in Schule und Verwaltung fest.

Religionen

Westafrika ist ein Gebiet, in dem mehrere Religionen nebeneinander und manchmal auch durcheinander bestehen. Der ursprüngliche Totemismus und Animismus wurde vom Norden her durch den Islam, von der Küste her durch das Christentum beeinflußt oder ersetzt.

Totemismus und **Animismus** lassen sich nur schwer voneinander trennen. In beiden Fällen handelt es sich um einen Glauben an ein höheres Wesen, an gute und böse Geister, an ein Fortleben nach dem Tod. In einigen Gegenden sind die alten Riten verschwunden, in anderen — wie etwa in Süddahome — haben sich noch sehr viele erhalten. Im Norden ist fast überall der alte Ahnenglaube vom Islam überdeckt worden.

Der **Islam** wurde schon im 8. Jhdt. nach Westafrika gebracht. Es gab seither immer wieder Zeiten, in denen der militante Islam sich mit Feuer und Schwert oder auch mit Handel und Gewerbe ausbreitete. Die westafrikanischen Moslims sind gläubige Menschen, die ihre Gebete auch öffentlich verrichten und viele Opfer bringen, um Moscheen zu erbauen. Dabei sind sie tolerant gegenüber Menschen anderer Religionsbekenntnisse. Die Panislamische Bewegung hat besonders seit dem Palästinakrieg 1947 in Westafrika große Erfolge erzielt. Es handelt sich durchweg um Sunniten malekitischen Ritus, marabutischen Typs. Die führenden Glaubenslehrer werden in Fez (Karauin) und Kairo (El Azhar) ausgebildet. Der Einfluß der Marabus und der Bruderschaften ist in Westafrika sehr bedeutend. Die größten Bruderschaften sind in Tidjania, die von Nordafrika kam, die Qadiria (Kadria), welche sich dem sudanesischen Menschen sehr gut angepaßt hat, und die Hamalia, welche als Reform-Sekte in jüngerer Zeit großen Erfolg hatte. Sehr aktiv ist die Bruderschaft der Muriden, welche sich von Senegal aus neuerlich auch in anderen Staaten Westafrikas ausbreitet. Die körperliche Arbeit wird als wichtiges Gebot Gottes bezeichnet.

Die **Katholiken** missionieren seit langem an der Küste und haben ihre größten Erfolge im Waldbereich erzielt. Von den rund 80 Diözesen liegen gut die Hälfte im Waldbereich. An der Spitze der Diözesen stehen nicht nur europäische Missionare, sondern in der Mehrheit bereits Angehörige des afrikanischen weltlichen Klerus. Die einheimischen Priester werden in 6 Priesterseminaren ausgebildet. Im Grasland blieb bisher der missionarische Erfolg mäßig, im Wüstengebiet unbedeutend.

Die **Protestanten** sind ebenfalls im Waldbereich am stärksten vertreten. Die bedeutendsten evangelischen Missionen sind die Pariser Evangelische Mission, die Londoner Methodisten, die amerikanischen Presbyterianer. Daneben missionieren noch ein Dutzend anderer Kirchen, besonders solche aus England und den Vereinigten Staaten. Die Zahl der einheimischen Pastoren und Helfer hat sich in den letzten Jahren stark vermehrt. Heute bestehen in den einzelnen westafrikanischen Staaten autonome evangelische Landeskirchen, die von Westafrikanern geleitet werden.

In verschiedenen Gebieten Westafrikas kam es zu Gründungen von **messianischen Gruppen**. Es handelt sich um religiöse Bewegungen, welche eine Verbindung christlicher und animistischer, manchmal daneben auch noch islamischer Vorstellungen und Riten darstellen. Solche Gruppen sind vielfach nur auf einen bestimmten Ort oder eine einzelne Region beschränkt. Die bekannteste

Bewegung dieser Art war vor dem ersten Weltkrieg und noch danach der Harrismus, nach dem Prediger Harris genannt. Heute sind die Anhänger der Massa-Bewegung bei den Senufo und die Tete Kpan bei den Baule die bekanntesten messianischen Gruppen.

Ländliche Siedlungen

Das Siedlungsbild ist ganz anders im Wald als im offenen Grasland. Im Wald sieht man durchweg kleine Siedlungen, Einzelhütten oder Sippenweiler, in der Savanne überwiegen große Sammelsiedlungen, meist Haufendörfer. In der Wüste gibt es ständig bewohnte große Sammelsiedlungen und daneben periodisch bewohnte Zeltplätze oder Hüttengruppen. Im offenen Land schützt man sich gegen Feinde, indem man mit anderen Menschen zusammen siedelt, um die Verteidigungskraft zu erhöhen, im Wald schützt man sich, indem man seine Hütte so gut als möglich im Wald tarnt. Es ist begreiflich, daß die europäischen Kolonialverwaltungen die Menschen lieber in großen Sammelsiedlungen als in kleinen Weilern sahen, lieber an den Straßen als irgendwo im Busch. Aus diesem Bestreben entstanden die modernen Zeilen- und Straßendörfer.

Die **Behausungen** sind sehr verschieden. Zunächst kann man drei Gruppen unterscheiden: Vierechütten, Rundhütten und Zelte. (Normalerweise bezeichnet man als Haus eine Behausung mit den drei Elementen: Dach, Wand, Fußboden und eine Behausung mit weniger Elementen als Hütte. In Westafrika hat es sich eingebürgert, von „Hütte" zu sprechen, selbst wenn etwa ein zementierter Fußboden vorhanden ist, weshalb der Ausdruck durchaus nicht abwertend gebraucht wird.) Innerhalb dieser Gruppen gibt es mehrere Bautypen, davon besonders folgende:

Küsten- und Lagunentypus. Viereckhütte, zwei oder dreiräumig, Dach aus geflochtenen Blättern der Raphia-Palme, Wände aus Baumrinden.

Benin-Typus. Hütten wie beim Lagunentypus, die Wände bestehen jedoch aus Palmenrippen und Poto-Poto (Lehm).

Agni-Baule-Diola-Typus. Dreiräumige Rechteckhütte mit einem Dach aus Stroh, an den Enden abgerundet. Das Dach wird von Pfeilern getragen, so daß rings um die Hütte eine offene Veranda entsteht.

Wolof-Typus. Einräumige Rechteckhütte mit Wänden aus Lehm und einem Dach aus Stroh, in Pyramidenform.

Rechteckhütten **städtischen Typs** findet man überall. Es sind entweder Häuser nach europäischer Bauart („Kolonialvillenstil") oder nach der nordsudanischen Bauart („Kastenhaus"). Diese bestehen aus dicken Lehmmauern und haben an Stelle des Daches eine leicht geneigte Lehmterrasse, um Wasser sammeln zu können.

Einräumige Rundhütten findet man überall im Grasland und im westlichen Waldgebiet. Das Dach besteht aus Stroh und ist entweder konisch oder in Kuppelform. Die Wände sind in der Regel aus Lehm verfertigt, manchmal mischt man dem Lehm auch Steine bei, zum Teil begnügt man sich mit einer einfachen Stroh- oder Blätterwand.

Der **Sussu-Typus** in Guinea stellt eine große Rundhütte dar. In der Mitte ist ein zentraler Raum und in der gedeckten Veranda sind 5—6 kleinere Räume eingebaut.

Der **Fulbe-Typus** im Futa Djalon ist eine kleinere Rundhütte, die wie ein halbes Ei aussieht. Das Kuppeldach aus Stroh reicht fast bis zur Erde, die niedrigen Mauern sind aus Lehm.

Somba-Typus oder Tamberma-Burgen in Norddahome und Nordtogo. Aus Lehm werden schichtweise runde Türme erstellt, die 3—4 m hoch sind. Diese Türme werden so nebeneinander errichtet, daß sie eine ausgezeichnete Verteidigungsanlage darstellen. Oft ist das Gehöft in zwei Geschosse eingeteilt, und da der Innenhof vielfach auch überdacht ist, bekommt man den Eindruck einer starken Festung.

Bizylindrischer Typus, besonders im Norden der Elfenbeinküste verbreitet. Hier wurden zwei Rundhütten so zusammengebaut, daß eine zweiräumige Hütte entstanden ist.

Der **Katab-Typus** in Mittelnigeria hat einen ovalen Grundriß, die Wände bestehen aus Lehm, das Dach aus Stroh (Gras) und ist dissymmetrisch aufgesetzt.

Von den nichtpermanenten Behausungen sind Höhlen, kleine Hütten von Fischern, Jägern usw. sowie die Zelte zu nennen.

Das **Maurenzelt** besteht aus Stoff, den man aus dunkler Schaf- und Ziegenwolle gewebt hat. Mehrere Stoffstreifen werden zusammengenäht, auf zwei Stangen aufgezogen und mit Seilen am Boden festgehalten. Aus der Wolle weißer Schafe werden die Zelte für die Würdenträger erstellt. Daneben gibt es noch das leichte Mauren-Zelt aus Baumwolle, welches benutzt wird, wenn die Weide mager ist, die Herden schnell vorüberziehen und das Zelt oft verlegt werden muß.

Das **Tuaregzelt** ist kleiner als das Maurenzelt. Hier werden auf einem niedrigen Gestell aus Ästen und Seilen getrocknete Häute oder Felle, auch Stoffstreifen ausgebreitet.

Das **Zentral-Sudan-Zelt** hat einen ovalen Grundriß und besteht entweder ganz aus Gras oder man spannt Häute auf ein ovales Gerüst von Ästen und Seilen.

Städtische Siedlungen

Die westafrikanischen Städte sind entweder die alten einheimischen „Sudan-Städte" oder die modernen Städte nach europäischem Vorbild.

Die **Sudan-Städte** sind einmal Residenz eines mächtigen Herrschers, dann auch bedeutende Gewerbestädte, wo Waffen, Schmuck und Gebrauchsgegenstände hergestellt werden. Im Mittelpunkt der Sudan-Stadt steht der „Palast" des „Sultans", der zehn, fünfzehn oder zwanzig Meter hoch und umfriedet sein kann. Um den Palast stehen die Hütten der Ratgeber, Diener und Frauen, so daß dies schon einen eigenen Stadtteil ergibt. In einem anderen Stadtteil wohnen die Handwerker, in einem dritten die Kaufleute, vielleicht in einem vierten Bauern. Das öffentliche Leben spielt sich auf kleineren Plätzen und in den Straßen der einzelnen Viertel, vor allem auf dem großen Platz vor dem Palast ab.

Die m o d e r n e n S t ä d t e haben in der Regel einen schachbrettartigen Grundriß mit breiten Straßen und Alleen. Dies ermöglicht einen regelmäßigen Luftdurchzug und verringert dadurch die Malariagefahr. Auch in der modernen Stadt wird man im allgemeinen ein Verwaltungsviertel, ein Geschäftsviertel und dann mehrere Viertel unterscheiden können, in denen die einzelnen ethnischen Gruppen ihre Straßen haben. Die Plätze sind heute meist als Grünanlagen ausgestattet, zum Teil werden dort auch noch die Märkte abgehalten.

Gewisse städtische Funktionen kommen Marktorten zu. Wenn ein Großmarkt stattfindet, strömen von weit und breit Menschen herbei und beleben den Ort für einige Tage, der dann wieder monatelang klein und bescheiden sein kann. Die bedeutendsten Städte des Sudan-Typs sind Djenne, Mopti, Timbuktu, Gao, Sokoto und Kano. Die modernen Städte Westafrikas zeigen in ihren Grund- und Aufrissen einige Unterschiede, die auf die Kolonialzeit zurückzuführen sind. Die Engländer wollten vor allem Gartenstädte anlegen mit weiten Rasenflächen, die Franzosen Städte mit breiten Paradestraßen und Plätzen. Beispiele für den englischen Typus sind vor allem Accra und Lagos, für den französischen Typus Dakar, Conakry, Abidjan und Cotonou.

Soziale Verhältnisse

Die letzten Jahre und Jahrzehnte brachten in den meisten Teilen Westafrikas große soziale Umwälzungen. Die alte Ordnung von Herren und Sklaven verschwindet und an ihre Stelle tritt eine Sozialordnung, die von gleichberechtigten Bürgern getragen wird.

Das Alte ist noch nicht verschwunden und das Neue hat sich noch nicht ganz durchgesetzt.

Wo der europäische Einfluß nicht besonders stark war, besteht die **alte Ordnung** weiter. Es gibt hier die drei Klassen: Herrschende, Freie, Diener (früher: Haussklaven). Bei einigen Gruppen gibt es auch noch die Klasse der Halbfreien, die alle bürgerlichen Rechte der Freien haben, jedoch von einigen religiösen Handlungen ausgeschlossen sind. Es gibt auch Gruppen mit einer noch größeren gesellschaftlichen Gliederung. Als Beispiel seien die Wolof angeführt, die obwohl Moslims zum Teil noch an der alten kastenartigen Ordnung festhalten. Die Vornehmen gehören zu den Ger, das sind die Sippen der Freien, aus denen die Herrschenden hervorgehen. An zweiter Stelle kommen die Tege, Waffen- und Kunstschmiede, denen man geheimnisvolle Kräfte in Krieg und Frieden zuschreibt. Die dritte Gruppe sind die Ude, Schuster und ähnliche Handwerker. An vierter Stelle kommen die Gewel, verachtete und dennoch einflußreiche Medizinmänner. Zur untersten Klasse gehören die Diam, das sind die Nachfahren von Sklaven. Dazu kommen noch die Fremden als eigene soziale Schicht, so daß die alte Ordnung praktisch aus 6 oder 7 Klassen besteht.

Die neue **bürgerliche Sozialordnung** hat sich unter dem Einfluß der Europäer und der Amerikaner zunächst in einigen Hafenstädten wie Saint Louis, Freetown, Monrovia durchgesetzt, dann allmählich — stark auch von den christlichen Missionen beeinflußt — in den Städten des Innern. Hier ist nicht mehr die Abstammung das Kriterium für eine bestimmte soziale Stellung, sondern Schulbildung, Beruf oder auch Vermögen.

Die **Stellung der Frau** ist bei den einzelnen Ethnien verschieden. In der Regel ist bei den landbautreibenden Stämmen die Frau, zumindest die erste Frau, dem Mann gleichgestellt. Bei den Viehzüchtern lebt die Frau ganz abgeschieden und hat nur eine untergeordnete Rolle in der Familie und in der Sippe, eine Ausnahme bildet lediglich die Frau des marabutischen Viehzüchters. Bei einer Heirat zieht grundsätzlich bei allen Stämmen die Frau in die Sippe des Mannes. Aus diesem Grunde erhält die Sippe der Braut vom Bräutigam eine Entschädigung für die ausgefallene Arbeitskraft. Dies artet vielfach in einen regelrechten Frauenkauf aus, so daß der junge Mann jahrelang sparen muß, bis er den geforderten Preis für die Frau bezahlen kann. Dieser Preis liegt oft sehr hoch und beträgt, je nach der Ethnie, den Wert von 30, 60, 90 Ziegen. Das belastet außerordentlich einen jungen Mann, während ein alter Häuptling diese Preise leichter bezahlen kann. Um die übermäßigen Forderungen herabzudrücken, hat man in einigen Gebieten zur Vorschrift gemacht, bei der zivilen Trauung den für die Frau gezahlten Preis einzutragen. Papier ist auch hier geduldig.

In einigen Staaten, wie z. B. Elfenbeinküste wurde der Brautpreis grundsätzlich verboten.

Die **Kinder** sieht man überall gern und man sorgt auch für sie. Die Franzosen haben seinerzeit in ihren Kolonien, ganz nach dem Muster des Mutterlandes, das Kindergeld eingeführt. Das Gesetz, welches in Frankreich für die monogamen Ehen gemacht wurde, galt nun in Afrika auch für die polygamen Ehen, also unter Umständen für einen Mann mit 30 Frauen und 60 Kindern. Die progressive Zunahme war hier sehr bedeutend und belastete den Arbeitgeber außerordentlich, es ging aber nach dem Grundsatz: „Gleiches Recht für alle!" Seitdem die afrikanischen Länder unabhängig sind, änderte sich einiges an diesem Gesetz. Die meisten afrikanischen Parlamente beschlossen, Kindergeld nur noch bis zum 5. Kind zu bezahlen, sofern nicht etwa europäische Länder aus ihren Entwicklungsfonds das Geld für mehr als fünf Kinder eines Mannes aufbringen.

Die **Ernährung** ist überall in Westafrika ziemlich unregelmäßig, in den nördlichen Gebieten dazu noch recht eintönig. An der Küste und an den Lagunen hat man mit Fischen, Krabben, Muscheln usw. genügend Eiweiß. Im Waldgebiet ist der Eiweißmangel groß, dafür hat man jedoch das ganze Jahr über frisches Obst und Gemüse. Hier sind die Knollengewächse: Maniok, Makabo, Yams, Süßkartoffeln die Grundnahrung. In der Savanne hat man mehr Wild als im Wald, hier wachsen auch Hirse und Erdnüsse und man besitzt Rinder, Ziegen und Schafe. In feuchten Jahren lebt man in Überfluß, in trockenen Jahren stellt sich gelegentlich der Hunger ein. Als Fettstoff hat man im Süden Palmöl, im Norden Karité (Schibutter), Erdnußöl oder tierische Fette. Das Festgetränk ist im Süden der Palmwein, im Norden Mais- oder Hirsebier.

Die **gesundheitlichen Verhältnisse** sind ebenfalls von Gebiet zu Gebiet und je nach den großen Naturlandschaften verschieden. Allgemein verbreitet sind Malaria und Schwarzwasserfieber, Wurmkrankheiten, wozu dann noch Geschlechtskrankheiten, Aussatz, Elephantiasis, streckenweise auch Schlafkrankheit, Gelbfieber, Beri-Beri u. a. kommen. Trotz großer Anstrengungen der letzten Jahrzehnte ist die moderne hygienische Fürsorge völlig unzureichend. Die heutigen schnellen Verkehrsmittel ermöglichen eine leichte Übertragung der Krankheiten. Aus diesem Grunde ist es für jeden Reisenden Pflicht, sich vor der Fahrt impfen zu lassen und sich im Lande selbst nach den strengen Regeln der Hygiene zu verhalten (desinfizierendes Händewaschen, tägliches Bad, tägliche oder wöchentliche Malariaprophylaxe, wöchentliche Fußkontrolle, Vorsicht bei der Auswahl der Diener usw.).

Politische Verhältnisse

Der Ruf nach Freiheit und Unabhängigkeit Westafrikas erklang zunächst lauter in Amerika, Europa und Asien als im Lande selbst. Innerhalb weniger Jahre übergaben die europäischen Kolonialbeamten die gesamte Gewalt an Afrikaner, so daß heute die Europäer nur noch da und dort als Berater tätig sind. Das Wort „Dekolonisation" lag in aller Mund, doch jeder verstand darunter was anderes. Für die einen war es das Ende der kolonialen Ausbeutung, für die anderen das Ende einer Fremdherrschaft, für dritte die Möglichkeit zu Macht und Ansehen zu kommen, für vierte die Möglichkeit neue Märkte zu erobern, für die fünften neue Ideologien einzuführen.

Überall in Westafrika kam es ohne Blutvergießen zur Übergabe der Staatsgeschäfte von den Kolonialherren an die Einheimischen. Dies ist zugleich ein Beweis der positiven Leistungen der Kolonialherren und der Intelligenz der Westafrikaner. Gewiß hat sich bei vielen ethnischen Gruppen durch die politische Umwälzung garnichts geändert. Derzeit ist die Schicht der Führenden und die Schicht der bewußt staatspolitisch handelnden Menschen noch gering, doch sie wird sich sicher im Laufe der nächsten Jahre vergrößern. Was in Westafrika „demokratisch" heißt, ist nicht das gleiche wie in Europa. In Westafrika spricht man vielleicht besser von „präsidialdemokratisch", weil dort die einzelnen Regierungschefs erweiterte Vollmachten besitzen, um die politische Reife ihrer Landsleute soweit als möglich zu beschleunigen.

Innenpolitisch kämpfen die derzeitigen Regierungen gegen mehrere Oppositionen. Die eine wird von einer dünnen Schicht gebildeter Menschen getragen, welche im Parlament mitsprechen und zensurieren wollen. Die andere Opposition steht außerhalb des Parlaments, z. B. die traditionalen Stammeshäuptlinge und die dritte befindet sich im Ausland, von wo aus sie gegen die bestehende staatliche Ordnung agiert. So müssen die Regierungen ihre Maßnahmen unter dem kritischen Blick der konservativen Massen und der hochintelligenten, modern geschulten oppositionellen Dialektiker vornehmen.

Außenpolitisch ist für alle der Panafrikanismus das Ideal oder zumindest das Lippenbekenntnis. Alle erheben ihre Stimme gegen den „Neokolonialismus" und alle wollen Entwicklungshilfen ohne politische oder wirtschaftliche Bedingungen. Schwierigkeiten zeigen sich dort, wo es nicht so einfach ist, die internationalen Fragen mit einem Schlagwort zu erledigen. Bei solchen Schwierigkeiten kommt es dann leicht zu Enttäuschungen, sogar zu Erbitterung.

Die Versuche zur Schaffung einer gemeinsamen westafrikanischen Wirtschaftsgemeinschaft waren bisher vergeblich. Es war nicht möglich, die frankophonen und die anglophonen Staaten zusammenzubringen, vielleicht nicht mal wegen der Sprache, sondern wegen der unterschiedlichen Konzeptionen und Methoden im Finanz- und Wirtschaftsleben. Außer Guinea sind alle anderen ehemals französischen Kolonien Westafrikas mit der Europäischen Wirtschaftsgemeinschaft assoziiert, während die ehemals britischen Kolonien bisher noch keine Bereitschaft einer Assoziierung mit der EWG bekundet haben. Aus diesem Grund gehören sie nicht der gegründeten, aber nicht sehr wirksamen Westafrikanischen Wirtschaftsgemeinschaft an.

In der Organisation Afrikanischer Einheit und bei der UNO haben die 14 Stimmen der westafrikanischen Staaten wohl ein Gewicht, aber sie treten selten geschlossen auf. Das Fehlen einer gemeinsamen Wirtschaftsorganisation wirkt sich auch auf dem politischen Sektor aus. Gemeinsam treten die westafrikanischen Staaten gegen den portugiesischen Kolonialismus auf. Portugal hat in Westafrika lediglich das kleine Fort Ajuda in Dahome aufgegeben, kämpft seit Jahren in Guinea-Bissau gegen die Nationalisten, portugiesische Truppen zerstörten sogar Dörfer außerhalb von Guinea-Bissau, so z. B. das Dort Samine in Senegal.

Kulturwerte Westafrikas
Darstellende und bildende Künste

Die Kulturpolitik der Kolonialherren war darauf ausgerichtet, das sogenannte Mutterland, seine Sprache und Kultur als hochwertig und alleingültig hinzustellen. Zugleich wurde afrikanisches Kulturgut überhaupt nicht als solches zur Kenntnis genommen. In den französischen Kolonien mußten die Kinder in der Schule leiern: „Nos ancêtres les Gaullois..." (= unsere Ahnen, die Gallier...), sie wurden bestraft, wenn sie in der Klasse oder im Schulhof in ihrer Muttersprache etwas sagten. Alles war darauf ausgerichtet, aus den Westafrikanern Franzosen zu machen. In den britischen Kolonien war es nicht so kraß, aber auch dort sollten die Afrikaner zu „british citizens" — nicht zu Engländern — erzogen werden.

Man wird verstehen welch ein Erlebnis es war, das der jetzige Staatspräsident von Senegal, Leopold S. Senghor, und seine Kollegen — Studenten in Frankreich — zwischen den zwei Weltkriegen hatten, als sie plötzlich entdeckten, daß der deutsche Völkerkundler Leo **Frobenius** bereits um 1900 behauptete, die Negroafrikaner besäßen hohe Kulturwerte, und dafür die ersten Beweise antrat. Das gab ihnen ein neues Selbstbewußtsein und führte zu der großen Bewegung der **Négritude,** die das moderne Kulturleben

Westafrikas tief geprägt hat. Die Vorurteile der Europäer gegen die Negroafrikaner konnten nur langsam aufgrund ernster wissenschaftlicher Untersuchungen abgebaut werden. Man hat festgestellt, daß die traditionalen negroafrikanischen Kulturwerte viel mehr auf dem Emotionellen als auf dem Rationellen aufgebaut sind. Die Leistungen auf dem Gebiet der **bildenden** und der **darstellenden Kunst** verdienen es, sachlich betrachtet und dort anerkannt zu werden, wo es sich wirklich um Kunst handelt. Heute ist man in Europa bereit, zwischen Kunst und Kitsch der westafrikanischen Plastik zu unterscheiden. Die Holzschnitzerei der Bambara und Senufo sowie die Bronzegießerei von Südnigeria sind eigenständige Schöpfungen, die bei künstlerischer Vollendung vollauf anerkannt werden müssen.

Die einst in deutschsprachigen Gebieten vorhandene Einheit von Wort, Musik und Tanz ist noch in Westafrika vorhanden. Leider wird heute vielfach durch „Auftreten für Touristen" nicht mehr Kunst, sondern Kitsch gezeigt. Wenn man länger in Westafrika weilt, einen Wagen zur Verfügung hat, Mut zum Besuch von dörflichen Siedlungen aufbringt, ist es heute noch möglich, westafrikanische **darstellende Kunst** in ihrer Ursprünglichkeit zu erleben, vorausgesetzt, man fällt durch exotische Kleidung oder deplaziertes Verhalten nicht aus dem Rahmen der westafrikanischen Kulturveranstaltungen, zu denen man nicht ohne weiteres zugelassen, aber gelegentlich als stiller Beobachter eingeladen wird.

Wesentlich schwerer ist es, in den Bereich der **philosophischen** Gedankenwelt der Westafrikaner einzudringen, diese ist sogar vielen Westafrikanern nicht bekannt und wurde bisher nicht nach modernen wissenschaftlichen Kriterien erfaßt und dargestellt. Ansatzpunkte dazu findet man in mehreren Veröffentlichungen der Nachkolonialzeit.

Die moderne westafrikanische **Dichtkunst** liegt in zwei verschiedenen Bereichen. Einerseits gibt es stümperhafte Epigonen alter oraler Dichterei, zugleich aber auch Neuschöpfungen begabter Analphabeten, andererseits gibt es klägliche Imitatoren europäischer Vorlagen und zugleich außerordentlich begabte Westafrikaner, wie z. B. Leopold S. Senghor, die gleichermaßen die Seele Afrikas und die Techniken einer europäischen Sprache beherrschen. In mehr oder minder guten deutschen Übersetzungen liegen solche Werke vor und eben wegen dieses „mehr oder minder" sollte man vorsichtig sein bei der Beurteilung moderner afrikanischer Dichter oder gar erst bei Vergleichen mit den Werken europäischer Schriftsteller deutscher Muttersprache.

In der **Architektur** wird der Reisende — leider — nicht nur bewußt eingeimpfte Kolonialstile, sondern auch modernen Kitsch sehen. Die altafrikanische Architektur ist nur an wenigen Stellen erhalten: die Regen haben den Lehm zerstört und die Termiten das Holz. Darum kann man heute oft nicht verstehen, wieso die ersten europäischen Reisenden in Westafrika von Monumentalbauten sprechen.

Die westafrikanische **Malerei** hat durch die modernen Techniken und Farben einen neuen Weg eingeschlagen. Einige Maler sind dabei, sich einen internationalen Namen zu machen, man sollte sich ihre Werke ruhig ansehen. Die traditionale Malerei benützte nur die Farben: weiß, rot und schwarz — ganz selten dazu eine andere, aber auch diese drei Farben bringen in ihrer Zusammensetzung — bei näherer Betrachtung — einen erstaunlichen Effekt. Bei Anwendung minimalster Tönungen gelingt es, kräftige Aussagen zu machen. Man muß sich erst hineindenken, um die Effekte aufnehmen zu können.

Unterricht und Erziehung

Die traditionale **Bildung** vollzog sich in Form mündlicher Überlieferung. Die Kinder mußten im Elternhaus die Geschichte der Sippe, die Grundregeln des sozialen Verhaltens und das Bewußtsein bekommen, Glieder in der Kette zwischen Ahnen und Nachkommen zu sein. Danach folgte ein Gemeinschaftsunterricht im Rahmen von Altersklassen, die mit getrennten Initiierungen für Knaben und Mädchen endete. In einer dritten Phase hatten die jungen Menschen im Rahmen der Altersklassenvereine Gelegenheit, eigene Gedanken über alle Probleme des Daseins zu entwickeln, unter einer gewissen Kontrolle der Erwachsenen; in der vierten Phase wurden sie selbst zu Mitverantwortlichen und Trägern des Gemeinschaftslebens. Man hatte stets Zeit und nichts sollte überstürzt erfolgen.

Mit dem **Islam** kamen die Koranschulen auf und in einigen größeren Zentren die Medersen für eine höhere Bildung. Die **Kolonialverwaltungen** führten erst Schulen für die Söhne von Häuptlingen ein, um dadurch einen ihnen getreuen Führungskader zu bilden. Oft waren die Häuptlinge gar nicht bereit, ihre eigenen Kinder den Europäern zu übergeben, und kommandierten dazu den Sohn eines Sklaven ab. Dadurch kamen begabte Menschen niederer Abstammung in hohe Würden. Anders war es bei den **christlichen Missionen,** die von Anfang an nicht nach der Abstammung, sondern lediglich nach der Begabung fragten.

Seit den **Unabhängigkeiten** wünscht man, alle Kinder in modernen Volksschulen unterrichten zu können. Dazu werden laufend Lehrer ausgebildet und Schulräume erstellt. Besondere Sorgfalt wendet man auf die Ausbildung der Mädchen an. Durch die Betonung der eigenen Landes- und Kulturkunde wollen die Regierungen das Staatsbewußtsein ihrer nachkommenden Generationen stärken.

Die Konfrontation mit der modernen Industriegesellschaft erfordert viele **Fachschulen** und Berufsausbildungsstätten. Sie sollen jene dringend benötigte Mittelschicht hervorbringen, die mit modernen Techniken vertraut ist. Der Aufwand für diese Ausbildungsstätten ist sehr hoch.

Die **höheren Schulen** sollen auf europäischem Niveau stehen und sind nach europäischem Vorbild aufgebaut. Sie sollen die Weichen stellen für jene, die in Fachschulen ihr Ausbildungsziel erreichen, und jene, die auf Hochschulen zur oberen Führungsschicht ausgebildet werden.

Durch Begabtenförderung versuchen die Regierungen, fähige junge Leute zum Studium an **Hochschulen** zu bringen. Im frankophonen Westafrika hat Dakar die bedeutendste Universität, danach folgt Abidjan. Die anderen frankophonen Staaten Westafrikas bemühen sich in den letzten Jahren, eigene, nationale Universitäten zu entwickeln. Diese neuen Universitäten in Conakry, Bamako, Wagadugu, Niamey, Lome und Porto Novo haben derzeit weder die Mittel noch die Lehrkräfte, um ein entsprechendes Studium zu sichern. In den anglophonen Ländern gelten die Universitäten von Freetown, Monrovia, Accra-Legon und Ibadan als Vollanstalten, jene von Cape Coast, Kumasi, Zaria, Nsukka, Ife und Lagos lediglich als Hochschulen für einige Fachrichtungen. In den frankophonen Gebieten (mit Ausnahme von Conakry) sind zumindest derzeit die Universitätsdiplome gleichwertig mit Diplomen französischer Hochschulen bzw. Universitäten, da die Lehrkräfte Besitzer französischer Diplome sind und der Lehrplan jenem Frankreichs entspricht.

Die **Kulturinstitute** am Rande der Universitäten oder in Zusammenarbeit mit diesen stammen zum Teil noch aus der Kolonialzeit, wie z. B. das IFAN in Dakar und seine Filialen oder ehemaligen Zweigstellen in St. Louis, Bamako, Conakry, Wagadugu, Niamey, Abidjan, Lome und Porto Novo. Dazu kamen Neugründungen nach den Unabhängigkeiten, so etwa das von der UNO finanzierte IDEP (Institut für Entwicklungsplanung) in Dakar. Dazurechnen muß man auch die neuentstandenen Museen, in denen vor allem afrikanische Exponate berücksichtigt werden. Genannt seien hier auch die deutschen Goethe-Institute, die oft mit gut ausgerüsteten Bibliotheken ausgestattet sind und je nach der Persönlichkeit der oft wechselnden Direktoren entweder ausgezeichnete oder nur mäßige Arbeit leisten.

Rundfunk, Presse, Theater und Film

Der **Rundfunk** hat seit der Erfindung des Transistorgeräts — also unabhängig von einem Stromanschluß — einen starken Aufschwung erfahren. Mehr als 30 staatliche Sender strahlen Programme in europäischen und afrikanischen Sprachen aus. Mehrere westafrikanische Staaten verfügen bereits über ein eigenes **Fernsehen** — es wurde sehr anerkennend vermerkt, daß die Übertragungen der Olympiade in München ausgezeichnet waren.

Die geschriebene **Presse** gewinnt zunehmend an Bedeutung, da es von Jahr zu Jahr mehr Lesekundige gibt. Zu fast 90% besteht diese in europäischen Sprachen, die eben einen größeren Leserkreis haben als jene in afrikanischen Sprachen. Die Schwierigkeiten mit Druckereien, Redakteuren und Verteilern stehen noch wie ein Damoklesschwert über der Presse, zum Teil kommt die staatliche Zensur hinzu. Das Verlagswesen ist noch ungenügend entwickelt, daher publizieren viele westafrikanische Autoren in Europa.

Beim **Theater** läuft die Diskussion, ob man ein afrikanisches, ein europäisches oder ein pluralistisches Theater in Bau- und Programmgestaltung anwenden soll. Die Staatsballette von Guinea und Senegal haben in Amerika und Europa viel Anerkennung gefunden, man hat auch versucht, europäische Autoren, wie z. B. Molière, von einem afrikanischen Ensemble spielen zu lassen. Das ist ein Weg, den es sich vielleicht lohnt, einzuschlagen, um Ressentiments abzubauen. Außerdem erfolgen häufig Gastspiele europäischer Truppen und Orchester, die das kulturelle Leben bereichern. Man steht mitten in den Diskussionen und sucht nach neuen Wegen im westafrikanischen Theaterleben.

Der Einfluß des **Kinos** hat mit dem Radiotransistorgerät und dem Fernsehen abgenommen. Trotzdem kam es in Westafrika zu einem neuen Aufschwung, vor allem dank der afrikanischen Filmfestspiele in Wagadugu, wo afrikanische Filmhersteller Gelegenheit haben, ihre Werke internationalen Kritikern vorzuführen.

* * *

Das kulturelle Leben in Westafrika ist vielfältig und vielschichtig. Man sucht nach neuen Wegen wie überall in der Welt, was noch lange nicht heißt, es gäbe keine zu bewahrende Tradition oder es gäbe keine neuen schöpferischen Kräfte. Wenn der Europäer gewillt ist, vorurteilslos in diese Probleme einzudringen, entdeckt er einen unerwarteten Reichtum an kulturellem Schaffen.

Wirtschaftliche Gegebenheiten

In den letzten Jahren wurden an die westafrikanische Wirtschaft immer größere Anforderungen gestellt. Die Bevölkerung nimmt heute überall rasch zu, noch rascher vollzieht sich die Verstädterung. Außerdem ist auch der Verwaltungsapparat seit der Unabhängigkeit teurer geworden. Die alten extensiv betriebenen Wirtschaftszweige produzieren viel zu wenig und auch viel zu teuer, um modernen Staaten das Leben zu ermöglichen. Anstatt eine dringend notwendige Strukturänderung mit weitreichender Raumplanung vorzunehmen, verspricht man sich das Allheil von einer allgemeinen Industrialisierung oder von der Verwirklichung anderer Großobjekte wie Hochöfen, Staudämme, Eisenbahnlinien, Autobahnen, staatlichen Handelsflotten usw. Viele Westafrikaner sind auch fest davon überzeugt, daß die Staaten in Ost und West nur darauf erpicht sind, ihr Geld — gewissermaßen im Wettbewerb — an die afrikanischen Staaten abzugeben. Dabei werden weiterhin nach Ahnensitte Tiere ohne nennenswerte Milch- oder Fleischleistung gehalten, Bäume planlos geschlagen und der Boden nur oberflächlich aufgekratzt, nachdem der Busch angezündet wurde. Sicher ist es nicht mehr überall so, aber die klugen Afrikaner wissen, wo die größten wirtschaftlichen Schwierigkeiten liegen, auch wenn sie davon kaum etwas dem uneingeweihten Europäer sagen werden.

Bodenschätze

Westafrika besitzt eine ganze Reihe von Bodenschätzen, ist jedoch nicht so reich wie Südafrika. Nachteilig wirkt sich das Fehlen von Kohle aus. Abbauwürdige Kohlenlager gibt es lediglich bei Enugu in Ost-Nigeria. Südlich davon liegt auch das einzige größere **Erdölfeld** Westafrikas. Seit einigen Jahren werden planmäßig Forschungen nach Erdöl durchgeführt. Man hofft, in der Sahara und vor der Küste auf dem Kontinentalsockel fündig zu werden.

Eisenerz gibt es überall in Westafrika, was jedoch noch nicht heißen soll, daß alles abbauwürdig oder verhüttbar ist. Die reichen Eisenerzlager in Mauretanien oder gar jene im Air-Gebiet liegen viel zu weit von den Verkehrswegen oder von der Kohle. Abgebaut wird heute in größerer Menge Eisenerz in Mauretanien, Guinea, Sierra Leone und Liberia, insgesamt jährlich etwa 5 Millionen Tonnen. Das sagenhafte **Gold** Westafrikas kommt wohl an verschiedenen Stellen vor, hat aber im Vergleich zum amerikanischen oder südafrikanischen Gold nur geringe Bedeutung. Kleinere Mengen werden gefördert in Nordnigeria, Norddahome, Ghana, Elfenbeinküste, Liberia, Sierra Leone, Guinea, Senegal und Mali. Bedeutender ist der Ertrag aus der Förderung von **Zinn** (Nordnigeria). **Kolumbit** (Nordnigeria, Sierra Leone), **Ilmenit** (Gambia, Senegal), **Manganerz** (Ghana), **Chromerz** (Sierra Leone), und in letzter Zeit ist der Export von **Bauxit** für Ghana und Guinea bedeutend geworden. In kleineren Mengen werden auch Tantalit, Zirkon, Rutil gewonnen.

Die großen Hoffnungen, die man auf die Gewinnung von Kupfer, Zinn und Uranerz in der Sahara gesetzt hat, wurden bisher nur zum Teil in Mauretanien erfüllt. Die Probleme des Transports, des Wassers und der Fachkräfte sind nicht leicht zu lösen. Der Abbau von **Phospaten** in Senegal und Togo entwickelte sich besser, als man allgemein erwartete. Die Gewinnung von **Diamanten** für industrielle Zwecke wird von Guinea bis Ghana betrieben.

Die Gewinnung von **Steinsalz** in der Sahara, einst von großer Bedeutung, wird heute nur in bescheidenem Maße betrieben und die Zeit der großen Kamelkarawanen nach Taudeni oder Sebka Idjil ist vorbei. Die Salzgewinnung auf den Kapverdischen Inseln hat infolge der politischen Lage wenig Bedeutung für Westafrika.

Steine und **Erden** spielen eine immer größere Rolle in Verbindung mit der modernen Bautätigkeit (Häuser, Straßen, Brücken, Häfen...) und Keramik. Es werden sogar die Muschel-Tumuli abgebaut, die in jahrhundertelanger Arbeit errichtet wurden und Wahrzeichen alter westafrikanischer Kultur sind.

Forstwirtschaft

Durch unsachgemäße Abholzungen ist der westafrikanische Wald sehr arm geworden. Wo die wertvollen Bäume geschlagen wurden, wuchsen nur wertlose Bäume oder Sträucher bzw. Gräser nach. So ziemlich in allen Ländern gibt es Gesetze zur Schonung des Waldes, doch ist die Befolgung dieser Vorschriften nicht leicht zu beaufsichtigen. Vorbildlich scheint die forstliche Nutzung an der Elfenbeinküste zu sein. Seit mehreren Jahrzehnten wird hier nicht nur abgeholzt, sondern auch planmäßig in großem Maßstab aufgeforstet. In Nigeria wurde ein bemerkenswerter Forstplan entworfen, wonach im Norden 6%, im Osten 11%, im Westen 16% der Landesfläche zu gehegten Wäldern gemacht werden sollen. Versuche zur Aufforstung wurden im Waldgebiet und im Grasland unternommen. Im Waldgebiet hatte man mit Mahagoni gute Erfolge, im Grasland mit Teak, im Sumpfgebiet mit Eukalyptus.

Aus Westafrika werden jährlich rund 1 500 000 cbm **Nutzholz** nach Europa ausgeführt, vornehmlich aus Nigeria, Ghana, Elfenbeinküste, Liberia, Sierra Leone und den beiden Guinea. Alle anderen Länder müssen Holz einführen. Die wichtigsten Ausfuhrhölzer sind: Mahagoni, Ebenholz, Okume, Santal und Palisander. Man hofft in den nächsten Jahren die Ausfuhr von Schnittholz steigern zu können. Junge westafrikanische Forstwirte studieren in Deutschland die modernen forstlichen Methoden.

Fischerei

Trotz des langen Küstenabschnittes in Westafrika und trotz einer außergewöhnlich großen Nachfrage nach frischen und geräucherten Fischen ist die westafrikanische Fischerei ungenügend entwickelt. Die alten zeitraubenden Fangmethoden sind sehr kostspielig und liefern nur einen geringen Ertrag. Aus diesen Gründen muß man aus anderen Ländern Fische, Krebse, Krabben, Langusten, Muscheln usw. nach Westafrika einführen.

Der Versuch, mit modernen Methoden Fische auf hoher See zu fangen, wurde vor allem in Togo, Ghana, Sierra Leone, Senegal, Mauretanien und den Kapverden unternommen. Doch sind die derzeit angelandeten Mengen noch unbedeutend. Immerhin ist ein Anfang gemacht.

Auf den Kapverden fängt man Thun- und Haifische, an der mauretanischen Küste treffen sich afrikanische und europäische Fischer beim Fang von Langusten.

Die Binnenfischerei wird in den Lagunen und den großen Flüssen betrieben, meist nach veralteten Methoden. Immerhin ist es möglich, die Küstenstädte einigermaßen mit Fischen und Krebsen zu versorgen, während die Städte im Innern oft ungenügend beliefert werden. Das liegt daran, daß während der Trockenzeit in den Binnengewässern restlos alles aus dem Wasser herausgefischt und für eine Nachzucht nicht gesorgt wird. Auch hier bemühen sich die neuen Staaten, Abhilfe zu schaffen.

Mehrere westafrikanische Staaten haben die Absicht, ihr Hoheitsgebiet auf eine breitere Zone im Atlantischen Ozean auszudehnen, um dadurch ihre Fischereirechte in einem größeren Meeresgebiet ausüben zu können. Die Weltmächte sind dagegen, weil ihre eigenen ultra-modernen Fischereiflottillen dort derart alles abfischen, daß den westafrikanischen Küstenfischern die Lebensexistenz genommen wird. Angesichts der katastrophalen Trockenheiten und des dadurch bedingten Massenverendens von Zuchttieren, müßte man den Westafrikanern Gelegenheit geben, ihren Eiweißbedarf aus dem Meer zu decken.

Viehzucht

Die Viehzucht ist ein sehr bedeutender Wirtschaftszweig Westafrikas. Nach den letzten Zählungen gab es folgenden Viehbestand: 20 000 000 Rinder, 40 000 000 Schafe und Ziegen, 2 000 000 Schweine, 1 000 000 Esel und Pferde, 600 000 Kamele. Das sind imponierende Zahlen. Leider aber ist der Ertrag dieser Viehzucht unbefriedigend. Die Menge und die Qualität der Fleischerzeugung lassen zu wünschen übrig, die Milchleistung ist sehr gering, Wolle gibt es kaum für die Ausfuhr, die Häute dienen nur dem lokalen Verbrauch, die Nutzung von Knochen oder Dung ist so gut wie unbekannt. In den letzten drei Jahrzehnten sind unverkennbar sehr große Anstrengungen unternommen worden: man hat am Rande der Wüste zahlreiche artesische Brunnen erbohrt, hat Schlachthäuser mit Tiefkühlanlagen sowie Veterinärstationen errichtet, geeignete Zuchttiere eingeführt, billige Flugzeugfrachten für den Fleischtransport bestimmt, — und doch ist man noch weit vom erhofften Erfolg.

Im Norden hat man in den Mauren, Tuareg und Fulbe ausgezeichnete Hirten, die ihre Tiere hegen und pflegen. Darum muß man dort ein erhöhtes Augenmerk der Verbesserung der Zuchttiere widmen. Im Süden kümmern sich die Menschen kaum um die Zucht. Würde es gelingen, diese Menschen für eine sachgerechte Fütterung und Pflege der Tiere zu gewinnen, so könnte man leicht die Fleischerzeugung und vielleicht auch die Milcherzeugung um ein Vielfaches steigern.

Im Bereich des **Sahel**, d. h. des Graslandes, wurde die Trockenheit 1972 zur Katastrophe für die Viehzucht. Nachdem schon die zwei vorhergehenden Regenzeiten wenig Niederschläge brachten, fielen 1972 die ersten Regen sehr früh. Das Gras begann zu wachsen, aber durch die nachfolgende Trockenheit verdorrte es vor der Blüte. Daher fehlt der Samen; es wird Jahre dauern, bis sich wieder Weiden bilden können. Die Trockenheit 1972 hatte außerdem zur Folge, daß der Grundwasserspiegel absank, viele Brunnen ohne Wasser blieben. Der Mangel an Futter und Wasser hatte zur Folge, daß etwa 10% der Dromedare, 25% der Schafe und Ziegen, 35% der Rinder eingingen. Die Hirten wußten sich nicht zu helfen und überließen die Tiere ihrem Schicksal. Völlig apathisch verzichteten sie auf Notschlachtungen, Hautverwertung usw. Es ist leicht, zu sagen, man solle auf Stallfütterung übergehen. Dazu müßten erst verschiedene Voraussetzungen geschaffen werden, besonders in jenen Gebieten in denen die Trockenzeit sehr lange andauert.

Im Bereich des immerfeuchten **Regenwaldes** findet man ganzjährig Wasser; es wäre auch möglich, Wiesen oder Weiden zu schaffen. Bisher ist es dort nicht möglich, Rinderzucht in nennenswertem Ausmaß zu betreiben, infolge der Nagana-Rinderkrankheit, verursacht durch die Tse-Tse-Fliege. In der Küstensavanne züchtet man das kleine Dahome-Rind, aber es liefert kaum Milch und hat sich im Waldbereich nicht akklimatisieren können.

Das **Schwein** als Allesverwerter könnte wohl im Wald- und Grasland ein guter Eiweißlieferant sein, aber dagegen stehen die Ansichten der Moslims und mehrerer animistischer Gruppen, die im Borstenvieh etwas Unreines sehen. **Kleintierzucht,** etwa mit Kaninchen oder Meerschweinchen, wird nur beschränkt betrieben. Zu Beginn der feuchten Jahreszeit gehen sie massenhaft ein. Geflügelzucht in althergebrachter Art geht einige Monate sehr gut, mit Beginn der Trockenzeit stellt sich die Hühnerpest ein, der nur wenige Tiere widerstehen können.

Die internationalen Experten haben in den letzten zwei Jahrzehnten viele theoretische und praktische Rezepte angeboten. Was davon praktisch, auf größeren Flächen versucht wurde, zeigte bisher nur mäßige Erfolge, wie man nach den letzten Trockenjahren feststellen kann.

Landwirtschaft

Die Landwirtschaft beschäftigt die meisten Menschen Westafrikas, und doch liegt die Erzeugung weit unter einem zu erwartenden Soll. Schuld daran sind einmal die klimatischen Verhältnisse. In den fruchtbaren Landstrichen des Nordens, wo auch Zugvieh vorhanden ist, fehlt das Wasser. Dann sind die Bodenverhältnisse schlecht, weil sich an vielen Stellen eine unfruchtbare Lateritschicht gebildet hat, d. h. ein tropischer Verwitterungsboden reich an Eisenhydroxid und Alumin. Schuld ist auch der Mensch, der den Boden nicht düngt und ihn nach uralten Methoden unsachgemäß bearbeitet. In der Regel kratzt die Frau mit ihrer Spitzhacke nur leicht den Boden auf, nur manchmal werden Häufel gemacht und noch seltener werden Furchen aufgeackert.

Im feuchten Süden baut man zum eigenen Verbrauch Knollengewächse (Maniok, Yams, Makabo, Süßkartoffeln), Kochbananen, Mais, Reis, Zuckerrohr, Gemüse. Fett liefern an der Küste Kokospalmen, im Innern Ölpalmen. Zum Gelderwerb wird hier vor allem **Kakao** angepflanzt. Mit rund 200 000 t Kakaobohnen jährlich ist Ghana derzeit der größte Kakaoproduzent der Erde. In allen anderen Küstenländern wird auch Kakao gepflanzt. An zweiter Stelle steht der **Kaffee** mit den Sorten: Liberia, Excelsa, Robusta und Arabica. Besonders geschätzt ist der Kaffee von der Elfenbeinküste und aus Liberia. **Bananen** für die Ausfuhr nach Europa (Süßbananen) gibt es vor allem in Guinea, **Ananas** in Ghana und an der Elfenbeinküste, **Hevea-Pflanzungen** in Liberia und Nigeria. Dazu kommen noch für den lokalen Bedarf bzw. als Schiffsproviant Orangen, Mandarinen, Pampelmusen, Mangos. Für den Verbrauch in Westafrika, besonders im Grasland, spielt die **Kola-Nuß** eine große Rolle.

Im trockeneren Norden ist die **Hirse** (Doldenhirse auf besseren Böden und reichlicherem Niederschlag, Kolbenhirse auf ärmeren Böden mit weniger Niederschlag) die Grundnahrung der Bevölkerung. Daneben werden Erdnüsse, Bohnen, Sesam, Mais und in neuerer Zeit auch Reis und Knollengewächse angebaut. Für den Verkauf erzeugt man **Erdnüsse, Baumwolle** und Sesam, man sammelt Kapok-Samen und Indigo-Schoten, Baumharze. Das pflanzliche Fett liefert der Karité-Baum (Schibutter), der wohl wild wächst, jedoch gepflegt wird.

In den Oasen der Wüste baut man Hirse, Gerste und Weizen an. Dort gibt es auch Dattelpalmen, deren Früchte zusammen mit Milch und den Zerealien die Grundnahrung der Bevölkerung sind. Das Fett wird fast ausschließlich von den Tieren geliefert. Bohnen und Zwiebel sind die häufigsten Gemüsearten.

Die internationalen Experten haben empfohlen, intensive Landwirtschaft durch Staatsgüter zu betreiben. Die Versuche in Guinea und Ghana zeigten, daß die Staatsbetriebe passiv waren, von wenigen Ausnahmen abgesehen. Anderenorts wurden kapitalistische ausländische Gesellschaften ermächtigt Gemüse- oder Obstbau zu betreiben. Im Erfolgsfall stellte sich der Neid ein. Sehr verdienstvoll war der Einsatz von Entwicklungshelfern mit guten Ideen. Sie hatten Erfolg mit ihren Zäunen, Brunnen, Gemüsegärten usw. während der Trockenzeit. Sie hatten ausgezeichnete Ideen, aber nicht genügend Kapital, um ihre lokalen Erfolge für eine größere Landschaft nutzbringend anzuwenden.

Die Preise für die westafrikanischen landwirtschaftlichen Erzeugnisse nahmen im Durchschnitt der letzten Jahre um etwa 3% auf dem Weltmarkt zu, die Industrieerzeugnisse — welche der westafrikanische Bauer benötigt — stiegen in der gleichen Zeit um rund 7%. Bei diesem Rhythmus verarmt der westafrikanische Bauer laufend auf Kosten der Industrieländer.

Handwerk, Industrie

Das lokale traditionelle **Handwerk** ist im Norden mehr entwickelt als im Süden. Im Norden findet man, besonders unter den Haussa, gewandte Lederverarbeiter, Schmiede, Weber, Färber, Töpfer und Flechter. Ihre Waren verkaufen sie besonders gern gegen Maria-Theresien-Thaler oder gegen anderes Silbergeld. Im Süden sind die Schmiede von Dahome, die Holzschnitzer der Yoruba und die Ife als Terrakotten- und Bronzehersteller besonders bekannt geworden. Neben dem traditionellen Handwerk entstand auch ein modernes Gewerbe. Man unterscheidet dabei eine ältere Gruppe, zu der Maurer, Schreiner, Schneider, Schuster usw. gehören und eine moderne Gruppe, die durch Mechaniker,

Schlosser, Fotografen, Friseure usw. vertreten ist. Bei einigen ethnischen Gruppen hat der Beruf auch eine soziale Rangordnung zur Folge. Innerhalb der Schicht „Handwerk" stehen Mechaniker u. ä. an der Spitze, dann folgen Maurer u. ä. **und erst in dritter Linie** die traditionellen Handwerker, wobei wieder Schmiede als erste kommen und dann erst die Töpfer, Flechter usw.

Die **Industrie** ist in der Regel durch Kleinbetriebe vertreten, die einheimische Rohstoffe verarbeiten, um den einheimischen Markt zu beliefern. Dazu gehören Seifenfabriken, Ölmühlen, Gerbereien, Sägewerke, Limonadenfabriken, Zigarettenfabriken, Ziegeleien. Zu einer zweiten Gruppe kann man die Betriebe zählen, welche alle Rohstoffe oder einen beträchtlichen Teil ihrer Rohstoffe einführen, um mit ihren Erzeugnissen den örtlichen Markt zu beliefern. Hiezu gehören Brauereien, Zementfabriken, Zündholzfabriken, Mühlen, Teigwarenfabriken. Zu einer dritten Gruppe gehören Industriebetriebe, welche einheimische Rohstoffe für die Ausfuhr bearbeiten, so Konservenfabriken für Obst und Fruchtsäfte, Kakaobutterfabriken, Sperrholzfabriken, Stärkefabriken, Baumwoll- und Kapok-Entkernungsanlagen. Seit Jahren erwägt man, ob es zweckmäßig wäre, in Westafrika Fabriken zur Erzeugung von Papier, Glas, Kunstdünger, Aluminium usw. zu errichten. Mit Hilfe öffentlicher und privater Entwicklungshilfen sind bereits mehrere solche Betriebe entstanden.

In Dakar und Umgebung entstanden noch während der Kolonialzeit größere Industriebetriebe zur Belieferung der anderen französischen Gebiete West- und Zentralafrikas, die Briten hatten in Accra und Lagos Industriebetriebe errichtet. Nach 1960 kam es besonders in Abidjan zur Gründung von Werken, die mehrere Staaten beliefern.

Es ist nicht leicht, die gegenwärtigen Tendenzen zu autarken Volkswirtschaften auszuschalten und auf Regional- oder gar Weltwirtschaft auszurichten.

Verkehrswesen

Die Kolonialmächte haben das westafrikanische Verkehrswesen nach ihren Bedürfnissen ausgebaut, wobei die Verbindungen zum sogenannten Mutterland ausschlaggebend waren. Zwischen den französischen und den britischen Besitzungen gab es nur wenige Verkehrsverbindungen. Nach 1960 wurde es noch schlimmer, denn jeder Staat versuchte sich von seinen Nachbarn abzukapseln. Inzwischen haben die internationalen Behörden beschlossen, Verkehrswege besonders dort zu fördern, wo es sich um zwischenstaatliche Verbindungen handelt. Als Fernziel sieht man eine

Autostraße von Dakar nach Lagos und von dort nach Mombasa, Verbindungen zwischen den einzelnen Stichbahnen, die von der Küste in das Landesinnere führen.

Straßen und Pisten gibt es in Westafrika rund 146 000 km. Davon sind aber nur 81 000 km ganzjährig befahrbar und nur etwa 10 000 km asphaltiert bzw. betoniert. Das ist sehr wichtig zu wissen, wenn man mit eigenem Fahrzeug nach Westafrika fährt. Wer die Absicht hat, viel im Busch herumzukommen, muß während der Trockenzeit kommen, weil nur dann alle Straßen befahrbar sind. Der Wagen, mit dem man durch Westafrika reist, muß eine hohe Achsenlage und ausgezeichnete Federn haben. Als besonders praktische Fahrzeuge haben sich die „Pick-ups" erwiesen, d. h. Kombiwagen mit gutem Schutz gegen Steinschlag und viel Laderaum. Jeeps, Landrovers usw. (also Vierradantriebwagen) sind wohl sehr praktisch, aber teuer in Anschaffung und Gebrauch. Aus diesen Gründen sieht man in Westafrika meist Fahrzeuge, d. h. Kombiwagen der Firmen Dodge, Chevrolet, Ford, Peugeot, in neuerer Zeit auch immer mehr Citroën, Mercedes und Volkswagen.

Die **Eisenbahnlinien** bestehen im wesentlichen aus Stichbahnen von den Häfen ins Innere. Heute gibt es knapp 10 000 km Eisenbahnstrecken meist in 1-m-Spur. Die bedeutendsten Strecken sind: Dakar—Kulikoro am Niger (rund 1200 km), Conakry—Kankan (über Mamu und Dabola, rd. 600 km), Freetown—Pendembu, Abidjan—Wagadugu, Takoradi—Kumassi, Accra—Kumassi, Lome—Blitta, Cotonu—Paraku, Lagos—Kano—Maiduguri, Port Harcourt—Jos (Zaria, Gusau). Fast überall findet man moderne Diesellokomotiven und bequeme Reisewagen, so daß man als Europäer ruhig mit der Eisenbahn fahren kann. Auf den längeren Strecken gibt es bequeme Schlafwagen, die gern in Anspruch genommen werden.

Die **Binnenschiffahrt** hat regelmäßige Verbindungen auf den Flüssen Senegal, Niger, Milo, Bani und Benue. Sonst in den Flüssen und den Lagunen kennt man nur gelegentlichen Bootsverkehr. Erfreulicherweise ist gerade während der Regenzeit die Binnenschiffahrt aktiv, also während der Zeit, wo viele Straßen unpassierbar sind. Auf dem Senegal und dem Niger verkehren einige moderne Flußschiffe, die den Reisenden alle Annehmlichkeiten bieten.

Die **Seeschiffahrt** findet lediglich im Gebiet der Riasküste im Westen günstige Naturbedingungen, sonst ist der Bau von Häfen schwierig und teuer, weil die Brandung außerordentlich stark ist. Aus diesen Gründen ist es erklärlich, warum auf der langen westafrikanischen Küstenstrecke nur wenige Häfen mit Kaianlagen bestehen. Diese konnten wegen der hohen Kosten nicht von der ein-

Animistisches Fest in einem Dorf bei Bobodiulasso/Ober-Volta. Foto: KNA →

heimischen Wirtschaft ausgebaut werden und wurden daher von Briten, Franzosen, Deutschen und Amerikanern errichtet. Die bedeutendsten Häfen Westafrikas sind Dakar, Conakry, Monrovia, Abidjan, Takoradi, Tema, Lome, Cotonu und Lagos. Da die Schiffstonnage der westafrikanischen Reedereien unbedeutend ist, wird der Verkehr hauptsächlich von europäischen und amerikanischen Gesellschaften abgewickelt. Die Flagge von Liberia ist häufig auf den Weltmeeren zu sehen, das kommt aber daher, weil Liberia durch seine Wirtschaftspolitik der offenen Tür neben Panama u. a. zu den Ländern mit „billiger Flagge" gehört.

Der **Luftverkehr** ist in Westafrika sehr gut und sehr modern eingerichtet worden. Es gibt heute fast 50 internationale Flugplätze, die regelmäßig angeflogen werden. In Anbetracht der großen Entfernungen ist es verständlich, daß das Flugzeug für den Personen- und für den Post- und Frachtverkehr von großer Bedeutung ist. Derzeit sind im westafrikanischen Flugverkehr europäische Fluggesellschaften führend, doch schalten sich immer mehr auch amerikanische, asiatische und afrikanische Gesellschaften ein.

Der **Fremdenverkehr** steckt noch arg in den Anfängen. Manche Staaten haben gar kein Interesse daran, daß Fremde kommen. Nach unserer Erfahrung wird man in folgenden westafrikanischen Ländern als Tourist gern gesehen: Senegal, Gambia, Sierra Leone, Liberia, Elfenbeinküste, Obervolta, Ghana, Togo, Niger und Dahome.

Die Staaten Westafrikas bieten dem europäischen Besucher viel Sonne, Naturschönheiten, Exotik und Erholungsmöglichkeiten.

Wenn der Besucher unbeschwert von Vorurteilen, mit offenen Augen und Ohren, durch Westafrika wandert, sollte er Verständnis aufbringen für Land und Leute, für die schwierigen Probleme der Entwicklung. Nur dann kann ein Aufenthalt in Westafrika zu einem Erlebnis werden.

Oben: Früher kannte man in der Landwirtschaft nur die kleine Krummhacke. Foto: Verfasser
← Unten: Heute arbeitet der Bulldogger in Togo. Foto: Ministère de la France d'Outre-Mer

TEIL II

LAND FÜR LAND MIT REISEROUTEN UND SEHENSWÜRDIGKEITEN

Von Europa nach Westafrika

A. Luftweg

Die schnellste und bequemste Art, nach Westafrika zu kommen, ist das Flugzeug. Die modernen Maschinen mit einem Fassungsraum von mehr als 100 Personen fliegen von den großen Flughäfen Europas ab und bringen in fünf oder sechs Stunden die Reisenden in einen westafrikanischen Flughafen. In Höhen von etwa 10 000 m und mit Geschwindigkeiten von 900 bis 1000 km pro Stunde, bei Außentemperaturen von etwa Minus 25 Grad, sieht man im allgemeinen nicht viel von den Landschaften, die überflogen werden. Nur bei einer günstigen Wetterlage kann man deutlich die Alpen, das Mittelmeer, das Atlasgebirge, die Sahara, die Gras- und Waldlandschaften Westafrikas sehen. Da in den Flugzeugen selbst nur selten gute Karten den Reisenden zur Verfügung stehen, ist es ratsam, entsprechende Übersichtskarten mitzunehmen. Von Zeit zu Zeit wird durch den Lautsprecher oder von den Stewardessen die augenblickliche Lage des Flugzeuges bekanntgegeben, so daß man leicht auf der Landkarte nachsehen kann. In den Flugzeugen darf man photographieren, aber man muß schon ein Meister der Kamera sein, um aus jener Höhe Genaueres von der Erdoberfläche festhalten zu können. Bei der Ankunft auf einem westafrikanischen Flugplatz muß man auf die Hitze, die Trockenheit bzw. Feuchtigkeit und auf die langsame Abwicklung der Einreiseformalitäten vorbereitet sein. Man ist durchaus nicht gezwungen den ersten Gepäckträger und den ersten Taxifahrer zu nehmen. Allerdings sollte man für jeden Fall Kleingeld in Landeswährung mitführen.

B. Schiffsweg

Eine Schiffsreise von Europa nach Westafrika dauert 4 bis 14 Tage. Man findet dabei Abwechslung, wenn die Schiffe in Casablanca oder auf den Kanarischen Inseln anlegen. In der Regel wird Dakar der erste westafrikanische Hafen sein, den man anläuft. Es lohnt sich immer, während des Aufenthalts eines Schiffes die Hafenstadt zu besichtigen. Hinweise über die wichtigsten Sehenswürdigkeiten finden sich jeweils bei den Reiserouten in den einzelnen Ländern unter „Sehenswürdigkeiten". Wer gleich am Schiff ein Taxi mietet, muß damit rechnen, wesentlich mehr zu bezahlen als wenn er zu Fuß bis zum Hafenausgang geht und dort ein Taxi mietet oder dort ein öffentliches Verkehrsmittel benutzt. Kleingeld in Landeswährung ist von großem Vorteil. Nur in wenigen Hafenstädten Westafrikas haben die Taxis Taxometer, so daß es ratsam ist, entweder ein Ziel anzugeben und zu fragen, wieviel die Fahrt kostet, oder einen Pauschalbetrag für 2, 3, 4 Stunden vor Besteigen des Taxis auszumachen. Die Taxifahrer der westafrikanischen Hafenstädte sprechen französisch oder englisch. Daher ist es nicht nötig, eigens einen Fremdenführer zu nehmen. Dies ist nur erforderlich wenn man eine genauere Führung haben will. Besuch von Museen ist im allgemeinen unentgeltlich, daher warten die Museumsführer auf ein Trinkgeld.

Vorsicht! Seit der Unabhängigkeit ist es vielfach verboten, öffentliche Gebäude zu photographieren, etwa Residenzen der Staatsoberhäupter. Um Schwierigkeiten mit der Polizei zu vermeiden, möge man sich unbedingt an die Weisungen der Taxifahrer bzw. Fremdenführer halten, selbst wenn man ein Photoverbot nicht begreifen kann. Auch in den Häfen selbst ist es oft verboten, Aufnahmen zu machen, teilweise sogar vom Schiff aus, mit dem man angekommen ist.

Beim Ausschiffen ist wichtig, zu beachten, daß man seine Gepäckstücke **nur einem Gepäckträger** anvertrauen soll. Da gewöhnlich mehrere auf das Gepäck zurennen, muß man mit dem Verlust des einen oder anderen Stückes rechnen.

C. Landweg

Immer wieder glauben Europäer, sie könnten leicht mit ihrem eigenen PKW von Europa nach Westafrika fahren. Das wird erst möglich sein, wenn mal eine Asphaltstraße von Nord- nach Westafrika erbaut wird. Bis dahin wird noch mancher Staub in der Sahara aufgewirbelt werden. Es ist völlig unmöglich, entlang der Küste des Atlantischen Ozeans von Süd-Marokko nach Dakar zu gelangen — es sei denn mit einem Schiff. Die Klippen, Steilküsten, Sanddünen und steil eingeschnittenen Wadis hindern jedes Durchkommen an der Küste.

Von Norden her kommend enden die Asphaltstraßen in Tan-Tan-Plage (Marokko), Tinduf, Adrar und In Salah (Algerien). Mit normalen Fahrzeugen kann man grundsätzlich nicht durch die Sahara fahren. Geländegängige Fahrzeuge werden von der algerischen Polizei überprüft, bei entsprechender Ausrüstung wird die Erlaubnis erteilt, im Geleitzug die Saharapisten einzuschlagen (siehe Band „Sahara", Mai's Weltführer Nr. 20). Man verlasse sich nicht auf die in sonst guten Autokarten eingetragenen Sahara-Pisten. In den letzten Jahren sind mehrere Europäer in der Sahara verdurstet, weil sie sich der Gefahren nicht bewußt waren und ungenügende Ausrüstungen besaßen. Für eine Saharadurchquerung (zwischen Oktober und Mai) wären drei geländegängige Fahrzeuge mit mindestens sechs Personen, Lebensmittelvorräte für drei Wochen, fünf Liter Trinkwasser pro Mann und Tag, Treibstoffvorrat für 2000 km (beim Verlassen der Asphaltstraße) sowie die zusätzlichen Ausrüstungsgegenstände, wie sie die algerische Polizei fordert, nötig. Zwischen Mitte Mai und Anfang Oktober sind Saharadurchquerungen infolge der häufigen Sandstürme grundsätzlich verboten.

Reisen durch Westafrika

Entsprechend der kolonialen Verkehrspolitik führen die Straßen von den Häfen in das Landesinnere. Darum ist es leichter, Süd-Nord-Touren zu machen als solche von West nach Ost.

I. Süd- und Nordstrecken
a) Abidjan — Mopti

Von Abidjan, der Hauptstadt der Elfenbeinküste, durch immerfeuchten tropischen Regenwald nach **Dabou** (Abstecher in die Mangroven möglich). Bei **Toumodi** verläßt man den Regenwald und kommt in eine Übergangslandschaft mit vielen Fächerpalmen. Bis **Bouaké** ist die Straße asphaltiert, dann folgt Piste (gut angelegt, soll auch asphaltiert werden). Nördl. Bouaké kommt man in das ursprüngliche Grasland, je weiter nach Norden umso weniger Bäume, abgesehen von Tälern und feuchten Hängen. (Näheres siehe unter „Elfenbeinküste").

Bald nach dem Überschreiten der Grenze zu Obervolta kommt man in das landschaftlich schöne Gebiet von **Banfora** und danach in das wichtige Handelszentrum **Bobo-Dioulasso**. Von dort ist die Straße nach Norden asphaltiert (siehe „Obervolta"). Man verläßt Obervolta bei **Fo** und kommt nach Mali, allmählich zum Nigertal absteigend. In **San** ist man am Rande des Flusses und die Straße folgt am Hochgestade dem Niger (Abstecher nach **Djenné** möglich zum Fluß). Die Asphaltstraße führt bis **Sévaré**, von wo aus **Mopti** am Niger bzw. **Bandiagara** und das **Dogongebiet** zu erreichen sind. Weiter nach Norden sind die Pisten sehr schlecht, selbst während der Trockenzeit! Mit einem normalen Fahrzeug ist es nicht möglich, Timbuktu, die sagenumwobene Stadt am Rande der Sahara, zu erreichen (siehe „Mali").

b) Akkra — Wagadugu
(Accra—Ouagadougou)

Von den Häfen **Takoradi** oder **Tema** aus empfiehlt es sich, die Straße von **Accra** nach **Kumasi** zu nehmen, mit einigen sehenswerten Resten immerfeuchten Regenwalds auf den Höhen, die einen eindrucksvollen Kontrast zur Küstensavanne liefern. Von Kumasi kann man sich für die bessere Straße **über Yeji** und Wartezeiten an der Fähre oder für die asphaltierte, aber stellenweise schlechte Straße **über Kintampo** entschließen. Landschaftlich ist die „Kintampo-Line" eindrucksvoller. Beide Straßen treffen sich in **Tamale**. Der immerfeuchte Regenwald endet nördl. Kumasi und bis etwa in die Gegend von Tamale befindet man sich in einem Gebiet, wo die Menschen den ursprünglichen Wald gerodet haben. Ab Tamale ist man im offenen Grasland, in dem während der Trockenzeit lediglich die von den Menschen gepflegten Schibutterbäume grün sind. Nordwestl. **Bolgatanga** (siehe „Ghana") kommt man an die Grenze zu Obervolta, von wo aus die asphaltierte Straße bis **Wagadugu** (Ouagadougou), der Hauptstadt von Obervolta (siehe dort), führt. Weiter nach Norden sind die Pisten sehr schlecht, es ist nicht möglich, mit einem normalen PKW Timbuktu oder Gao zu erreichen.

c) Cotonou — Niamey

Aus dem Lagunengebiet von Cotonou führt die Asphaltstraße auf die trockene Platte, ohne dabei immerfeuchten Regenwald zu berühren. Lediglich in einigen Tälern kann man immerfeuchten Regenwald ahnen. Zwischen **Allada** und **Bohicon** befindet man sich in einem baumreichen Gebiet (von Bohicon Abstecher nach **Abomey** lohnend), welches etwa bis **Savé** gleich bleibt. Dann werden die Baumgruppen seltener und die Inselberge, härtere Klötze im Kristallin, bringen angenehme Abwechslung. Stellenweise ist die Straße schlecht, auch die Eisenbahnschienen sind holprig. **Parakou** (Paraku) ist der Endpunkt der Eisenbahnlinie, die Straße nach Norden ist asphaltiert, aber stellenweise schlecht ausgebaut, besonders bei den Flußübergängen. Die Straße ist außerdem sehr schmal und nicht für die großen Lastwagen gedacht. Das Vegetationsbild ändert sich nur wenig bis zum Grenzort **Malanville** (siehe „Dahome"). Jenseits der Brücke über den Niger findet in **Gaya** die Zollkontrolle der Niger-Behörden statt. Man ist dabei, die Straße von Gaya **über Dosso** nach **Niamey** zu asphaltieren, sollten noch Zwischenstücke nicht asphaltiert sein, so werden diese während der Trockenzeit laufend vom „Wellblech" abgehobelt (siehe „Niger"). Mit einem PKW ist es schwierig, weiter nach Norden zu kommen.

d) Lagos — Zinder

Vom Lagunengebiet um Lagos kann man auf mehreren Wegen durch den immerfeuchten Regenwald nach **Ibadan** gelangen, empfohlen wird die Straße über **Abeokuta**. Dort befindet man sich bereits im gerodeten Gebiet mit den eigenartigen Joruba-Siedlungen, von denen Ibadan die bedeutendste ist. Friedrich Metz zögerte, ob man einer solchen Ansammlung von bäuerlichen Gehöften die Begriffsbezeichnung „Stadt" geben darf. Über **Oyo** und **Ilorin** kommt man zum Niger, nördl. davon merkt man den Übergang zur offenen Landschaft. Durch ein auffallend wenig besiedeltes Gebiet — wie dies auf allen vorgeschlagenen Süd-Nord-Strecken zu beobachten ist — kommt man bei **Kaduna** wieder in eine dichtbesiedelte Landschaft. **Zaria** und **Kano** (siehe „Nigeria") sind sehenswerte Städte hinsichtlich Grundriß, Aufriß und Funktionen. Nördl. Kano merkt man, daß die natürliche Vegetation immer ärmer wird. Knapp nach dem nigerianischen Grenzposten kommt man nach Niger. Der Unterschied zwischen einem anglophonen und einem frankophonen Land Westafrikas ist auffallend, obzwar es sich ethnisch um Verwandte handelt. Die Asphaltstraße führt bis **Zinder** (siehe „Niger"). Es ist schwierig, von Zinder nach **Agades** (Agadez) zu gelangen, aber schon eine Fahrt nach **Tanout** (160 km) gibt einen Eindruck über den Rand der größten Wüste der Erde. Dagegen lohnt es sich kaum, von Zinder zum Tschadsee zu fahren, was natürlich nur ein ganz subjektiver Eindruck ist.

II. West-Ost-Strecken

Als Ausgangspunkt dafür bietet sich der Hafen von **Dakar** an, der westlichste Hafen Westafrikas, aber man könnte auch in **Nuakschott** an Land gehen und über **Rosso — Saint Louis** (siehe „Senegal") Dakar erreichen. Von Dakar kann man Westafrika nach Osten hin auf einer Nordroute und mit etwas mehr Schwierigkeiten auf einer Südroute durchfahren.

a) Nordroute

Von Dakar **über Kaolack** nach **Tambacounda** (Tambakunda) (siehe „Senegal"). In Tambakunda Verladung des Fahrzeuges auf die Bahn nach Bamako. Es hat keinen Zweck, von Tamba auf der sehr schlechten Piste nach Kidira zu fahren, denn erstens gibt es dort keine Fähre und zweitens müßte man über einen Kettenpanzer verfügen, um über die Eisenbahnbrücke Faleme zu kommen. Von **Bamako,** der Hauptstadt von Mali, führt eine moderne asphaltierte Autostraße **über Bougouni** nach **Sikasso**. Dort muß man sich erkundigen, ob im Augenblick die kürzere Piste **über Orodara** benutzbar ist oder ob man den Umweg über Zégoua — Elfenbeinküste — Banfora einschlagen muß. **Bobo Diulasso** (Bobo Dioulasso) ist eine gute Etappe mit Einkaufsgelegenheit. Die Piste zur Hauptstadt **Wagadugu** (Ouagadougou) ist nicht gut, aber man kann die Auto auf die Eisenbahn verladen. Von Wagadugu nach Osten befindet man sich zunächst auf einer guten Asphaltstraße, dann folgt Piste, die nach **Fada Gurma** (Fada Gourma) schlechter wird. Zwischen der Grenzkontrolle von Obervolta und Niger liegen fast 150 km, in jenem Niemandsland kann man nicht mit Hilfe rechnen. Über die Kennedy-Prachtbrücke kommt man nach **Niamey**, der Hauptstadt der Republik Niger. Weiter ostwärts, bis **Dosso**, ist die Straße gut, dann folgt Piste. Die Lastwagen fahren gut über die Löcher, aber ein PKW hat Schwierigkeiten, durchzukommen, bzw. braucht viel Zeit dafür. Von **Birni-Nkonni** Abstecher nach **Sokoto**/Nigeria möglich. Je nach dem augenblicklichen Zustand der Piste (jede Regenzeit kann den Zustand radikal verändern) kann man den näheren Weg über **Maradi**/Niger oder über Nigeria (Sokoto — Gusau — Zaria — Kano) nehmen, um **Zinder** zu erreichen. Zu empfehlen ist die Piste von **Birni-Nkonni** bis **Maradi** zu nehmen und dann **über Katsina** nach Nigeria einzureisen. Von **Kano** geht es ostwärts **über Wudil** und **Potiskum**, von wo eine breite Asphaltstraße nach **Maiduguri** und **Bama** führt. Auf einer guten Piste kommt man nach **Mora** in Kamerun, von wo aus man auf Pisten und Aspaltstraßen nach **Fort-Lamy** (Republik Tschad) und **Marua** (Kamerun) gelangen kann.

b) Südliche Strecke

Ausgangspunkt ist wieder **Dakar-Tambakunda**. Dort muß man sich entscheiden, entweder für die Verladung des Fahrzeuges nach Bamako oder für die Guinea-Piste, die nicht nur sehr schlecht ist, sondern wegen des Krieges in Guinea-Bissau sehr strengen Kontrollen unterzogen wird. Derzeit ist der Umweg **über Bamako** anzuraten. Von Bamako geht es dann auf guter Asphaltstraße **über Buguni** (Bougouni) und **Sikasso** nach **Zégoua** und zur Grenze von Mali und Elfenbeinküste. Ab der Grenze ist nur eine Piste vorhanden, auf der man über **Férkéssédougou** nach **Bouaké** kommt und von dort auf Asphaltstraße nach **Abidjan**. Die Weltbank hat Kredite bewilligt, um eine direkte Straße Abidjan — Accra zu erbauen, aber derzeit muß man einen weiten Bogen nach Norden machen, um über **Abenguru** nach **Berekum, Kumasi** und **Accra** zu gelangen (siehe „Ghana"). An der Grenze zwischen Elfenbeinküste und Ghana ist die Piste schlecht, aber man kann mit einem PKW durchkommen. Von Accra nach Osten ist die Asphaltstraße sehr gut. **Lome** und **Anecho** (siehe „Togo"), **Ouidah** (Widdah, Abstecher in die Stadt lohnend), **Cotonou** (Kotonu), **Porto Novo** (siehe „Dahome") sind die Etappen nach Lagos und weiter östl. nach **Benin City, Onitsha** und **Enugu**. An der Grenze zu Kamerun ist die Piste schlecht. Von **Mamfe** nach **Kumba**, bzw. **Buea-Victoria / Mbanga / Duala** ist man dabei, die Strecke voll zu asphaltieren.

Reisen per Auto-Stop sind in Westafrika nicht üblich. Die afrikanischen Behörden raten den europäischen Touristen, Anhalter nicht zu befördern.

FAHRTEN UND AUSFLÜGE IN DIE EINZELNEN LÄNDER WESTAFRIKAS

Kapverden

Etwa 450 km von der afrikanischen Küste entfernt, 2600 km vom Südwestkap Europas und 2500 km vom Ostkap Südamerikas liegen zehn größere und fünf kleinere Inseln mit zusammen 4033 qkm. Unter dem Namen Islas de Cabo Verde sind sie eine portudiesische Überseeprovinz. Hauptstadt ist Praia auf der Insel São Tiago (12 000 Einwohner). Amtssprache Portugiesisch. Deutsche Vertretung: Botschaft der Bundesrepublik Deutschland Lisboa 1, Rua Filipe Folque 5, Tel. 43611, 47124. — Portugiesische Botschaft in der Bundesrepublik: Bad Godesberg, Dollendorfer Straße 15, Tel. 6 41 38.

Bevölkerung und Geschichte

Rund 190 000 Menschen leben auf den Kapverden, was einer durchschnittlichen Dichte von 47 E/qkm entspricht. Rund 130 000 sind Kreolen, d. h. Mischlinge, 55 000 Schwarze und 4000 Europäer. Die Mehrheit ist katholisch. — Die menschenleeren Kapverden wurden wahrscheinlich 1456 vom portugiesischen Seefahrer Diego Gomez entdeckt, 1462 wurden hier Portugiesen angesiedelt. Als man mit dem Anbau von Zuckerrohr, Reis und Kaffee begann, holte man sich Afrikaner als Arbeiter. Zunächst waren die Kapverden sozusagen eine Kolonie Brasiliens. Als dieser Staat unabhängig wurde, nahm sich Portugal wieder der Kapverden an.

Wirtschaft, Verkehr, Handel

Der vulkanische Verwitterungsboden der Inseln ist sehr fruchtbar, es fehlt aber das Wasser. In den tieferen Lagen werden angebaut: Bananen, Orangen, Rizinus und für den eigenen Verbrauch Bohnen, Reis, Mais. In den höheren Lagen gedeihen Kaffee, Kartoffeln, Zuckerrüben und Tabak. Gute Erfolge erzielte man mit dem Purgueira-Baum (Jatropha curcas), dessen Früchte Öl für die Seifenfabrikation liefern. Viehzucht und Fischfang werden in letzter Zeit intensiviert. Eine wichtige Einnahmequelle stellt die Salzgewinnung auf den Inseln Sal, Boa Vista und Maio dar. Jährlich wird rund 18 000 t Salz ausgeführt. — Der Landverkehr ist begreiflicherweise nur schwach entwickelt, dafür umso mehr der Seeverkehr. Auf halbem Weg zwischen Europa und Südamerika oder der Vereinigten Staaten und Südafrika haben die Häfen von Praia und Porto Grande-Mindelo große Bedeutung. Auch der Luftverkehr ist bedeutend, vor allem da der Flughafen Espargos auf der Insel Sal von verschiedenen Gesellschaften auf der Südamerika-Route angeflogen wird. — Bei der Ausfuhr stehen Fische, Kaffee, Purgueira-Öl und Salz an der Spitze, bei der Einfuhr Kohle und Öl, Textilien und Lebensmittel. Haupthandelspartner sind Portugal, die Niederlande (mit Curaçao), Venezuela und Italien.

Auf der Reise

Für die Einreise gelten die üblichen portugiesischen Bestimmungen. Bis zur Ausstellung des Visums für einen längeren Aufenthalt muß man mit einiger Wartezeit rechnen. Es ist jedoch wesentlich leichter, etwa seinen Flug nach Südamerika kurz zu unterbrechen und dabei die eine oder andere Insel zu besichtigen. Mit einem portugiesischen Visum im Reisepaß wird man in vielen afrikanischen Staaten Schwierigkeiten haben.

Mit dem Kraftwagen

Es ist kaum anzunehmen, daß jemand seinen Kraftwagen auf die Insel bringen wird, wo es nur 545 km mäßiger Straßen gibt. Auf den größeren Inseln gibt es Taxis, sonst ist der Esel das Trag- und Reittier.

Sehenswürdigkeiten

Nähere Programmvorschläge können nicht gemacht werden, da jeder Reisende sowieso die zwei Sehenswürdigkeiten jeder Insel besuchen wird, den **Meeresstrand** mit seinen Bade- und Sportmöglichkeiten sowie das Innere mit den **Vulkankratern** und -kegeln.

Anmerkung

Infolge der dichten Besiedlung der Kapverdischen Inseln sind viele Menschen von den Inseln auf das Festland gekommen. Man findet sie vor allem in den Gebieten Senegal, Guinea/Bissau und Guinea/Conakry, teils als fleißige Handwerker, teils als agierende Politiker.

Für einen Ausländer erscheint es ratsam, sich nicht in Gespräche über die komplizierten politischen Verhältnisse der Insel einzulassen.

Mauretanien

Die „Islamische Republik Mauretanien" umfaßt nach amtlichen Angaben eine Fläche von 1 085 805 qkm. Von der Südgrenze am Senegalfluß bis zum nördlichsten Punkt bei Tinduf sind es fast 1500 km, von der Senegalmündung nach Osten rund 1200 km in der Luftlinie.

Nach der Verfassung vom 20. Mai 1961 ist der Staatspräsident zugleich Regierungschef. Der Islam ist Staatsreligion und der Staatspräsident muß dieser Religionsgemeinschaft angehören, es steht jedoch jedem frei, seine Religion auszuüben, sofern dadurch die Moralität und die öffentliche Ordnung nicht gestört werden. Amtssprachen sind Arabisch und Französisch. Der Wahlspruch der Republik lautet: „Ehre, Brüderlichkeit, Gerechtigkeit". Die Nationalflagge zeigt auf grünem Grund einen goldenen Halbmond und über ihm einen fünfzackigen goldenen Stern.

Die Bundesrepublik Deutschland unterhält in der Hauptstadt Nuakschott (Nouakschott) eine eigene Botschaft. Österreich und die Schweiz haben ihre nächsten Botschafter in Dakar, die auch in Mauretanien akkreditiert sind. In Europa ist für diese drei Staaten die mauretanische Botschaft in Bonn zuständig.

Bevölkerung und Geschichte

Die Daten über die **Einwohnerzahl** weichen sehr stark voneinander ab, denn es werden Zahlen zwischen 650 000 und 1 200 000 genannt. Auf jeden Fall scheint die Bevölkerungsdichte unter einem Einwohner pro Quadratkilometer zu liegen.

In Mauretanien begegnen sich Weiß- und Negro-Afrika, Menschen heller und dunkler Hautfarbe, nomadische Viehzüchter und seßhafte Bauern, Kulturen des berberisch-arabischen und des sudanesischen Bereiches. Das Verhältnis zwischen Weiß und Schwarz beträgt etwa 8 : 3. Die verantwortlichen Staatsführer sind sehr darauf bedacht, rassische oder ethnische Gegensätze nicht aufkommen zu lassen. Erschwerend kommt noch hinzu, daß in der Vergangenheit eine sehr stark ausgeprägte Trennung nach sozialen Klassen vorhanden war: Krieger, Marabus (= Fromme), Vasallen, Halbfreie, Sklaven und Verachtete bildeten jeweils in sich abgeschlossene Lebensformgruppen. Am Senegalfluß leben als Bauern und Viehzüchter die Sudanesen: Tukulör, Sarakole, sowie Wolof und Bambara. Andere Teile ihrer Stammesangehörigen, die zahlenmäßig bedeutender sind, leben in den Nachbarstaaten Senegal und Mali. Die politische Entwicklung der letzten Jahre zeigte, daß die Sudanesen nördlich des Senegalflusses durchaus bereit sind, Träger des mauretanischen Einheitsstaates zu werden. Nördlich der feuchten Auzonen des Senegalflusses, im trockenen Wüstenbereich, leben die Mauren, auch „Beidan" genannt. Sie sind vor allem Viehzüchter, die jeweils ihren Wohnsitz dorthin verlegen, wo gerade günstige Weidegelegenheiten bestehen. Am äußersten Rande der Existenzmöglichkeit eines Menschen leben sie, unter Ausnützung jedes Gras- und Strohhalmes, bescheiden und doch selbstbewußt.

Die Geschichte Mauretaniens ist einerseits jene der freien Sudanesen am Senegalfluß, die ihre eigenen Territorialstaaten gründeten und sich trotz Beeinflussungen aus allen Himmelsrichtungen ihre Freiheit erhalten konnten, und andererseits jene der Mauren. Mehrmals wanderten Menschen aus den Gebieten nördlich der Sahara in die Wüste, so im 8. und 9. Jahrhundert die berberischen Sanhadja bzw. Lemtuna. Von Mauretanien aus zogen die A l - m o r a v i d e n, anspruchslos, zäh und kriegstüchtig, nach Norden, um dort die wahre Lehre Mohammeds zu verbreiten. Im Jahre 1062 gründeten sie die Oasenstadt Marrakesch. In der Folgezeit herrschten sie rund ein Jahrhundert lang vom Senegalfluß bis nach Algerien und Spanien. Von Mauretanien aus wurde im 11. und 12. Jahrhundert Weltgeschichte gemacht. Danach zogen sich die Mauren wieder auf ihre dürftigen Weiden zurück. Im 16. Jahrhundert überrannten die arabischen Krieger Mâqil oder Hassani Mauretanien. Zum berberischen Element kam jetzt das arabische mit allem Prestige des islamischen Glaubens. Im Zuge der europäischen Kolonialpolitik des ausgehenden 19. Jahrhunderts sahen die Franzosen in Mauretanien einen wichtigen Verbindungsweg zwischen ihren Besitzungen in Nord- und Westafrika. Zunächst stießen französische Truppen von Süden her — unter Faidherbe und Coppolani — nach Mauretanien vor. Zwischen den zwei Weltkriegen schaffte der französische General Trinquet die Herstellung der Landverbindung von Nord nach Süd, d. h. von Agadir und Tinduf nach Atar und Dakar.

In Zusammenhang mit dem von General de Gaulle veranstalteten Referendum erlangte Mauretanien 1958 seine innere Autonomie. Das Territorium Mauretanien äußerte sich damals für einen Verbleib im Rahmen einer französischen Gemeinschaft. Das „Nein" von Guinea/Conakry veranlaßte Frankreich, allen Territorien von Französisch Westafrika die Unabhängigkeit zu gewähren. So wurde am 28. November 1960 die **Unabhängigkeit** Mauretaniens feierlich ausgerufen. Gegen ein unabhängiges Mauretanien protestierte das Königreich Marokko, das seine Herrschaftsansprüche auf alle Gebiete zwischen Tanger und dem Senegalfluß stellte. Sabotagetrupps kamen aus Marokko nach Mauretanien. Es dauerte Jahre, bis dieser Konflikt beigelegt werden konnte. Heute ist Mauretanien als Mitglied der Vereinten Nationen und der afrikanischen Einheit zu einem Faktor des Ausgleichs geworden und strebt eine stärkere Verbindung mit Nordafrika und der arabischen Welt an.

Wirtschaft, Verkehr, Handel

Der wichtigste Wirtschaftszweig des Landes ist die **Viehzucht** von Dromedar-Kamelen, Rindern, Schafen, Ziegen und Eseln. Die Großviehzüchter sind besonders stolz auf ihre Zucht schneller Reitkamele, doch diese sind nicht mehr gefragt. Es ist schwierig, die Umstellung auf Fleisch-, Milch-, oder Woll-Kamele zu erreichen. Die Landwirtschaft erzeugt am Senegalfluß Hirse, Mais, Erdnüsse und in den Oasen der Wüste Dattelpalmen und Gemüse. Die Fischgründe vor der mauretanischen Küste sind sehr reich, dort fangen französische, spanische, japanische und sowjetische Flottillen eine große Menge von Fischen und Langusten. Seit einigen Jahren gibt es auch eine mauretanische **Fischerflotte,** so daß jetzt dieses Land Anteil am natürlichen Reichtum des Meeres hat. Von entscheidender Bedeutung ist die Entwicklung des mauretanischen Bergbaus. Während vor der Unabhängigkeit im wesentlichen nur das Salz einiger Sebkhas (= Salzseen) genutzt wurde, rückte danach der Abbau von **Eisenerzen** am Kedia Idjil an die erste Stelle. Am Fuße des Eisenerzberges entstand die neue Stadt Zwerat. Eine 650 km lange Eisenbahnlinie verbindet sie mit dem Seehafen Cansado. Das mauretanische Erz hat einen durchschnittlichen Eisengehalt von 63%/o und ist schwefelfrei. Bei Akjuschd (Akjoujt) wird seit Jahren **Kupfer** abgebaut. Nach einem vorübergehenden Stillstand wurde in den letzten Jahren der Abbau wieder aufgenommen. Die bisher entdeckten Spuren von Erdöl, Ilmenit, Zirkon, Rutil, Wolfram usw. werden noch nicht abgebaut, aber die geologisch-mineralogischen Untersuchungen gehen weiter.

Die **Verkehrserschließung** eines weiten und dünn bevölkerten Landes ist nicht leicht. Es erfordert sehr hohe Investitionen. Daher wurden zunächst die Flugplätze von Nuakschott, Nuadhibu und Zwerat ausgebaut, es folgte der Wharf (Hafen) von Nuakschott.

Im Augenblick der Unabhängigkeit hatte Mauretanien keine Straßen, sondern nur Pisten, die für normale PKW's nicht geeignet waren. Zum Bau der ersten Asphaltstraße Mauretaniens konnte man fast zur Gänze die alte Piste Rosso-Nuakschott benutzen, zur Straßenbefestigung wählte man neben Stein auch Muscheln. Dasselbe trifft für die jetzt asphaltierte Straße Nuakschott-Akschuschd (Akjoujt) zu. Mauretanien wünscht die Asphaltierung über Atar bis F'Derick (ex-Fort Gouraud), von wo 30 km nach Zwerat (Zouérate) und Tazadit (Eisenerzbergwerk) asphaltiert sind. Von F'Derick nach Tinduf in Algerien bleiben immer noch fast 1000 km Wüstenpiste. Eine solche Straße wird von der mauretanischen Regierung nicht als wichtig betrachtet. Internationale Hilfe wurde erbeten zum Bau einer Straße Nuakschott — Butilimit — Kiffa — Aiun El Atruss, also eine West-Ost-Tangente. Für den ersten Bauabschnitt wurden Kredite von der EWG und der Bundesrepublik Deutschland zugesagt, so daß man bald mit dem Baubeginn rechnen kann.

Der **Binnenhandel** wurde durch den Bau des Wharfs bei Nuakschott und die Straßen wesentlich gefördert. Durch das Verlassen der CFA-Franc-Zone und die Einführung einer eigenen Landeswährung, eine politische Folge der katastrophalen Trockenheit 1972, kam Unruhe in den Binnenhandel. In Senegal, Gambia, Mali ... sind zahlreiche weiße Mauren als Kaufleute tätig. Dank ihrer Tüchtigkeit und äußerst bescheidener Lebensweise konnten sie laufend erhebliche Summen in ihre Heimat überweisen. Sie waren die Warenvermittler zwischen den Wüstengebieten und den südl. Ländern, sorgten, daß in Mauretanien ein reiches Warenangebot vorhanden war.

Der **Außenhandel** hat dank der Eisenerzausfuhr eine positive Bilanz. Nach dem Eisen folgen in weitem Abstand die anderen Ausfuhrgüter: Kupfer, Vieh, Fische, Häute und Rohgummi. Die Einfuhr besteht aus Baustoffen, Maschinen, Fahrzeugen, Haushaltswaren, Konsumgütern und Treibstoffen. Die wichtigsten Handelspartner Mauretaniens sind Frankreich, USA, die BRD und Senegal.

Auf der Reise

Zur Erteilung eines Visums wende man sich an die Botschaft der Republik Mauretanien in Bonn, wo auch die entsprechenden Auskünfte erteilt werden. Wer sich erst in Westafrika zu einem Besuch von Mauretanien entschließt, erhält bei der Mauretanischen Botschaft in Dakar die entsprechenden Visen und Auskünfte.

Für eine Einreise nach Mauretanien mit Kraftwagen ist derzeit noch ein Triptyk erforderlich, das von den nationalen Automobilklubs ausgestellt wird. Benzin gibt es nur in den Städten Süd-Mauretaniens, nicht in den Oasen des Nordens und Ostens, man nehme daher entsprechende Treibstoffreserven sowie Nahrungsmittel und Getränke mit. Mit Autoreparaturwerkstätten kann man in den Oasen nicht rechnen.

Die Gastfreundschaft der Mauren ist sehr groß, in manchem Zelt wird man für den durchreisenden Europäer den Tee mit allem Zeremoniell zubereiten. Man kann solche Einladungen ohne weiteres annehmen, beachte jedoch drei Grundsätze: Nicht mit den Schuhen auf den Teppich oder die Matte gehen, nicht mehr als drei Gläschen Tee trinken, ein Gegengeschenk geben und zwar am besten Schwarztee, Zucker, Biskuits oder Bonbons, die dem Zeltvorstand zu überreichen sind (keine direkte Beschenkung der Kinder!).

Sehenswürdigkeiten

1. Saint-Louis — Nuakschott (377 km)

Von Saint-Louis-du-Sénégal geht es durch ein flachwelliges Gebiet in die Flußauen des Senegals und über eine Motorfähre an das rechte Ufer nach Rosso/Mauretanien. Von hier aus nach Norden erlebt man sehr schön den Übergang aus einem Vegetationsgebiet mit Bäumen und Sträuchern in ein Grasland und in die Wüste, wo keine geschlossene Vegetationsdecke vorhanden ist. Zu beiden Seiten der Straße sieht man Zelte der Nomaden: die dunklen aus Kamel- und Ziegenhaar, die für einen längeren Aufenthalt bestimmt sind, und die hellen aus Baumwolle, die nur für eine kurze Zeit aufgeschlagen werden, wenn die Weide mager ist. Je weiter man nach Norden kommt, umso geringer ist die Zahl der Zelte. Gelegentlich sieht man Gazellen mit ihren feinen Gliedern in der Nähe der Straße springen.

Nuakschott, die Hauptstadt von Mauretanien, wurde erst nach der Unabhängigkeit des Landes (1960) gegründet. Die Kolonie bzw. das französische Überseegebiet Mauretanien hatte seinen Verwaltungssitz in Saint-Louis-du-Sénégal. Ein unabhängiger Staat konnte nicht seine Hauptstadt im Ausland haben, daher stellte sich die Frage, wo die Hauptstadt entstehen soll. Staatspräsident Moktar Ould Daddah war der Ansicht, zum Regierungssitz keine der bestehenden Städte zu wählen, sondern eine neue Hauptstadt zu gründen, um die regionalen, ethnischen und historischen Gegensätze zu überwinden. Nach geographisch-geopolitischen Grundsätzen wäre Tidschidka (Tidjikda) der ideale Standort gewesen. Gewählt wurde das heutige Nuakschott wegen seiner günstigen Verbindung zu Dakar, seiner Lage in der Nähe des Meeres und weil Experten behauptet hatten, es wäre genügend Wasser im Untergrund vorhanden. Als erstes Wahrzeichen der

Ein guter Fang in Abidjan (Elfenbeinküste). Foto: KNA →

neuen Hauptstadt wurde ein **Wasserturm** erbaut, dann folgten an einem äußeren Ring: Große **Moschee, Nationalversammlung, Präsidentenpalast,** französische Botschaft und Krankenhaus, im planmäßig angelegten Stadtinneren: Markt, Hotel, Wohnungen für die Beamten und Gebäude der Ministerien. Später wurden der Flugplatz und der Hafen (Wharf) erbaut, während in der Stadt mit privaten Mitteln Geschäfte, Restaurants und Miethäuser errichtet wurden. Rund um die planmäßig angelegte Stadt kamen Zuzügler aus der Wüste, besonders in den sogenannten **„Alten Ksar"**. Sehr schön zum Baden und Tagesausflug sind die **„Weißen Dünen"** im Nordwesten, zu denen eine Piste vom Krankenhaus führt.

2. Nuakschott — Atar (499 km)

Die neue Asphaltstraße ist bis Akschuschd gut ausgebaut. Sie führt durch unbesiedeltes, monotones Gebiet. Die Vegetation wird immer spärlicher. Abwechslung gibt es nur stellenweise durch Callotropis-Sträucher, Zeugen, daß dort einst Feldbau betrieben wurde. Die Callotropis procera ist leicht zu erkennen an den relativ großen Blättern, mit einer mehr grünen und einer silbrig schimmernden Seite. Diese postkulturale Pflanze gilt als Zeuge der zunehmenden Austrocknung der Sahara. Etwas weiter sieht man einzelne Dornakazien, in tieferen Lagen auch Gräserbüschel. Auffallend sind die geologisch älteren rötlichen Sanddünen und die geologisch jüngeren weißen Dünen. Die meisten sind entweder natürlich oder künstlich durch die Menschen befestigt worden. In der Nähe der Straße ahnt man kaum, wie sehr der Mensch eingegriffen hat, man muß schon 10 oder 20 km in die Wüste abbiegen, um die Ursprünglichkeit zu sehen. Abwechslung bieten auch die oft tiefeingeschnittenen Wadis oder die Zeltlager der Kamelzüchter.

Kurz vor **Akschuschd** (Akjoujt) sieht man linkerhand den Hügel „Gelb Mogrein", an dem seit alten Zeiten Kupfer gewonnen wird. Die Oase selbst bietet keine Sehenswürdigkeiten. Nach Akschuschd kommt man auf eine relativ gute Piste. Sie führt zunächst durch eintöniges Gelände in nordöstl. Richtung. Rechterhand zieht sich eine Sanddüne dahin, Autospuren führen zu Brunnen und Zeltlagern von der Straße weg. Kurz vor Atar kommt man in das Vorgebirge des mauretanischen Adrar. Der relative Höhenunterschied beträgt etwa 180 bis 440 m, der feste, helle Sandstein stellt einen merkbaren Kontrast zu den roten und weißen Dünen dar. Bei **Ain Ahel el Taya** hat man linkerhand einen schönen Blick auf ein tief eingeschnittenes Wadi mit Dattelpalmgruppen. Die Straße führt auf die Höhe, von wo sich kurz danach eine Abzwei-

← Islamitischer Glaubensunterricht in Ober-Volta. Foto: KNA

gung nach rechts anbietet nach **Terschit** (Terjit). Gelegentlich der totalen Sonnenfinsternis vom 30. Juni 1973 haben Wiener Astronomen unter der Leitung von Frau Dr. Firneis dort ihr Feldlaboratorium eingerichtet. Die Straße überwindet das Sandsteinplateau und steigt ab in das Becken von **Atar**. Schon der geringe Höhenunterschied des Taggue (Adrar-Vorberg) genügt, um Luftfeuchtigkeit und Niederschläge vom Atlantischen Ozean her zu empfangen, daher ist Atar eine Kette von Oasen mit Brunnen und Dattelpalmen. Wenn man in Atar übernachten will, muß man sich höflicherweise erst beim Gouverneur melden, der die Schlüssel für das unmöblierte Rasthaus hat. Will man nicht in Atar übernachten, lohnt es sich, die Stadt mit ihren vielen kleinen Restaurants, die Werkstätten der Edelmetallschmiede, den Kamelmarkt (Vorsicht beim Fotografieren!) und den Versuchsgarten für Dattelpalmen zu besuchen. Es ist erstaunlich, daß dort wesentlich höhere Erträge erzielt werden als in den Parzellen längs der „Atar-Linie". Die Frage ist nur, was nötig ist, um diese höheren Erträge zu erzielen: mehr Arbeitsaufwand oder mehr Kapital?

3. Atar — Schingetti (120 km)

Den ersten Teil dieser Strecke kann man mit einem gewöhnlichen Serien-PKW schaffen, für den zweiten Teil könnte es schwierig sein, durchzukommen. Im flachen Gelände des Beckens von Atar geht es in nordöstl. Richtung. Linkerhand haben 1958 Ifan-Dakar und UNESCO 10 qkm umzäunen lassen, um zu sehen, welche Vegetation entsteht, wenn man Menschen und Tieren den Zutritt verbietet. Im März 1965 war der Eindruck verblüffend: Rechts der Straße — ohne Zaun, eine fast totale Wüste, links der Straße — mit Zaun, eine fast geschlossene Vegetationsdecke. Inzwischen wurden leider die spontan nachgewachsenen Holzgewächse in Kohle umgewandelt, die Gräser abgeweidet. Schade, denn dieser Versuch hätte uns Beweise für die Bekämpfung der Verwüstung geben können. Durch Abholzen und Überweiden hat man die Wüste vergrößert, man sieht die Köhler am Fuße der Mauretanischen Adrar, wie sie alles, was Holz ist, absäbeln und in Meilern zu Holzkohle machen.

Der Aufstieg zum **Adraram Ammojjar-Paß** ist eindrucksvoll. Allerdings ist man vielleicht enttäuscht, nach diesem Aufstieg ein flaches Hochland vorzufinden, eine Wüste bestehend aus Sand und Sandstein, ein weites unbesiedeltes Gebiet. Die Oase **Schingetti** (Chinguetti) ist ein alter religiöser Mittelpunkt des westafrikanischen Islams. Die Moschee ist mit ihrem quadratischen Turm aus Sandsteinplatten erbaut. Man sucht in diesem Gotteshaus vergeblich nach Teppichen, denn im Gebetsraum liegt nur heller Sand: ein

Sinnbild mauretanischer Bescheidenheit und Nüchternheit. Einige Häuser weiter kann man eine alte Bibliothek sehen mit wertvollen Manuskripten in arabischer Sprache. In Mekka und Kairo hatten die frommen Schingetti-Pilger einen sehr guten Namen, da sie nicht nur fromm waren, sondern auch über hervorragende theologische Kenntnisse verfügten. Die heute verstaubten Bücher und die Oase selbst können nur ungenügend die ehemalige Bedeutung von Schingetti wachrufen. Man darf jedoch nicht vergessen, daß Sandverwehungen mehrmals die Verlagerung der Oase erforderlich machten und daß hier seit Jahrhunderten ein Kampf zwischen Flugsand und Menschen tobt.

4. Atar — Schum (Choum)

Von Atar geht es in nördlicher Richtung vorbei an Dattelpalmhainen und Sanddünen zum **Timzat-Paß,** der trotz seiner geringen Höhe in vegetationslosem Gebiet eindrucksvoll ist. Die Niederung zwischen diesem und dem nächsten **Paß Auinet el Mlis** kann von Flugsand verweht sein. Danach ist die Piste bis zum **Warardra-Paß** wieder gut und zweigt links nach **Schum** (Choum) ab. Die letzten Dattelpalmen hat man nördlich Atar verlassen. Man befindet sich in der menschenleeren Wüste. Kurz vor Schum steht ein einsames Zollhaus und danach befindet man sich in einer riesigen Freihandelszone. Schum selbst ist keine Oase, sondern lediglich eine künstliche Wasserstelle, die beim Bau der Eisenbahn Zwerat—Cansado entstanden ist. Man hätte die Eisenbahnlinie einige hundert Meter durch das Gebiet von Spanisch-Westafrika führen müssen. Für eine solche Konzession stellte Spanien sehr große Forderungen, so daß sich die Miferma entschloß, lieber einen teueren und 2 km langen Tunnel zu erstellen, damit die ganze Bahnstrecke auf mauretanischem Territorium bleibt. Das ist auch die einzige Sehenswürdigkeit des Gebiets. Eine Weiterfahrt nach Norden (Fort-Gouraud/F'Derick/Zwerat) oder Westen (Cansado) ist mit normalen Fahrzeugen nicht möglich und leider auch nicht per Bahn, da derzeit keine Personenbeförderung stattfindet. Das ist bedauerlich, denn dadurch könnten große Gebiete dem Tourismus erschlossen werden. Die vielgepriesenen Jagdgelegenheiten zwischen Atar und Schum sind leider seit dem Bahnbau wesentlich geringer geworden. Daher ist es durchaus möglich, daß man auf der ganzen Strecke kein einziges Stück Wild sieht.

***

Sehenswert wären in Südost-Mauretanien die Ruinen und Städte von **Audagost** und **Walata,** die ehemaligen Ausgangspunkte der transsaharischen Handelspisten sowie **Nema,** wichtige Handelsstädte des ehemals mächtigen westafrikanischen Reiches Ghana. Professor

Serge Robert von der Universität Dakar hat in mehreren Ausgrabungskampagnen nach den südl. Endpunkten der mittelalterlichen Transsaharapisten geforscht. Entgegen der üblichen Bezeichnung Audagost nennt er **„Tegdaoust"** als Ort des transsaharischen Karawanenverkehrs. Die Ergebnisse dieser Ausgrabungen sind in den nicht leicht zugänglichen „Annales de la Faculté des Lettres et Sciences Humaines/Université de Dakar, No. 2/1972, Presses Universitaires de France", S. 194—229 veröffentlicht. Leider sind derzeit die Pisten in einem schlechten Zustand, so daß solche Besichtigungen nur mit Spezialfahrzeugen durchzuführen sind. Neben Schingetti sind Audagost, Walata und Nema und dazu noch Timbuktu in Mali Stätten einer besonderen Form westafrikanischer Kultur, die in ihren Beziehungen zwischen Nord- und Westafrika einmalig dastehen.

Mali

Das ehemalige Territorium des Französischen Sudan („Soudan Français") mit seinen 1 204 021 qkm, die sowohl Teile des Sudans wie der Sahara umfassen, wurde nach der Unabhängigkeit zur Republik Mali, in Anlehnung an ein negro-afrikanisches Reich, das vor sieben Jahrhunderten sehr mächtig war, gemacht.

Nach der Entlassung aus der Kolonialherrschaft entstand zunächst eine Republik Mali, die aus den ehemals französischen Kolonien Soudan und Sénégal bestand. Schon nach wenigen Monaten brach diese Republik auseinander. Der Name Mali blieb auf den „Soudan Français" beschränkt. Auf der Suche nach einem eigenen sozialistischen Weg war der erste Staats- und Regierungschef Modibo Keita bestrebt, Entwicklungshilfen aus Ost und West zu erlangen. Er wurde 1969 durch einen Militärputsch gestürzt, wobei die territoriale Integrität des Landes bewahrt wurde.

Bevölkerung und Geschichte

Die Zahl der Einwohner beträgt etwas mehr als **4 Millionen**, wonach sich eine durchschnittliche Dichte von 3,5 E/qkm ergibt. Während jedoch der Norden fast menschenleer ist, findet man im Süden eine größere Bevölkerungsdichte. Rund $1/4$ der Bevölkerung sind hellhäutige Mauren, Araber, Tuareg und die $3/4$ dunkelhäutigen Menschen gliedern sich in mehrere Ethnien, wovon die Bambara, Fulbe, Songhai, Malinke, Mossi, Senufo und Sarakole die bedeutendsten sind. Die Hellhäutigen sind vor allem Viehzüchter,

die Dunkelhäutigen zum größten Teil Bauern, teilweise jedoch auch Viehzüchter bzw. Fischer.
Der heutige Staat Mali betrachtet sich bewußt als Nachfolger des im 13. Jahrhundert gegründeten Staates Mali, der 1670 zerstört wurde und mit der 1912 errichteten französischen Kolonie Soudan nichts mehr zu tun hatte. 1960 erlangte Mali seine politische Unabhängigkeit und trat jahrelang eindeutig „progressistisch" auf, an der Seite von Guinea/Conakry und Ghana. Verschiedene Prestigeinvestitionen (Sportstadion und Parlamentsgebäude in Bamako, Schlachthof in Gao...) ruinierten die Finanzen des Staates.

Wirtschaft, Verkehr, Handel

Viehzucht im Norden und Landwirtschaft im Süden könnten gut einen Ausgleich schaffen. Schafe und Ziegen, Rinder, Esel, Pferde und Kamele bilden einen beachtlichen Viehbestand, der durch Zuchtverbesserungen zu wesentlich höheren Fleischerträgen gesteigert werden könnte. Die **Landwirtschaft** erzeugt als Grundnahrungsmittel Hirse, Erdnüsse und Reis, dazu kommen noch die Industriepflanzen Baumwolle und Tabak. Zu einer besonderen Bedeutung kam die **Fischerei** von Mali, die auf den Nebenarmen des Nigerflusses und den von ihm gebildeten Sümpfen und Seen so hohe Erträge erzielt, daß Fische sogar in die Nachbarländer exportiert werden können. Der Abbau **mineralischer Rohstoffe** ist derzeit noch auf die traditionelle Gewinnung von Salz (Taudeni), Steinen und Erden beschränkt. Die Suche nach Erdöl, Bauxit usw. hat bisher keine nennenswerten Ergebnisse erbracht. Das Schwemmgold in den Alluvionen des Nigers und des Senegals ist zu gering. Eine moderne Ausbeutung lohnt sich nicht mehr. Dieses Gold stellte vor 7 und 9 Jahrhunderten einen wichtigen Exportzweig nach Nordafrika dar. Das traditionelle **Handwerk** mit seinen Erzeugnissen aus Holz und Metallen spielt immer noch eine große Rolle. Auch die Leder- und Textilverarbeiter Malis besitzen noch sehr viel Originalität, so daß es sich lohnt, ihre Erzeugnisse anzusehen und zu kaufen. Die moderne Industrie Malis ist vor allem auf die Verarbeitung landeseigener Rohstoffe ausgerichtet und teilweise auch bemüht, den internen Konsum zu fördern.

Die **Verkehrswege** sind im Süden gut, im Norden nur schwach entwickelt. Der Nigerfluß ist während der Regenzeit auf 1782 km schiffbar (von Koulikoro bis zur Landesgrenze nach der Republik Niger) und sein Nebenfluß Bani auf 300 km. Eine Eisenbahnlinie führt vom Seehafen Dakar (Senegal) über die Faleme-Brücke nach Mali und über Kayes-Kita-Bamako nach Kulikoro, wo die Schiffahrt auf dem Niger beginnt. Der Plan einer zweiten Eisenbahnstrecke von Bamako nach Guinea wird seit Jahren erörtert, von chinesischen Fachleuten begutachtet, kam jedoch nicht zur Ausführung. Viele Jahrzehnte hindurch, vor und nach dem ersten Weltkrieg, wurde der Plan einer transsaharischen Eisenbahn vom algerischen Colomb-Béchar nach Gao am Niger diskutiert. Daraus wurde nichts, denn lediglich rund 95 km von Béchar nach Abadla wurden während des zweiten Weltkrieges erbaut; die restlichen rund 1700 km blieben auf dem Papier. Mali besitzt neben rund 9000 km Saisonpisten 3000 km ganzjährig befahrbare Straßen. In bewußter Abwendung zum günstigst gelegenen Seehafen Dakar hat man die Straßen nach Obervolta und zur Elfenbeinküste ausgebaut. Oft enden die Asphaltstraßen unmittelbar an der Grenze, ohne einen entsprechenden Anschluß zu finden.

Die **Ausfuhr** Malis ist bescheiden und besteht hauptsächlich aus Lebendvieh, Erdnüssen, Fisch. Die Einfuhrgüter bestehen vorwiegend aus Maschinen, Haushaltsgegenständen, Textilien und Treibstoffen. Durch den Austritt Malis aus der Franc-Zone hatte der Mali-Franc keinen Wert im Ausland; der Wiedereintritt in diese Währungszone mußte schwer erkauft werden.

Auf der Reise

Bisher legte die Republik Mali keinen Wert auf die Einreise westeuropäischer Touristen. Entsprechende Pläne großer Reiseunternehmungen wurden mit der Begründung abgewiesen, daß es in Mali keine entsprechenden Unterkunftsmöglichkeiten gäbe. Um etwaige Unannehmlichkeiten an der Grenze bzw. am Flughafen zu vermeiden, wird empfohlen, Visum und Impfzeugnisse zu besorgen. In Bamako und den größeren Städten des Landes findet man Treibstoff für die Fahrzeuge, man muß allerdings entsprechend der Ferne zu einem Seehafen mit höheren Preisen rechnen.

Neuerdings ist Mali bemüht, ausländische Touristen in das Land zu bringen.

Sehenswürdigkeiten

1. Bamako und Umgebung

Die Hauptstadt der Republik Mali bietet dem Reisenden das Bild einer französischen Kolonialstadt: breite Avenues, Kollonaden-Häuser, „Rond-Point"-Straßenkreuzungen, Restaurants, Verkaufsläden... und einen malerischen **Markt,** sowie ein **Landesmuseum** (ex-IFAN).

In der näheren Umgebung von Bamako sind die **Schnellen des Nigerflusses** und die Stadt **Kulikoro** (Koulikoro) mit ihrem Hafen sehenswert. Die Schnellen befinden sich an der Grenze zwischen dem alten kristallinen Gestein und den jungen Ablagerungen des Niger-Beckens. Von Kulikoro ist während der Regenzeit die

Schiffahrt bis Gao möglich, daher wurde die Eisenbahnlinie vom Hafen Dakar bis hierher verlängert. 1904 war Kulikoro erreicht und ein Flußhafen wurde erbaut. Von Juli bis Dezember können Schiffe bis zu 1,4 m Tiefgang anlegen, etwa einen Monat vorher und einen Monat nachher nur noch solche mit höchstens 0,6 m Tiefgang. Das erklärt die höher und die tiefer gelegenen Kais. Zwischen etwa Mitte Februar und Mitte Juni findet nur Bootsverkehr statt.

In der weiteren Umgebung von Bamako bieten die **Naturschutzgebiete von Fina und „Boucle de Baoulé"** einen guten Eindruck über Pflanzen- und Tierwelt des Sahel. Sie sind nur schwer zugängig, da für die Erschließung wenig getan wurde.

2. Kulikoro — Gao auf dem Fluß (1368 km)

Etwa von Anfang Juli bis Ende Dezember, je nach dem Wasserstand im Nigerfluß, verkehren Schiffe von Kulikoro nach Gao. Von Dezember bis März gibt es zwischen Mopti und Gao Schiffsverkehr. In Kulikoro erfolgt wöchentlich eine Abfahrt, man benötigt fünf Tage flußab bzw. sechs Tage flußauf. Die Fahrt durch die ebene Landschaft bietet wenig Reiz, doch die Aufenthalte in den Städten **Segu** (Ségou), **Mopti, Kabara,** sind geeignet, um Landausflüge zu machen. **Gao** wurde 1009 die Hauptstadt des Reiches Songhai (Sonrhai) unter Dia Kussai, einem der ersten, die in das „Pui" = Heldenbuch der Soninke eingegangen ist. Leo Frobenius hat Spielmannsgeschichten des Pui gesammelt und herausgegeben. Ein Jahr nach der Gründung von Gao bekehrte sich Dia Kussai zum Islam, seither gilt Gao als eine der heiligen Städte der westafrikanischen Moslims. Aus der Familie des Dia Kussai gingen 31 Herrscher hervor (bis 1355), dann folgten 18 Könige aus der Familie des Ali Kolon Sunni (bis 1493). Mohammed Ben Abu Bekr, genannt Askia der Große, gründete die dritte Dynastie, die 1591 von einem marokkanischen Heer ausgerottet wurde. Man schätzt, daß damals Gao 50 000 bis 60 000 Einwohner hatte. Die Angriffe der Tuareg und der Fulbe, später auch der Tukulör hatten zur Folge, daß die Zahl der Bevölkerung laufend abnahm. 1898 fanden die einrückenden französischen Truppen nur ein paar hundert Menschen. Ein neuer Aufschwung begann, als Gao zum Südpunkt der französischen „piste impériale No 2" (Beschar-Adrar-Tessalit) wurde. Die Stadt selbst mit ihrem schachbrettartigen Grundriß und den rötlichen Kastenhäusern bietet wenig Sehenswürdigkeiten. Die Moschee im Stadtviertel Gao-Diula ist ein Neubau, ist gut auf alt nachgemacht. Die Diula sind weitbekannte Händler und die Märkte in diesem Stadtviertel geben ein buntes Bild. Alt ist lediglich im Stadtviertel Gao-Sonrhai die **Grabstätte der Askia.** Es handelt sich um eine alte Grablege der

Könige, denn um 1328 erbaute der Dichter und Architekt Es Saheli auf Anordnung des im Heldenbuch vielgerühmten Kankan Mussa eine Moschee aus Lehm, um darin die Könige zu beerdigen. Als 1525 der Begründer der 3. Dynastie, Mohammed Askia, starb, standen von der alten Moschee nur noch Mauerreste, daher erbaute man ein neues Grabdenkmal aus luftgetrockneten Lehmziegeln. Die dicken Mauern, Balkon und Terrasse, schließlich der winzige Eingang in die Grabkammer zeugen vom Willen der Erbauer, die Gräber verteidigen zu können. Es ist erstaunlich, daß ein solches Gebäude mehr als 450 Jahre überdauern konnte. — In der Umgebung von Gao sind die Inseln mit den Fischerweilern für Angler, das Gebiet im Norden den Jägern zu empfehlen.

3. Von Bamako in das Land der Dogon

Von Bamako führt eine moderne Asphaltstraße in östl. Richtung durch die Reisfelder von **Bagineda** und die Pflanzen- und Tierschutzzone des **Waldes von Faya.** Danach kommt man in ein landwirtschaftlich genutztes Gebiet mit Hirse- und Erdnußfeldern. Auffallend sind die Acacia albida-Bäume mit ihren weißen Rinden. Man weiß nicht, woher der Baum kommt, denn er ist azyklisch, d. h. hat Blätter während der Trockenzeit und keine während der Regenzeit. Die Bauern pflegen die Acacia albida, weil der Ertrag darunter etwa $2^{1/2}$mal höher ist als sonst. Vor Segu befindet sich die Straße neben dem Fluß.

Segu (Ségou) wurde wahrscheinlich im 7. Jhdt. von Boso-Fischern gegründet, kam später abwechselnd zu den Reichen Songhai und Mali. Seit dem 13. Jhdt. wanderten aus dem Süden Bambara-Bauern ein und gründeten eine Stadt. Die Prinzen aus der Familie Kulbali (auch Kulubali) und ab 1770 der Diarra zahlten den Nachbarn Tribut, wenn jene mächtiger waren, oder sie herrschten unabhängig. 1861 eroberte der Tukulör El Hadsch Omar die Stadt, zwang die Einwohner islamisch zu werden, die Männer mußten ihre Schädel rasieren sowie die vorgeschriebenen Gebete öffentlich verrichten. 1890 besetzten die Franzosen Segu, Hauptmann Underberg wurde zum Residenten ernannt. — Die **Moschee** hinter dem Marktplatz ist in marokkanischem Stil erbaut mit einem Minarett à la Kutubia in Marrakesch. Segu wurde 1930 Sitz des **„Office du Niger",** welchem die Aufgabe gestellt wurde, durch Staudämme, Dämme und Kanäle für die Bewässerung des Gebiets zwischen Segu und Timbuktu zu sorgen. Etwa $1/4$ des bewässerbaren Landes wurde erschlossen. Das **Stauwerk von Sansanding** in einer Länge von 2600 m ist deshalb sehenswert, weil es den ersten Versuch darstellt (nach dem Probemodell Sotuba bei Bamako), das Wasser eines Flusses in den wechselfeuchten Tropen zu nutzen und zwar so, daß es während der langen Trockenzeit zur Verfügung steht. Nach vorheriger Anmeldung ist es möglich, unter fachkundiger Führung die Anlagen zu besichtigen, ohne vorherige Anmeldung muß man stundenlang in der Hitze warten und ist nicht sicher, ob eine Besichtigung möglich ist.

Von Segu kommt man über die neue Brücke über den Bani, einen bedeutenden Nebenfluß des Niger. In **Bla,** einem kleinen Handelsort, zweigt rechts die Straße über **Koutiala** nach **Bobo Diulasso** (Obervolta) ab, links geht unsere Route weiter. Durch ein landschaftlich genutztes Gebiet gelangt man nach **San,** die erst 1891 von den Franzosen zu einer Stadt wurde. Sehenswert ist die Moschee im sudanesischen Stil mit ihren drei Türmen. Die Straße bleibt auf der höheren Platte über dem „Niger-Delta", linkerhand sind Felder zu sehen und rechterhand unfruchtbares Gebiet, weil dort nach Ansicht der Bewohner der Teufel mit seinem Schwanz wedelte, als er mal die Menschen auf Erden besuchte.

In **Somadugu** zweigt eine Piste nach **Djenné** (29 km) ab. Dieser Abstecher lohnt sich. Um 1250 gründeten Flüchtlinge aus dem Reich Ghana hier am Ufer des Nigerflusses eine Stadt. Sie bauten fleißig an der Stadtbefestigung, aber was sie tagsüber aufmauerten, wurde nachts von einem bösen Geist zerstört. Nach vergeblichen Mühen erfuhr man irgendwie, daß die Mauern erst dann stehen bleiben können, wenn eine Jungfrau eingemauert wird. Erst als die busenstarke Jungfrau Tapama lebend eingemauert wurde, blieb das Werk stehen. Es ist eine merkwürdige Ähnlichkeit festzustellen mit jenen Sagen, auf die Hans Diplich in Südosteuropa hingewiesen hat. Beim Stadttor „Kanafa" zeigt man noch jene Stelle, wo das Mädchen **Tapama** aus dem alteingesessenen Fischerstamm Boso geopfert wurde, um den Flüchtlingen aus dem Norden Sicherheit zu bieten. Djenné wurde im Reich Mali zu einem wichtigen Handelsort, in dem sich sogar Kaufleute aus dem Vorderen Orient niedergelassen hatten. 1468 eroberte Sonni Ali, Herrscher von Songhai, die Stadt. 1591 übernahmen die Marokkaner die Macht. 1830 rückten die Fulbe ein, 1861 die Tukulör El Hadsch Omars, 1893 die Franzosen unter Archinard. — Der Mittelpunkt der Stadt ist die **große Moschee,** im 13. Jhdt. erbaut, aber 1830 von den Fulbe zerstört mit dem Hinweis, daß dort nicht das richtige Wort Allahs gepredigt worden sei. Der jetzige Bau wurde 1905 errichtet mit dem Willen, die alte Moschee in Umfang und Stil neu zu errichten. Die drei Türme sind von außen eindrucksvoll, und im Innern wird die Decke des Gebetsraums von 90 Säulen getragen, die enorme Dimensionen (2 x 1 m) aufweisen. Auch die **Bürgerhäuser,** die Charles Monteil eindrucksvoll geschildert hat, zeigen gekonntes Bauen aus Lehm („banco"). Zur Straße hin nichts als Lehm und eine Eingangspforte, aber im Innern eine Fülle von architektonischen Elementen, die bemerkenswert sind. Die Europäer wollten nicht begreifen, daß Negro-Afrikaner mit lokalem

Material und angepaßt an die klimatischen Verhältnisse solche Bauten errichten konnten. Sie versuchten es mit „ägyptisch", „mesopotamisch", „spanisch", aber wir haben keine Beweise, daß Ägypter, Mesopotamier oder Spanier als Baumeister nach Djenné gekommen wären. Warum sollten Nego-Afrikaner nicht in der Lage gewesen sein, einen eigenen Baustil zu entwickeln?

Von der Asphaltstraße kann man einen Abstecher nach **Sofara** machen. Die Moschee, die Stadt, der Markt und der Hafen sind bescheidener als in Djenné. Der nächste wichtige Ort und gegenwärtiger Endpunkt der Asphaltstraße ist **Mopti**. An der Einmündung des Bani in den Niger wurden von den Boso-Fischern künstliche Inseln mit Muschelgehäusen und Tonscherben erbaut („Togere"). 1861 ließ El Hadsch Omar an dieser Stelle eine Festung erbauen, um die Grenze des Tukulör-Reiches gegen die Fulbe zu sichern. Die Franzosen eroberten 1893 den damals kleinen Marktflecken und bauten ihn ab 1905 zu einem Handelsort aus, in dem sich neben den Einheimischen Fulbe, Bambara, Dogon und andere ethnische Gruppenangehörige angesiedelt haben. Die **Große Moschee**, die man heute sieht, wurde erst 1935 erbaut, aber ganz im alten Sudan-Baustil. Die aus den Lehmmauern herausragenden Zierobjekte (Hölzer und Vertiefungen) sind funktionell zu erklären, denn beim Bau mußten die Maurer irgendwo ihre Füße hinstellen, da sie ohne Gerüst gearbeitet haben. 21 schwere Lehmsäulen tragen die Decke, von der Terrasse hat man einen schönen Rundblick. Sehenswert sind ferner der Stadtteil „Komogel" mit seinen grauen Lehmhäusern mit eindrucksvollen Eingangstüren und Terrassen. Es regnet selten in Mopti, aber wenn, dann gehen oft Wolkenbrüche nieder. Dies erklärt die merkwürdig langen Dachrinnen, deren Zweck es ist, das Wasser möglichst weit weg von den Lehmmauern abzuleiten. Diese praktische Erkenntnis wurde zu einem Stilornament, welches eindrucksvoll wirkt.*

In Mopti sollte man den **Markt am Fluß** („Marché Fluvial") besichtigen, wo sich Händler aus verschiedenen Ethnien treffen und Waren aus verschiedenen Ursprungsgebieten austauschen. In Mopti und Umgebung werden Decken aus Schaf- und Kamelhaaren hergestellt, die sehr originelle Dessins aufweisen. 4 km außerhalb der Stadt steht ein Motel mit klimatisierten Zimmern und einfachem Restaurationsbetrieb zur Verfügung.

Mopti ist der Ausgangspunkt für eine Fahrt in das Land der **Dogon**, welches der französische Ethnologe Marcel Griaule in Europa bekannt gemacht hat. Die Dogon gehören zu den bedeutendsten Kunsthandwerkern Westafrikas. In Holz, Textilien und Metall drücken die Dogon ihre Lebensauffassung aus. Krokodile und Schlangen, Helden und Dämonen werden dargestellt. **Bandia-**

---

* Für die weiteren Ausführungen bin ich Frau Gudrun Schomers dankbar.

gara ist der Hauptort der Dogon. Die Moschee El Hadsch Omars ist sehr einfach und zugleich ein Zeugnis dafür, daß der große Tukulör-Herrscher die heidnischen Dogon zum Islam bekehren wollte bzw. bekehrt hat. Die vorislamischen totemistischen Anschauungen sind noch sehr lebendig. Krokodile und Schlangen spielen noch eine große Rolle, was man während der Trockenzeit am Teich Yame beobachten kann.

Noch lebendiger ist der Totemismus in **Sangha,** einem durch Klüften geschützten Ort. Von dort aus kann man **Dogon-Dörfer an und in Felsen** besichtigen. Die große Exkursion mit etwa 14 km Fußmarsch, 6 Stunden Dauer, Aufbruch 6 Uhr morgens, erfordert Kletterschuhe aus Wildleder oder Turnschuhe bzw. Leinenschuhe mit rauher Sohle.

4. Timbuktu

Das geheimnisvolle Timbuktu, die südl. Königin der Sahara, ist nach Gisela Bonn immer noch eine Reise wert. Am bequemsten ist dazu das Flugzeug von Bamako aus. Während des Niger-Hochwassers kann man von Kulikoro oder von Mopti aus per Schiff hinkommen, während der Trockenzeit ist es sogar für Geländefahrzeuge schwierig, von Mopti nach Timbuktu zu gelangen.

Die größte Wüste der Erde, die Sahara, endet im Süden dort, wo die Flüsse Senegal und Niger bzw. der Tschadsee Wasser in das trockene Land bringen. Timbuktu ist ein weit in die Sahara vorgeschobener Punkt mit Wasser, wo zugleich die Möglichkeit besteht, auf dem Nigerfluß große Strecken bis Kulikoro im Westen, Gao, Niamey, Onitsha und dem Nigerdelta — unter Überwindung der Schnellen — zu bewältigen. Eine vorzügliche geopolitische Lage.

Seit alten Zeiten gingen von Timbuktu Waren (Gewürze, Gold, Medikamente, Sklaven) nach Norden, meist nach Marokko (Sidjilmasa, Tiznit, Agadir); von dort kamen Waren nach dem Süden (Stoffe, Metallwaren, Glaswaren, Salz). In Timbuktu wurden die Exportgüter gestapelt und von Timbuktu aus erfolgte die Verteilung der Importgüter. Die Handelsbeziehungen Timbuktus mit Nordafrika sind sehr alt. Im Reich Ghana waren westlicher gelegene Städte wichtiger, doch als 1325 der Ort zum Reich Mali kam, wurde er zum wichtigsten Südpunkt der transsaharischen Pisten. Unter dem großen Mali-König Mansa Mussa gestalteten andalusische Künstler und marokkanische Pilger die Stadt um. Der wirtschaftliche Wohlstand war so groß, daß die Tuareg der Sahara mehrmals versucht hatten, Timbuktu zu erobern, was ihnen schließlich 1434 gelang. Es ging den Tuareg vielleicht gar nicht um Timbuktu, sondern um den Transsaharahandel, den sie nicht in die Hand bekamen. 1468 eroberte der Songhai-Herrscher Sonni Ali

Timbuktu, ebenfalls mit dem Wunsch, den Transsaharahandel in den Griff zu bekommen. 1591 rückten marokkanische Truppen ein, um im Namen der saharischen Meriniden die Südpunkte der transsaharischen Pisten zu besetzen. Fern vom Sultan Marokkos kam es zu häufigem Wechsel der Statthalter. Die Saadier — und ab 1664 die Alauiten — hatten nicht die militärische Kraft, die theoretisch zugehörigen Reichslande südl. der Sahara effektiv zu besetzen und zu beherrschen. Zu Ende des 18. Jhdts. überfielen die Tuareg Timbuktu, verjagten die Marokkaner, ohne aus dem Transsaharahandel Nutzen ziehen zu können. Der englische Reisende Laing wurde 1826 in Timbuktu ermordet. Ein Jahr später stürmten die Fulbe-Reiter unter Scheich Amadu heran und verjagten die Tuareg. Der französische Reisende René Caillé weilte 1828 — als Beduine verkleidet — in Timbuktu und schilderte anschaulich die Verwüstungen als Folge der letzten Kriege. Der große Tukulör-Herrscher El Hadsch Omar vertrieb die Fulbe, mußte jedoch einem neuen Angriff der Tuareg weichen. Timbuktu war für die Europäer die mysteriöse Stadt. In britischem Auftrag weilte 1853 der Berliner Heinrich Barth in Timbuktu und schrieb dazu u. a. „... Der Baustyl der einzelnen Gebäude war mannichfaltig; es gab Thonwohnungen verschiedener Beschaffenheit, — einige niedrig und unansehnlich, andere mit einem zweiten Stockwerk in ihrer Façade und sich zu größerer Höhe erhebend, ja selbst Versuche von architektonischer Verzierung aufweisend; das Ganze war nur von einigen runden Mattenhütten unterbrochen..."

Am 15. 12. 1893 besetzten französische Truppen Timbuktu. Die Zeit des Gold- und Sklavenhandels, der Kamelkarawanen war vorbei. Frankreich legte größeren Wert auf Gao für die Verbindung mit Algerien. Timbuktu wurde zu einem bescheidenen Provinzort. Nur der Fremdenverkehr kann es zu neuem Leben erwecken. — Die Moschee Dschingereber wurde Ende des 12., Anfang des 13. Jahrhunderts erbaut, die Moschee Sankore im 14. Jahrhundert, durch eine fromme und reiche Malinke-Frau. Um 1440 ließ der Tuareg Mohamed Naddi **die Sidi Yahya-Moschee** errichten zum Gedenken an einen heiligen Mann gleichen Namens, der nach berberischem Vorbild zum Schutzpatron der Stadt erklärt wurde. Alle diese Moscheen wurden im Laufe der Zeit umgebaut und nicht immer kunstgerecht. Dazu kommt noch, daß bei Wolkenbrüchen die Mauern weggeschwemmt wurden. Die interessanteste **Moschee ist die Dschingereber,** deren erhaltene ältesten Teile allerdings erst aus den Jahren 1570/71 stammen. Das Haus, in dem Heinrich Barth wohnte, östlich der Sidi Yahya-Moschee in der Altstadt, trägt jetzt eine schmucke Inschrift, die der deutsche Bundespräsident Heinrich Lübke während seines Staatsbesuches in Mali enthüllt hat.

Senegal

Die Republik Senegal umfaßt 201 400 qkm, d. h. das Gebiet der ehemaligen französischen Kolonie gleichen Namens. Die Nationalflagge ist grün-gelb-rot senkrecht gestreift, in der Mitte des gelben Feldes befindet sich ein fünfzackiger grüner Stern. Amtssprache ist Französisch. In der Hauptstadt Dakar haben die Bundesrepublik Deutschland, Österreich und die Schweiz Botschaften.

Bevölkerung und Geschichte

Die Zahl der **Einwohner** schätzt man auf **3¹/₂ Millionen**, was einer Dichte von 18 E/qkm entspricht. Rund ¹/₅ der Bewohner lebt im Raum von Groß-Dakar, während das Ferlo-Plateau nur sehr dünn besiedelt ist.

In der Republik Senegal leben an die **20 ethnische bzw. sprachliche Gruppen,** von denen die zahlreichsten sind: Wolof (36%), Fulbe (17,5%), Serer (16,5%), Diola (9,6%), Tukulör (9%), Mandingo (6,5%). In den letzten Jahrzehnten hat der Einfluß der Wolof und ihrer Sprache sehr stark zugenommen, so daß man von einer „Wolofisierung" sprach. Nach dem **Glaubensbekenntnis** gibt es rund 79% Moslims, 16% Animisten und 5% Christen. Trotz der ethnischen, linguistischen und religiösen Unterschiede herrscht eine allgemeine Toleranz.

In der **Geschichte** der heutigen Republik Senegal, am Unterlauf des Flusses gleichen Namens, gab es bereits im 9. Jhdt. ein gut organisiertes Reich „Tekrur". Es stand in relativ engen Beziehungen mit den Atlasländern nördlich der Sahara. Um das Jahr 1000 kommt Tekrur unter die Herrschaft von Ghana, dem fast das ganze heutige senegalesische Staatsgebiet unterstellt war. Als Ghana von Mali abgelöst wurde, begannen sich die einzelnen Stämme im Raume Senegal vom Reich Mali zu lösen, um ihre eigenen politischen Gebilde unabhängig voneinander aufzubauen.

Die Bauern, Fischer und Jäger in der bewaldeten Casamance gründeten nur kleine Gemeinschaftsorganisationen, ebenso ein Teil der Bewohner des Sine-Salum-Gebiets. Überlokale staatliche Organisationen errichteten lediglich die Wolof, die Fulbe und der legendäre El Hadsch Omar. Die Küstenbevölkerung nahm seit 1445 Handelsbeziehungen mit den Europäern auf, zunächst mit Portugiesen, dann mit Niederländern, Briten und Franzosen. Die wichtigsten Handelsorte waren die Insel Goree und seit 1659 die von den Franzosen erbaute Stadt Saint-Louis. Die Kriege zwischen England und Frankreich wirkten sich auch hier aus, so daß das Land mehrfach von Engländern besetzt war, zuletzt von 1800 bis 1814. Bereits 1819 besetzten die Franzosen die Stadt Bakel im

Osten und beherrschen damit das Gebiet am Senegalfluß von der Mündung bis zum linken Nebenfluß Faleme. Zwischen 1835 und 1837 wurde die Casamance französisch und in den folgenden Jahren das Gebiet dazwischen, allerdings ohne das britische Gambia. Die französische Kolonie Senegal kam wirtschaftlich nicht recht voran, mehrere Versuche zur Ansiedlung europäischer Bauern scheiterten. Erst durch den in Europa verlorenen Kieg von 1870/71 kam es in Senegal zu einer intensiveren kolonialen Betätigung Frankreichs. Die Offiziere Faidherbe und Pinet-Laprade waren die Treibkräfte, die dem Senegal zu einer überregionalen Bedeutung verhalfen. Im Vordergrund standen militärische Gesichtspunkte: auf der Halbinsel Cap Vert sollte ein großer Kriegshafen entstehen und von dort aus sollten die Landverbindungen nach Nordafrika und zum Tschadsee ausgehen. 1895 wurden die französischen Besitzungen Westafrikas zum Verwaltungsgebiet „Afrique occidentale française" zusammengefaßt und der Generalgouverneur dieser ausgedehnten Gebiete saß in Senegal, zunächst in Saint-Louis, ab 1907 in Dakar. In dieser Zeit entstanden die französischen Truppeneinheiten der senegalesischen Scharfschützen („tirailleurs sénégalais"), insgesamt 95 Bataillone, die in Westafrika rekrutiert, in Senegal ausgebildet und in Europa im Falle eines Revanchekrieges eingesetzt werden sollten. Dies ist ja dann, sowohl während des ersten wie während des zweiten Weltkrieges, geschehen. Die militärischen Ziele Frankreichs führten in Senegal zu einem wirtschaftlichen Aufschwung. Er wäre kaum tiefgreifend gewesen, wenn nicht eine neue religiöse Bruderschaft des malekitischen Islams neue Wirtschaftsansichten entfaltet hätte. Der Scheich Ahmadu Bamba gründete Ende des 19. Jhdts. die Bruderschaft der Muriden unter der Devise „Gebet und Arbeit". Er predigte seinen Anhängern, daß es ein gottgefälliges Werk sei, wenn die Gläubigen fleißig arbeiten und vor allem Erdnüsse anbauen. Unter dem Einfluß ihrer jeweiligen Generalkalifen haben die Muriden erstaunliche Wirtschaftsleistungen vollbracht. Vom Gebiet Diurbel-Tuba ausgehend haben sie große Teile des Landes in intensiv genutzte Erdnußfelder umgewandelt.

In den „alten" senegalesischen Gemeinden Gorée, Dakar, Rufisque und St. Louis hatten die Einwohner bereits vor dem ersten Weltkrieg volle französische Bürgerrechte, im Rest des Landes wurde dies nach dem zweiten Weltkrieg verkündet. Es gab daher keine antifranzösische Befreiungsbewegung, keine Guerilla-Kämpfe und keine Terroranschläge. Senegal wurde zu einem unabhängigen Staat im Zuge der französischen Entkolonisierung Afrikas. Die führenden Persönlichkeiten wollten zunächst keinen selbständigen Staat Senegal, sondern sie wollten eine frankophone westafrikanische Konföderation und hofften, daß Dakar Sitz eines Staatenbundes bleiben könnte. Als es sich zeigte, daß die östlichen A. O.

F.-Territorien nichts mehr von einer Zentrale in Dakar wissen wollten, klammerte man sich an die Hoffnung, Mauretanien, Soudan Français, Guinea und Senegal als Bundesstaat errichten zu können. Nach der Absage von Guinea und Mauretanien wurde am 17. 1. 1959 beschlossen, eine Bundesrepublik Mali zu gründen, bestehend aus den französischen Territorien Soudan und Sénégal. Am 4. 4. 1959 sanktionierte Frankreich diesen Beschluß. Die Bundesrepublik Mali war nicht von langer Dauer, denn Spannungen zwischen Bamako und Dakar führten am 19. 8. 1960 zum Bruch. Am 20. 8. 1960 erklärte sich Senegal zur unabhängigen Republik. Am 29. 9. 1960 wurde Senegal als Mitglied der Vereinten Nationen (UNO) aufgenommen, wodurch die Unabhängigkeit international anerkannt war.

Spannungen im Innern blieben nicht aus, wie dies auch sonst in Afrika und in Europa der Fall war, aber es kam nicht zu bewaffneten Auseinandersetzungen. Die Verfassung wurde mehrfach geändert mit dem Wunsch, die Rechtslage den gegebenen Verhältnissen anzupassen. Der erste Staatspräsident Leopold S. Senghor ist als Dichter und als französischer Universitätsprofessor weit über die Grenzen seines Landes bekannt. Als Angehöriger der Ethnie Serer und als Christ, hat er es nicht immer leicht gehabt, seine politischen Ideen in die Tat umzusetzen. Der Abbau der französischen Militärstützpunkte, der Wegfall der französischen Erdnuß-Subventionen, die Verschlechterung der Weltmarktpreise für Erdnüsse usw. trafen Senegal schwer. Dazu kommt die überaus starke Landflucht verbunden mit einer sprunghaften Zuwanderung von Arbeitslosen und Arbeitsunwilligen in die Hauptstadt Dakar.

1970 und 1971 fielen die Regen unregelmäßig und 1972 war ein Katastrophenjahr, denn in den Gegenden, wo im Jahresdurchschnitt 500 bis 600 mm fallen, gab es nur 150 bis 200 mm und diese nur zu Beginn der Regenzeit, so daß die Saaten austrockneten. Das hatte einen weiteren Zustrom in die Städte zur Folge und brachte neben sozioökonomischen auch politische Probleme mit sich.

Wirtschaft, Verkehr, Handel

Die Wirtschaft Senegals basierte ausschließlich — und basiert zum Teil noch gegenwärtig — auf der **Erdnußkultur**. Im Rahmen der weltweiten französischen Wirtschaftspläne, die mit Preis- und Absatzgarantien verbunden waren, hatte dies seine Berechtigung. Heute sind diese Gründe weggefallen. Daher bemüht sich die senegalesische Regierung um eine „diversification", d. h. um eine Abkehr von der Erdnuß-Monokultur. Ansätze in dieser Richtung wurden und werden insbesondere im sogenannten Senegal-Delta vorgenommen, wo dank internationaler Entwicklungshilfen vor allem Reis und Baumwolle angebaut werden. In der Casamance versuchte man es mit Reis, Gemüse und Ölpalmen.

Die traditionelle extensive **Viehzucht** soll allmählich durch eine intensivere Stallfütterung ersetzt werden, was verständlicherweise nur langsam vollzogen werden kann. Von den Bodenschätzen spielen nur die **Phosphate** von Taiba derzeit eine Rolle in der Ausfuhr. Die Industrie (Getreide- und Ölmühlen, Zuckerfabrik, Bierbrauerei, Zigarettenfabrik, Fischkonserven, **Textilfabriken**, Erdölraffinerie, Metallfabriken...) ist vor allem auf den Inlandsmarkt ausgerichtet und exportiert nur geringe Mengen.

Die **Verkehrs-Infrastruktur** ist in Senegal sehr gut. Von den rund 3500 km Straßen sind fast 1/3 asphaltiert. Mit 1280 km Eisenbahnschienen besitzt Senegal ein für afrikanische Verhältnisse dichtes Bahnnetz. Der Hafen von Dakar hat internationale Bedeutung im Seeverkehr zwischen Europa, Afrika und Südamerika. Durch die Sperrung des Suez-Kanals erhöhte sich die Bedeutung des Hafens von Dakar als Bunkerstation für Wasser und Kraftstoff. Die Hafenbecken umfassen 216 ha und haben moderne Einrichtungen für den Personen- und Güterverkehr. Die Häfen von St. Louis, Kaolack und Ziguinchor haben heute nur geringe Bedeutung, ebenso wie jene von Gorée, Kayar, Yenne, Popenguine, Mbour und Joal, die vor allem Fischerhäfen sind.

Der **Flugplatz** von Dakar-Yoff mit seinen drei langen Rollfeldern ist auch im Zeitalter der großen Düsenflugzeuge noch eine wichtige Etappe zwischen Afrika und Europa bzw. zwischen Amerika, Afrika und Europa geblieben, denn von Dakar aus gibt es Direktflüge nach Europa, Südamerika und den afrikanischen Hauptstädten.

Im **Außenhandel** stehen immer noch die Erdnüsse an erster Stelle, doch die Regierung hofft in baldiger Zukunft, den Anteil von Phosphaten, Baumwolle, Reis, Fisch- und Gemüsekonserven erhöhen zu können. In der Einfuhr stehen Maschinen und Fahrzeuge, nebst Treibstoffen und Luxusgütern an der Spitze. Der wichtigste Handelspartner ist Frankreich, danach folgen die anderen EWG-Länder, Großbritannien und die USA.

Auf der Reise

Zweimal monatlich fuhr das Schiff „Ancerville" von Marseille mit Zwischenlandungen in Casablanca und auf den Kanarischen Inseln in sechs Tagen nach Dakar. Die Passagen und die Wagenbeförderungen waren preiswert. Anfang 1972 verkaufte die französische Reederei das Schiff nach Hongkong, seither ist es schwer, umständlich und teuer, mit seinem Wagen von Europa nach Dakar zu gelangen. Demnächst soll „Massalia", ein modernes Fährschiff, den Dienst Marseille—Dakar aufnehmen. Da immer weniger Menschen per Schiff reisen, wurden viele Passagierlinien aufgelassen, die früher Dakar berührten, so Bordeaux—Rio de Janeiro—Buenos Aires und Bordeaux—Pointe Noire, Marseille—Abidjan.

In den letzten Jahren wurde es üblich, daß während des borealen Winters Kreuzfahrten veranstaltet werden, bei denen in Dakar mehrere Tage Aufenthalt anfallen. Vom Hafen aus kann man gut zu Fuß eine Stadtbesichtigung vornehmen mit den Zielen: Hauptpost — Markt Kermel — Place de l'Indépendance — Palais du Président — Kathedrale — Avenue Ponty — Hafen. Meist wird man als Tourist erkannt und von Bettlern, besonders auch von „fliegenden Händlern", belästigt. Den Bettlern muß man nichts geben und die Händler wird man los, wenn man gar nicht auf ihre Waren blickt oder erklärt, daß man überhaupt nichts kaufen will. Die Schuhputzer und Verkäufer von Lotterie-Losen möge man nicht beachten. Für das Putzen von zwei Schuhen ist üblich, 20 oder 25 CFA-Francs zu bezahlen. Andenken afrikanischer Handwerker kann man in den Kiosken Avenue Ponty, besser im Handwerkerdorf Soumbedioune kaufen, am besten natürlich wenn man einen Handwerker persönlich kennt.

Geldwechsel ist in den Banken möglich, in Dakar auch in der Handelskammer („Chambre de Commerce") sowie in den internationalen Hotels. Der Wechselkurs CFA und französischer Franc ist fest, die anderen Valuten schwanken im Kurs.

Mit dem Kraftwagen

Sollte das Fährschiff „Massalia" — wie verlautbart — auf der Linie Marseille—Dakar mit zweimonatlichen Abfahrten aus Marseille und aus Dakar eingesetzt werden und die Preise für die Autobeförderungen nicht allzuhoch sein, wäre das eine sehr gute Lösung, um mit dem eigenen Wagen nach Senegal zu kommen und zwei oder vier Wochen später wieder zurückzufahren. Die Wagenbeförderung mit Frachtschiffen ist umständlich, teuer und ohne Termingarantie.

Benötigt werden: Triptyk und intern. Führerschein sowie seit 1. Juli 1973 Haftpflichtversicherung gültig für Senegal.

Die Verkehrsordnung ist ganz wie in Frankreich, also strikt Vorfahrt von rechts (keine Vorfahrtsstraßen) und kein Kreisverkehr. In Dakar sind die Ampeln zum Teil unübersichtlich. Außerdem muß man damit rechnen, daß plötzlich Taxis oder „cars rapides" = Kleinbusse stoppen, um einen Kunden am Straßenrand aufzunehmen. Gegen die auf den Straßen wandelnden Schafe und Ziegen kämpft die Stadtverwaltung seit Jahren vergeblich an, ebenso gegen die Menschen, die plötzlich den Entschluß fassen, die Straße zu überqueren. Besondere Vorsicht wird bei den Zebrastreifen empfohlen, weniger wegen der Fußgänger, sondern wegen der nachkommenden Fahrzeuge, deren Lenker oft nicht verstehen, daß man Fußgängern den Vorrang überläßt.

Die Mietwagen sind in Dakar sehr teuer, ebenso die Gebrauchtwagen. In Dakar und in allen größeren Städten findet man gute Reparaturwerkstätten. Das Tankstellennetz ist im ganzen Land dicht.

Die Asphaltstraßen sind im allgemeinen gut, aber weil Pisten aus der Zeit der langsamen Fahrzeuge zu Straßen wurden, sind die Kurven nicht für hohe Geschwindigkeiten ausgebaut. Es empfiehlt sich, dort nicht so zu rasen wie die Kenner der Kurven. Einige Pisten (z. B. bei Rosso) hat man samt den Bodenwellen asphaltiert, was ebenfalls langsames Fahren erfordert. Bei den Fähren ordne man sich in der Reihenfolge der Ankunft ein, allerdings haben PKWs Vorrang vor LKWs. Ein Trinkgeld von 100 oder 200 CFA-Francs an den Chef der „Bretterleger" hilft, leichter auf die Fähre zu kommen bzw. herunterzukommen ohne Wagenbeschädigung.

Sehenswürdigkeiten

1. Dakar — Innenstadt

Die Hauptstadt der Republik Senegal liegt auf der Kapverdischen Halbinsel, die den westlichsten Teil des afrikanischen Kontinents bildet. Das kleine Fischerdorf Ndakaru lag am unteren Teil der heutigen Rue Vincens und gehörte zur Insel Gorée. 1845 erbauten französische Missionare eine kleine Station an der Stelle, wo sich heute das Rathaus befindet. 1857 entstand unter dem französischen Kapitän zur See Protêt ein kleines Fort an der Stelle, wo sich heute die Bank BIAO befindet. Im gleichen Jahr wurde im heutigen Hafengelände ein kleiner Landungssteg für Boote errichtet. 1862 hatten die französischen Behörden beschlossen, das Dorf Ndakaru in den Marktort Dakar umzuwandeln. Pinet-Laprade wurde beauftragt, einen Bebauungsplan zu erstellen.

Sprungartig stieg die Größe Dakars an, als 1898 die französische Kriegsmarine beschlossen hatte, am westlichsten Punkt Afrikas einen großen Flottenstützpunkt zu errichten. Der Hafen wurde fast im heutigen Umfang ausgebaut. Die Architekten Lambert, Gutton und Lopez bekamen den Auftrag auf dem Plateau oberhalb des Pinet-Laprade-Städtchens eine große Stadt zu planen. 1907 wurden die Dienststellen des Generalgouverneurs für Französisch-Westafrika nach Dakar verlegt, so daß nach und nach eine überregionale Hauptstadt entstand, mit allen Vor- und Nachteilen einer schnell gewachsenen Großstadt. Die Zahl der Bewohner schätzte man 1914 auf 24 000, 1939 auf 80 000 und am 1. 1. 1973 auf 800 000.

Normalerweise beginnt man **in Dakar** die Stadtbesichtigung am **Platz der Unabhängigkeit** (Place de l'Indépendance), dem Anstieg vom Hafen zum Plateau. Inmitten des großen Platzes befindet sich das schlichte Denkmal für die Toten 1914—1918 und 1939—1945, ohne weitere Hinweise. Offizielle Staatsbesucher legen dort Kränze nieder. Nach den Vorstellungen der Stadtplaner hätte an die Südseite ein 20geschossiges Hochhaus für die Postverwaltung von Französisch-Westafrika kommen sollen und ringsherum 12-geschossige Hochhäuser. Davon wurde nur ein Teil verwirklicht, mit den Bankenkomplexen im Westen und Geschäftshäusern im Osten. Das 1906 erbaute Gerichtsgebäude dient heute als Außenministerium, die 1930 erbaute Handelskammer immer noch als solche (Geldwechsel auch samstags und sonntags möglich).

Vom Platz der Unabhängigkeit in südl. Richtung kommt man zum **Präsidentenplatz,** einst Sitz des französischen Generalgouverneurs für Westafrika. Der Palast wird von der „Roten Garde" bewacht. Im Park um den Palast befinden sich Kronenkraniche. Wenn der Präsident anwesend ist, sieht man unter der großen Nationalflagge eine kleine Fahne. Schräg gegenüber liegt das **Gebäude der Ministerien** (Building administratif), das ehemalige Verwaltungsgebäude für Französisch-Westafrika, 1953 erbaut. Im Erdgeschoß (von der Straße her) befindet sich das **Staatsarchiv** mit einer guten Bibliothek. Zugang frei.

Vom Präsidentenpalast nach Westen führt die ehemalige Defilierstraße **Avenue de la République** mit schattigen Bäumen, einigen Hochhäusern und einigen Gebäuden in altkolonialem Stil. Versteckt in einem Innenhof befindet sich die maronitische Kirche **„Notre Dame du Liban",** inmitten von Rasen liegt die **katholische Kathedrale,** 1923—1929 erbaut als „Cathédrale du Souvenir Africain" und vom Pariser Kardinal Verdier geweiht. Der Baustil dieser Kirche ist bezeichnend für die französischen Bemühungen zwischen den zwei Weltkriegen, sich den Afrikanern zu nähern. Man wollte keinen französischen Baustil, sondern suchte sich etwas aus, was exotisch sein sollte und griff zu einem sudanesisch-byzantinisch-arabisch-französischen Misch-Masch, der weder asiatisch, noch europäisch, noch afrikanisch ist. Die linke Seitenkapelle der Märtyrer von Uganda will afrikanisch sein, die rechte Seitenkapelle Unserer Lieben Frau von Fatima wurde von den in Dakar lebenden Kapverdiern gestaltet. Neben der Kathedrale steht immer noch das Denkmal zu Ehren des französischen Generals Mangin, eingeweiht von Kardinal Verdier, eine Erinnerung an den

Kolonialismus, doch in Senegal ist man tolerant. Um einen Platz sind gruppiert das Innen-, Informations- und Finanzministerium.

In der Nähe der Kathedrale befindet sich in einem Zweckbau der Sitz des katholischen Erzbischofs von Dakar. Zu seiner Kirchenprovinz gehören sechs Diözesen, die Gläubigen setzen sich etwa zu ⅔ aus geborenen Senegalesen und zu ⅓ aus Kapverdiern, Libanesen, West- und Zentralafrikanern aus dem Süden, Franzosen u. a. Europäern, Amerikanern und Asiaten zusammen. Am Place Tascher steht das 1923 errichtete Denkmal zu Ehren des fanzösischen Generals Faidherbe. Das moderne Gebäude der **Nationalversammlung** wurde nach dem zweiten Weltkrieg für den Großen Rat Französisch Westafrikas erbaut. Dahinter liegt das **UNO-Institut IDEP,** wo anglophone und frankophone „post-graduate" Studien für Planung und Entwicklung betrieben werden. Neben der Nationalversammlung sieht man in einem Park den früheren Palast des Generalgouverneurs, mit modernem Material hat man hier recht gut den alten sudanesischen Baustil nachgeahmt. Heute befindet sich darin das **IFAN-Museum** mit wertvollen Exponaten afrikanischer Kunst. (Eintrittsgeld)

Man kann zu Fuß den Rundgang fortsetzen durch die **Avenue Lamine Geye** (früher Avenue Maginot) vorbei an einer kleinen Kadiriya-Moschee und einer größeren Tidjaniya-Moschee bis zur **Avenue Ponty,** der Hauptgeschäftsstraße von Dakar. Bevor man dahin einbiegt, lohnt es sich, einen Blick auf den Markt **Sandaga** mit seinem bunten Treiben zu werfen. In der Avenue Ponty gibt es kleine Kioske, Verkaufsläden für kunsthandwerkliche Gegenstände, ebenso in den Hinterhöfen. Die Avenue Ponty endet am Platz der Unabhängigkeit. Östlich davon ist die **Avenue Albert Sarraut,** die große Geschäftsstraße. Etwas abseits in nördl. Richtung befindet sich der sehenswerte Markt **Kermel,** in dessen Nähe die Hauptpost liegt. Die Innenstadt kann man zu Fuß besichtigen, aber möglichst nicht in der Mittagshitze.

2. Dakar — Außenbezirke

Für den zweiten Teil der Besichtigung von Dakar benötigt man einen Wagen (Taxis am Platz der Unabhängigkeit, beim Beginn der Avenue Ponty). In jeder islamischen Stadt gibt es Moscheen der einzelnen Stadtteile für die täglichen Gebete und daneben eine zentrale Moschee für die Gebete an großen Feiertagen oder zur „Freitagspredigt". In Dakar ist die **Große Moschee** (Grande Mosquée) neu und nach dem Vorbild der Moschee Mohammed V. in Casablanca erbaut. Der französische Architekt Gustave Collet hat in Marokko einen neo-almohadischen Stil erfunden und danach etwa 300 Moscheen erbaut, die von Dakar gehört zu seinen bedeutendsten Werken. Das marokkanische Königshaus hat die

Mittel zur Verfügung gestellt, den Baumeister Aballah Ben Omar und 135 Handwerker aus Marokko nach Dakar bringen lassen und dazu 6000 m² Azulejos, Wandkeramik, Stuck, Marmor und Schmiedeeisen nach Dakar verschifft. Lediglich das Holz (wegen der Termiten) und der Zement kamen aus Senegal. Der Grundstein wurde am 19. Juni 1960 gelegt, die feierliche Einweihung erfolgte am Freitag, den 27. März 1964 in Anwesenheit des marokkanischen Königs Hassan II. und des Staatspräsidenten von Senegal Leopold S. Senghor durch den Generalkalifen der senegalesischen Tidjani-Bruderschaft Abdul Aziz Sy. Die in Marokko stark verankerten Tidjani sind Hüter der Großen Moschee von Dakar, aber die anderen islamischen Bruderschaften haben auch das Recht, zum Gebet zu erscheinen. Das Hauptgebäude ist 120 × 80 m groß und hat neben dem Gebetsraum für die Männer noch eine Besonderheit: einen Gebetsraum für Frauen, durch ein Eisengitter vom Hauptraum getrennt. Dieses Zugeständnis mußte man den senegalesischen islamischen Frauen machen, denn im Unterschied zu Nordafrika und Vorderasien sind in Westafrika die Frauen traditionell den Männern gleichgestellt (von lokalen Abweichungen abgesehen). Das Minarett steht abseits des Gebetsraumes, ist eine Nachbildung der Kutubia von Marrakesch, 80 m hoch, zu erreichen über 375 Treppenstufen oder einen elektrischen Aufzug. Die 28 tragenden Betonpfeiler mußten 22 m tief in die Erde eingelassen werden. Insgesamt wurden 12 000 t Zement und 350 t Eisen für den Turm verarbeitet. Gekrönt wird der Turm durch drei Kupfersphären von je 1,40 m, die vergoldet sind. Neben der Moschee befindet sich das **Institut für Islamische Studien,** hauptsächlich mit saudi-arabischen Mitteln erbaut.

Nächstes Ziel dieser Rundfahrt ist das Dorf der Kunsthandwerker **Sumbediun** (Soumbédioune). Hier wurden Pavillons für Holz-, Leder-, Textil- und Metallverarbeiter eingerichtet und man kann ihre Erzeugnisse kaufen. Leider gibt es keine festen Preise, man muß Zeit haben zum Feilschen. Gleich daneben befindet sich der Fischerhafen, abends ab 17 Uhr belebt, wenn die Fischer mit ihren Fängen an Land kommen.

Weiter an der „Corniche" kommt man zum **„Musée Dynamique",** wo Wechselausstellungen stattfinden. Das Thema der jeweiligen Ausstellung wird in großen Plakaten verkündet. An der Corniche folgen dann das IFAN-Gebäude und die Universität. **IFAN** (Institut Fondamental d'Afrique Noire) wurde 1938 als Institut Français d'Afrique Noire gegründet mit Sitz in Dakar und Filialen in St. Louis, Bamako, Wagadugu, Niamey, Abidjan, Lome, Cotonu und Duala sowie mehreren Forschungsstellen. Nach der Unabhängigkeitswelle sind die einzelnen Institute selbständig geworden, die Zentrale in Dakar wurde der Universität angeschlossen. Es ist ein Forschungsinstitut, in dem unter der Leitung von Prof.

Samb heute etwas mehr die Geisteswissenschaften betont werden. Unter dem verdienstvollen Gründer Prof. Monod lag das Schwergewicht auf den Naturwissenschaften. Die IFAN-Bibliothek ist sehr reich an Beständen, allerdings fehlen Werke der letzten Jahre.

Die **Universität Dakar** ist derzeit die größte frankophone Universität Afrikas mit den Fakultäten Recht und Wirtschaft, Medizin und Pharmazie, Naturwissenschaften, Geisteswissenschaften sowie angeschlossenen Hochschulinstituten für Technik, Bibliothekswesen, Information. Bereits vor dem 2. Weltkrieg begannen die Franzosen in Dakar einen Hochschulunterricht einzuführen und zwar zur Heranbildung von Hilfsärzten. Aus diesen Anfängen entstand 1959 die Universität Dakar mit dem Leitspruch: „Lux mea Lex". Zunächst trug Frankreich alle Kosten für die Universität Dakar, derzeit entfallen 50% auf Frankreich und 50% auf Senegal und jene Staaten, die wie die Bundesrepublik Deutschland, Österreich, Brasilien, Kanada usw. bereit waren, am Aufbau der Universität mitzuhelfen. Von der Corniche kommend, liegt rechts das Gebäude des Rektorats, links das Auditorium Maximum und das Gästehaus, dann folgen rechts die Juristisch-Volkswirtschaftliche und die Naturwissenschaftliche, links die Medizinisch-pharmazeutische und die Geisteswissenschaftliche Fakultät. Den Abschluß bildet die Universitätsbibliothek in einem originellen Stil, an ein Stelzenhaus erinnernd. Es handelt sich um eine der größten Bibliotheken Westafrikas (neben der Universitätsbibliothek von Accra-Legon). An diesen Komplex schließt sich die „Cité Universitaire" (= Studentenviertel) an.

An der „Corniche Ouest" weiterfahrend, vorbei an kleinen Buchten, kommt man zum Stadtviertel **„Résidence de Fann"**, in dem die meisten Botschafter ihre von Parkanlagen umgebenen Residenzen haben. Der große Nachteil ist dabei, daß sie genau in der Einflugschneiße der Flugzeuge liegen. Weiter westlich kommt man zu den zwei Vulkankegeln (99 und 105 m hoch) **Mamelles** (= Frauenbrüste) genannt, die im Tertiär entstanden sind. Auf dem höheren Kegel befindet sich einer der größten **Leuchttürme** Afrikas mit einer Reichweite von 32 Seemeilen. Der Leuchtturm wurde 1864 erbaut und nachher mehrmals modernisiert und verstärkt (Besichtigung nachmittags möglich). Die Straße führt bis **Pointe des Almadies,** der äußersten Westecke des afrikanischen Kontinents. Es handelt sich um ein Naherholungsgebiet der Stadt Dakar und ein Fremdenverkehrszentrum mit modernen Hotels und Badestränden. Eine Spezialität sind hier die „Almadies-Austern" von guter Qualität.

Die Rundreise kann fortgesetzt werden zum internationalen **Flughafen Dakar-Yoff.** Bereits 1920 entstand hier eine Start- und Landebahn, als die französischen Piloten Vuillemin, Mermoz und Saint-Exupéry die „Aéropostale" zwischen Frankreich und Südamerika eingerichtet haben. Bis heute ist Dakar eine wichtige Zwischenstation für die Flugzeuge Europa-Südamerika geblieben, sei es daß sie nur landen, um aufzutanken, sei es daß sie auch den Passagierdienst versorgen — was vielfach von Südamerikareisenden für einen „Stop-Ower"-Aufenthalt in Dakar benützt wird.

Das Fischerdorf **Yoff** ist sehenswert, vor allem da hier Limanu Laye um 1890 eine eigene islamische Bruderschaft nach dem Vorbild der Kadiria, aber doch mit vielen synkretistischen Elementen aus Animismus und Christentum gegründet hat. Weiter nach Osten kommt man in das Gebiet der Flugsanddünen, in die neue Stadtviertel gebaut wurden. Man kann über die Autobahn nach Dakar-Zentrum zurückkommen oder über die alte Straße von Rufisque. Ein Blick in die neuen Vororte Pikine, Tiaroye usw. genügt, aber ein Abstecher zum **Tiergarten** von Hann lohnt sich. Man hat dort versucht, die ursprüngliche Vegetation wieder herzustellen, und man kann typisch westafrikanische Tiere in den Käfigen und Umzäunungen sehen. Die Rückkehr nach Dakar erfolgt am Hafengelände und Rathaus zum Platz der Unabhängigkeit (place de l'Indépendance).

3. Hafen und Insel Gorée

Der Hafen von Dakar wurde 1857 als ein günstiger Stützpunkt der französischen Kriegsmarine erkannt, doch erst die Dritte Französische Republik entschied 1898, einen Flottenstützpunkt für das Geschwader im südl. Atlantischen Ozean zu machen. Auf 40 ha entstand ein Kriegshafen mit 9 m Tiefgang und einem Trockendock von 200 m. Südl. des Kriegshafens entstand ein Handelshafen, der heute der größte Westafrikas ist, mit rd. 250 ha Gesamtfläche. Schiffe bis zu 11 m Tiefgang können an den Kais anlegen, Schiffe mit größerem Tiefgang werden über Pontonanlagen bedient. Dakar ist seit der Sperrung des Suez-Kanals eine wichtige Bunkerstation und nach wie vor ein wichtiger Umschlagplatz auf den Westafrika- und Südamerika-Linien.

Etwa alle zwei Stunden verkehren Schiffe nach **Gorée**. Die Fahrt dauert etwa 20 Minuten, man landet in einer kleinen Bucht. Die Insel der „Goldenen Reede", so nannten die Holländer sie und daraus wurde Gorée, ist ein Basaltblock, der zum gleichen tertiären Vulkanismus gehört wie die Westküste der Kapverdischen Halbinsel. Nach Staatspräsident Leopold S. Senghor sollten Afrikaner und Europäer die Insel Gorée besuchen, um einen Gang in die afrikanisch-europäische Geschichte zu machen. Seit der Mitte des 15. Jhdts. kämpften erbittert um den Besitz dieser Insel Portugiesen, Holländer, Engländer und Franzosen. Von 1814 bis 1960 war sie ständig in französischem Besitz. Als Insel mit gutem Trinkwasser wurde die Goldene Reede zu einem der wichtigsten

Handelsorte Westafrikas. Von hier aus gingen: Gold, Häute, Elfenbein, Wachs, Gewürze u. a. nach Europa, von dort kamen vor allem Eisenwaren, Textilien, Gewehre und Schießpulver. Als man in Amerika Arbeitskräfte für die Plantagen benötigte, wurde Gorée zu einem wichtigen Umschlagplatz für den Sklavenhandel.

Von Dakar kommend sieht man zunächst das **untere Fort,** 1617 als Fort Nassau erbaut und von den Franzosen zum Fort St. François umgebaut, heute Gefängnis. Das **obere Fort** wurde ebenfalls von den Niederländern erbaut als Oranien-Festung und von den Franzosen mehrmals umgebaut, zuletzt 1940, zum Fort St. Michel. Heute kann man das obere Fort besichtigen. Die weittragenden Kanonen wurden nach dem Abzug der französischen Marine unschädlich gemacht. Von hier aus wurde 1940 auf Schiffe geschossen, die Soldaten des Generals de Gaulle an Bord hatten und Dakar besetzen wollten. Der kommandierende französische Admiral in Dakar rechtfertigte sich nach dem Krieg, die Schiffe hätten britische Kriegsflaggen geführt. De Gaulle hat von London aus angeordnet, das Unternehmen einzustellen, um einen Bruderkrieg zwischen Franzosen zu vermeiden. Bis 1944 blieb Dakar und damit Französisch-Westafrika auf der Seite der Regierung von Vichy.

Die Stadt Gorée ist der Typus einer französischen Kolonialstadt der ersten Hälfte des 19. Jhdts.: regelmäßiger Grundriß, rechtwinklig sich schneidende Straßen, ein großer Zentralplatz am Hafen für Militärparaden und Militärkonzerte sowie rings herum Gasthäuser. Die Bewohner von Gorée waren zum größten Teil Christen und die **Stadtpfarrkirche,** 1825 bis 1829 erbaut, wurde den Kirchen der französischen Gegenreformation nachgeahmt und dem Hl. Karl Borromäus geweiht, zu Ehren des damaligen französischen Königs Charles X. Bereits 1482 hatten die Portugiesen auf der Insel eine Kirche erbaut, die kleiner war als die jetzige Kirche und abwechselnd nach dem Bau der neuen Kirche als Magazin, Schmiede, Bäckerei, Gefängnis, Fischhandlung, Krankenstation gedient hat und neuerdings Polizeiposten ist.

Im 1777 erbauten Haus der Signara Victoria Albir befindet sich das **Historische Museum.** Diese vornehme Dame bezog ihre Haupteinnahmen aus dem Sklavenhandel. Im Untergeschoß des Hauses waren die Sklaven, die sie vom Festland gekauft hatte und so lange unterbrachte, bis sie auf ein Schiff verkauft werden konnten. Zur Straße hin hatten diese Räume ursprünglich keine Öffnungen und der Innenhof ist auch nicht sehr groß. In den oberen Räumen wohnte die Signara mit ihrem Bedienungspersonal. Als „gute Christin" legte sie u. a. größten Wert auf den Besuch der weihnachtlichen Mitternachtsmette (wie auch die anderen Signaras, die es in Gorée gab). Um in ihrem Galaornat nicht in etwaigen Schmutz auf der Straße zu treten, trugen die Diener Laternen neben ihr. Diese waren oft kunsthandwerklich gestaltet, denn die einzelnen Signaras wollten sich in Pracht überbieten. Daraus entstand das heutige Folklore-Fest „Fanal", welches in Dakar zu Ostern gefeiert wird und Zehntausende von Menschen anzieht. Im Historischen Museum sind Gegenstände aus der Glanzzeit der Goldenen Reede zu sehen.

Völlig anders ist das **Meeresmuseum,** wo Geräte und Meerestiere gezeigt werden. Es wurde nach dem Vorbild des Meeresmuseums von Monaco eingerichtet, verständlicherweise bescheidener.

Im ehemaligen **Gouverneurspalast,** einem Bau im Stil Napoléon III., wie man solche in einer französischen Sous-Préfécture finden kann, ist jetzt ein Hotel mit Restaurationsbetrieb eingerichtet. Man muß Verständnis aufbringen, wenn die Direktion darum bittet, mit Süßwasser sparsam umzugehen. In der Nähe befindet sich die **„Hostellerie du Chevalier de Boufflers",** ein gepflegtes und teures Feinschmeckerrestaurant. Der Ritter de Boufflers wurde 1786 zum Gouverneur von Gorée und den damaligen Besitzungen Frankreichs in Westafrika ernannt. Er soll wegen Frauengeschichten in Frankreich zu diesem Ehrenposten der Verbannung gekommen sein. Es steht nicht fest, ob er wegen seiner literarischen Tätigkeit oder aus anderen Gründen zum Mitglied der Académie Française in Paris gewählt wurde.

Die Eingesessenen von Gorée waren — ebenso wie jene von Dakar, Rufisque und St. Louis — bereits vor dem ersten Weltkrieg französische Staatsbürger mit vollen Rechten, sie konnten einen Abgeordneten in das Französische Parlament wählen. Zunächst waren dies zugewanderte Europa-Franzosen, bis der in Gorée geborene **Blaise Diagne** es wagte, als Kandidat aufzutreten, und gewählt wurde. Er war der erste Negroafrikaner, der im Palais Bourbon saß. Während des ersten Weltkrieges, als Paris großen Wert auf die Kampfkraft der negroafrikanischen Soldaten legte, wurde Blaise Diagne sogar Unterstaatssekretär im Ministerkabinett. Sein Geburtshaus und ein zu seiner Ehre errichtetes Denkmal sind auf Gorée zu sehen.

Die räumliche Enge hatte zur Folge, daß Dakar immer mehr Gewicht bekam. 1929 wurde Gorée in die Stadt Dakar eingemeidet. Seitdem die französischen Soldaten abgezogen sind, lebt Gorée hauptsächlich vom Fremdenverkehr. Nach dem Handel, den Sklaven, der Verwaltung und dem Militär, kommen jetzt die Touristen, teils in Massen, teils auch als solche, die einen Tag der westafrikanischen Geschichte widmen wollen.

4. Umgebung von Dakar im Norden

Wohin man auch von Dakar in das Innere gelangen will, muß man über **Rufisque** fahren. Das portugiesische Rio Fresco war zeitweise der wichtigste Umschlagplatz für den Handel an der Küste des heutigen Senegal, hatte eine katholische Pfarrei und eine israelitische Kultusgemeinde. Das Fort Faidherbe (heute Leuchtturm) und die Pfarrkirche stammen aus den sechziger Jahren des 19. Jhdts., die alten Bürgerhäuser aus der Wende vom 19. zum 20. Jhdt. Rufisque als Handelszentrum hatte noch im 19. Jhdt. mehrere Honorarkonsule, darunter auch einen Konsul des Bismarck'schen Deutschen Reiches. Heute ist es zu einem Industriezentrum geworden (Zementfabrik, Staatsdruckerei, Fischverarbeitung u. a.).

Kurz nach Rufisque und vor dem Ort **Bargny** sieht man rechterhand zwischen der Straße und dem Meer eine Saline, die nach alter Weise von Frauen betrieben wird. Sie graben Löcher und gewinnen auf einfachste Art Salz, welches an Ort und Stelle verkauft wird. Nach dem Ort Bargny liegen gleich neben der Straße die größten Steinbrüche Senegals. Durch Bruchtektonik wurden hier im Tertiär und noch später neben Sandstein harte Kalke emporgehoben, die als Baustein verwendet werden (z. B. am Unabhängigkeitsplatz in Dakar zu sehen).

Bei der Straßenabzweigung geht es links Richtung St. Louis und man kommt nach **Sébikotane,** wo man die Ranch Filfili besichtigen kann. Ein libanesischer Unternehmer errichtete hier eine Obst- und Gemüsepflanzung mit Hühnerhof und Verarbeitungsbetrieb. Damit wird ein Kaufhaus in Dakar mit Frischwaren beliefert. Bei der nächsten Kreuzung verläßt man die Hauptstraße und biegt links ab. Auch hier sind Obstpflanzungen zu sehen, vielfach Eigentum von Leuten in Dakar, die auf das Grundstück einen armen Verwandten gesetzt haben. Nach alter Tradition ist z. B. ein höherer Beamter verpflichtet, für seine arme Verwandtschaft zu sorgen. Wer es sich leisten kann, ein Grundstück außerhalb von Dakar zu kaufen, setzt die Verwandten auf einen solchen Besitz, erlaubt ihnen Erdnüsse, Makabo u. a. Nahrungsmittel anzubauen. Daneben werden Obstbäume gepflanzt und nach einigen Jahren gibt es einen Ertrag für den Eigentümer des Grundstücks.

Bevor man in den Fischerort **Kayar** kommt, sieht man rechts einen See, der früher eine Meeresbucht war, heute immer mehr verlandet. Kayar selbst ist ein bedeutender Fischerort. Eine Meeresrinne, „canyon" genannt, greift hier vom Atlantik weit in den Kontinentalsockel. In der tiefen Meeresrinne ist das Wasser kalt, auf den umliegenden seichten Teilen des Meeres ist das Wasser warm. Dieser Temperaturunterschied des Wassers hat zur Folge, daß es eine große Zahl von Fischen gibt. Die Fischer leben teils ganzjährig hier, teils handelt es sich um Saisonfischer, die nur zu bestimmten Jahreszeiten in Kayar weilen. Die kunstvoll geschmückten Holzboote haben heute meistens abmontierbare Motoren. Am feinen weiß-gelblichen Sandstrand warten viele Menschen auf die Rückkehr der Boote, um frische Fische zu kaufen. Als Fremder ist man erstaunt über die Vielzahl der Ficharten.

Von Kayar geht es zurück zur ersten Straßenkreuzung und von dort links, vorbei an Maniokfeldern zu einem Salzsee, der meistenteils ohne Wasser ist. Gelegentlich sieht man Leute damit beschäftigt, das Salz der Oberfläche zusammenzukehren und auf Esel aufzuladen. Weiter kommt man zum Ort **Mboro** und von dort links abzweigend an einem kleinen See vorbei zum schönen **Badestrand** „**Mboro-sur-Mer**". Östlich von Mboro befindet sich das Phosphatbergwerk **Taiba**.

Die Rückreise nach Dakar kann man auf dem kürzeren Weg über **Sangalkam** antreten.

5. Umgebung von Dakar im Süden

Von Dakar geht es über Rufisque und 12 km danach nimmt man die Abzweigung rechts. Auf kalkigem Boden wachsen Affenbrotbäume (Baobab; Adansonia) mit mächtigem Umfang. Der bisherige Rekord in 1 m vom Boden entfernt liegt bei 23 m. Pisten oder Asphaltstraßen führen rechts ab zum Meer in die Fischerdörfer: Yenne-sur-Mer, Popenguine (Wochenendhaus des Staatspräsidenten) und Ngaparou. In **Mbour** kommt man an das Meer (Hotel, Fischerhafen, Andenkenverkäufer, Geschäfte).

Während die Hauptstraße Kaolack-Casamance im Landesinnern weiterführt, schlägt man die Küstenstraße Richtung **Nianing** ein. Links der Straße befindet sich das allgemein zugängliche Erholungszentrum mit Restaurant, etwas weiter rechts der exklusive Club Aldiana mit schönem Sandstrand, Schwimmbecken, Tennisplätzen, Reitbahn, Bar, Restaurant usw. Zum Teil wurden die Unterkünfte in Form afrikanischer Rundhütten gebaut und mit Klimaanlagen versehen. Diese Touristenstadt ist für 1500 Feriengäste geplant. Zwischen Lagune und Stranddüne hat man versucht, die vorhandenen Bäume zu erhalten. Es ist falsch, hier von einem Urwald zu sprechen. Die Affenbrotbäume wachsen dort sehr gut auf dem Kalk, die Blätter werden gern als Beigaben für das einheimische Standard-Essen „Reis mit Fisch" verwendet, da sie Kalk enthalten. Aus dem gleichen Grund werden die Früchte des Affenbrotbaumes gelutscht oder gekaut.

Nach Nianing weiter in südöstl. Richtung kommt man an **Ngazobil** vorbei, wo in der katholischen Mission noch vor dem 1. Weltkrieg ein Gymnasium errichtet wurde. Hier sollten künftige Geistliche und führende Laien ausgebildet werden. Zu den Schülern dieser Anstalt gehörte auch der Staatspräsident Leopold S. Senghor. In seinen Erinnerungen schreibt er, wie ihn die elsässischen Professoren beeindruckt haben, wie er während des 1. Weltkrieges von den deutschen Soldaten beigeistert war. Man kommt in das Städtchen **Joal** (früher Joal-la-Portugaise), einen wichtigen Handelsort im 15., 16. und teilweise noch im 17. Jhdt. Hier lebten zahlreiche christliche und mosaische Portugiesen als Vermittler zwischen den Afrikanern und den europäischen Schiffen. Gehandelt wurden vor allem Häute, Wachs, Elfenbein, Reis und gelegentlich Gold, nach den Forschungen des Historikers Jean Boulègue.

Von Joal geht es über einen Steg in das Dorf **Fadiouth,** eine Insel, die gänzlich aus Muscheln besteht, meist Arca senilis. Jahrhunderte hindurch haben hier Menschen Muscheln ausgenommen, den Inhalt getrocknet und die Hüllen weggeschmissen. Nach vorläufiger Datierung gehen die ältesten Muscheln auf das Jahr 400 n. Chr. zurück. Allmählich bildeten sich Inseln, einige von ihnen wurden als Grabstätten benützt, einige wurden zu festen Fischersiedlungen. Das Dorf Fadiouth wird von katholischen Serer-Fischern bewohnt, deren Ahnen sich als Minderheit aus religiösen Gründen auf der schwer zugänglichen Muschelinsel niedergelassen haben. Das Dorf und die Kirche zeigen das Eigenleben einer Minderheit, die um ihr Dasein kämpft. Der Friedhof auf einer anderen Insel ist über einen neuen Steg zu erreichen. Die Gräber in den Muscheln haben das christliche Kreuzzeichen, dem man oft Weihwasser beigegeben hat, manchmal sogar in Whisky-Flaschen.

Man muß nach Joal zurück, hat vielleicht noch Zeit, einen Abstecher in das Fischereiinstitut zu werfen oder zumindest die originelle Art des Fischräucherns am Strand zu beobachten. Wenn die Fischer mit ihrem Fang ankommen, legen die Frauen ihn schön Kopf an Kopf, Schwanz an Schwanz in den Sand des Ufers. Dann kommt Stroh darauf, das Stroh wird angezündet und die Fische sind geräuchert. Vielleicht wird man auch zu den frischen Austern greifen, die zwischen Fadiouth und Joal gezüchtet werden.

6. Dakar — Saint Louis

Für diese Reise muß man mit mehreren Tagen rechnen. Von Dakar geht es über Rufisque nach Osten und dann in östl. Richtung (bei der Straßenabzweigung links) erst durch flaches Jungschwemmland zur „Falaise von Thiès" mit einem relativen Unterschied von 80 bis 100 m. Im einst mächtigen Reich Kayor planten die Franzosen eine Eisenbahnverbindung von St. Louis nach Dakar. Irgendwo an dieser Strecke sollte eine Abzweigung für eine Bahn Richtung Sudan—Niger gefunden werden. Dafür hatten sich die Eisenbahningenieure das Dorf **Thiès** mit seinem kleinen französischen Militärposten ausgesucht. Aus einer kleinen Haltestelle der Bahn Dakar-St. Louis wurde 1907 Thiès zum Ausgangspunkt der Eisenbahn nach Bamako und Kulikoro (Mali). In Thiès wurden die Bahnwerke erbaut und so nennt sich die Stadt stolz „cité du rail" (= Stadt der Schienen). Heute ist Thiès die drittgrößte Stadt der Republik Senegal, die neben der vorherrschenden Verkehrsfunktion auch ein Industrie- und Handelsort ist. Die Bevölkerung dieser relativ jungen Stadt setzt sich aus verschiedenen Ethnien zusammen. Das Verwaltungsviertel wurde als französische Militärbasis mit einem großen Biwakplatz angelegt, das Geschäftsviertel zeigt eine uneinheitliche Bauweise, denn die von den Franzosen ausgemessenen Grundstücke wurden teils von großen Firmen, teils von kleinen Krämern eingenommen. Noch größer ist der Unterschied in den Häusern der Angestellten der Eisenbahn und jener, die aus dem Innern kamen und als Stadtproletariat Notunterkünfte errichtet haben.

Tivaouane (Tiwawan) wurde von den Franzosen als „escale", d. h. Marktort errichtet, damit die Truppen bei Verschiebungen zu Verpflegung kommen können. Die schattenspendenden Bäume am Marktplatz (heute zum Teil abgeholzt) sollten sowohl den Erdnußhändlern wie den Soldaten zugute kommen. Hier ist der Sitz des Generalkalifen der islamischen Tidjani-Bruderschaft. Zu der jährlichen Wallfahrt („Gamu") kamen in den letzten Jahren jeweils mehr als 100 000 Menschen. Entlang der Eisenbahnlinie Thiès—Louga führten die Franzosen den Erdnußanbau für den Export ein, man nannte das Gebiet „bassin arachidier". Durch Bodenerosion, Sandanwehungen und ungenügende Niederschläge wurde das Land ärmer. Das zeigt auch das Bild der kleinen Marktorte, deren Bedeutung in den letzten Jahren abgenommen hat. Vor der französischen Besetzung war **Kelle** (Kellé) der wichtigste Ort als Sitz des Königs („Damel") von Cayor. Dieser Herrscher hat sich lange gegen das Eindringen der Franzosen gestemmt, war gegen den Bau der Eisenbahn, doch seine Truppen waren machtlos gegen die französischen Kanonen und Maschinengewehre.

Von **Louga** (Luga), einem bedeutenden Marktort für Erdnüsse, Gummi, Tiere, Häute, kommt man in eine weniger fruchtbare und dünner besiedelte Landschaft und in das Mündungsgebiet des Senegal-Flusses. Durch die Meeresströmungen wird laufend Sand aus dem Norden angeschwemmt und dadurch die Flußmündung verbaut. Gelegentlich bricht das Wasser des Senegals diese schmale Sandzunge durch, daher wird die Mündung immer wieder verlegt. Nur unter großen Schwierigkeiten können Schiffe vom Meer in den Senegal fahren. Einst war der Fluß eine wichtige Wasserstraße in das Innere, sowohl für den Handel wie für die kolonialen Eroberungen. Heute besteht nur noch ein sehr bescheidener Schiffverkehr, die einst blühenden Flußhäfen Rosso,

Dagana, Podor, Boghé, Kaedi, Matam erreicht man während der langen Trockenzeit bequemer auf der Straße.

Saint-Louis ist die bedeutendste Stadt des nördl. Senegal. 1659 gründete hier der Franzose Louis Caullier eine Faktorei mit Kapelle und Gemüsegarten, ließ eine Lehmmauer um die Faktorei errichten und nannte die neue Siedlung Saint-Louis-du Sénégal zu Ehren des französischen Königs Ludwig XIII. Aus diesen kleinen Anfängen entstand allmählich eine Stadt, welche in der Art der Bebauung und in der sozialen Struktur der Bevölkerung eigene Formen entwickelt hat. St. Louis wurde zum Sitz des französischen Gouverneurs, eines katholischen Bischofs, höherer Schulen, zum Ausgangspunkt der Verkehrswege. Als 1907 der französische Generalgouverneur für Westafrika seinen Sitz nach Dakar verlegt hatte, verlor St. Louis allmählich seine Bedeutung. Bis 1960 residierten hier die Gouverneure von Senegal und Mauretanien, danach schien es mit der Bedeutung der Stadt völlig aus zu sein. Die Regierung der Republik Senegal bemüht sich, St. Louis am Leben zu erhalten, daher wurden u. a. das internationale Dokumentationszentrum des OERS (Senegalanrainerstaaten) und vor allem mehrere höhere Schulen errichtet. Es ist geplant, die Juristisch-Volkswirtschaftliche und die Philosophische Fakultät der Universität Dakar nach St. Louis zu verlegen.

Das heutige Stadtbild ist nach 1816 entstanden, als der Gouverneur Schmaltz begann, Häuser aus Backsteinen zu errichten. Vom Festland (Stadtteil **Sor**) gelangt man über ein 506 m lange Brücke (pont Faidherbe, 1897 erbaut, 1931 erneuert) auf die Insel, den Kern der Stadt. Rings um den Hauptplatz wurden Gouverneurspalast, Stabsgebäude, Offizierskasino ... errichtet, etwas abseits die katholische **Kathedrale** (1827). Die zweigeschossigen Bürgerhäuser beherbergten im Erdgeschoß Diener und Sklaven, im Obergeschoß die Herren, vielfach „Signaras" — reiche Händlerinnentöchter europäischer Väter und afrikanischer Mütter. Die Euro-Afrikaner bildeten das vornehme Bürgertum, hatten bereits 1778 ihren eigenen Bürgermeister und waren französische Staatsbüger. Zusammen mit jenen von Rufisque, Gorée und dem damals noch kleinen Dakar wählten sie einen Abgeordneten in das Pariser Parlament. Aus dem Bürgertum von St. Louis stammen viele hervorragende Persönlichkeiten, wie z. B. der katholische Bischof Dodds († 1972). An der Südspitze der Insel befindet sich das **Museum** mit wertvollen ethnologischen Exponaten. Im gleichen Gebäude ist das **Forschungsinstitut CRDS** (früher IFAN-Sénégal bzw. Centre Michel Adanson) untergebracht, mit einer umfangreichen Bibliothek.

Über die alte Servatius-Brücke kommt man auf die Halbinsel **Langue de Barbarie** mit dem alten Fischerdorf Guet Ndar und dem merkwürdigen Friedhof der Fischer, wo man die Gräber der

Toten mit Fischernetzen, Whiskyflaschen u. ä. geschmückt hat. Vom Postamt aus auf der Insel nach der Faidherbe-Brücke kann man die Insel und die Halbinsel gut zu Fuß besichtigen.

In der Umgebung lohnt sich eine Fahrt in das Fischerdorf **Gandiole**, etwa 30 km südlich. Während der Trockenzeit kann man in das Senegal-Delta fahren und eines der neu angelegten Dörfer besichtigen, in denen man versucht, durch Bewässerung moderne Landwirtschaft zu betreiben.

7. Dakar — Ferlo

Dakar—Rufisque—Thiès wie beschrieben, dann Asphaltstraße nach Osten. Ursprünglich herrschte hier Baumsavanne mit Akazien. Zu Beginn unseres Jahrhunderts wurde rücksichtslos gerodet, um Erdnußanbau zu betreiben. Heute sind viele Böden erschöpft, besonders infolge ungenügender Regen. In **Bambey** befindet sich eine landwirtschaftliche Versuchsanstalt, wo verschiedene Pflanzensorten selektioniert werden und man Versuche mit Zugtieren macht. **Diourbel** (Diurbel) ist das Verwaltungszentrum des Gebietes und ein bedeutender Handelsort. Hier hat die BRD mit Geldern der Entwicklungshilfe ein modernes Krankenhaus erbaut, welches den Namen „Heinrich Lübke" trägt. **Touba** (Tuba) ist der geistige Mittelpunkt der islamischen Bruderschaft der Muriden. Ahmadu Bamba gründete 1886 diese Siedlung (Tuba = arabisch: Glück) nachdem er als dunkelhäutiger Senegalese eine gründliche Ausbildung in arabischer Sprache und koranischer Lehre in Mauretanien erfahren hatte. Er war ein tiefgläubiger Mensch, ein großer Gelehrter und ein feinfühliger Dichter. Im Gegensatz zu anderen islamischen Bruderschaften hat Bamba betont, daß Arbeit ein Teil der religiösen Pflichten sei. Seine Anhänger („Talibe") haben sich mit Eifer auf Rodung und Erdnußbau gestürzt. Die französischen Kolonialbehörden konnten diesen neuen Glaubenseifer nicht begreifen und begannen ab 1891, die Muriden zu verfolgen. 1895 wurde Scheik Ahmadu nach Gabun deportiert, wo er in arabischer Sprache religiöse Werke schrieb. 1902 durfte er in die Heimat zurückkehen, doch schon sechs Monate später wurde er nach Mauretanien verbannt. 1907 gestattete man ihm die Rückkehr nach Senegal, wo ihm Toieenne als Wohnsitz zugewiesen wurde. Er durfte höchstens 20 Hütten bauen und höchstens 50 Menschen um sich haben. Besucher wurden nur zugelassen, wenn der französische Administrator dazu die Erlaubnis gab. 1912 durfte sich Scheik Bamba in Diourbel niederlassen, immer noch unter strenger Aufsicht der Behörden. Nach dem 1. Weltkrieg wurde ihm feierlich der Orden der französischen Ehrenlegion verliehen, weil er Soldaten für die französische Armee angeworben hatte. Nach seiner Anerkennung als Generalkalif bekam seine Schule einen großen Zulauf und seine Maxime „Gebet und Arbeit" fand zahlreiche Anhänger. Nach seinem Tod folgten ihm seine Söhne als Generalkalifen der Muriden, das Grab Scheik Bambas wurde zu einer großen Sehenswürdigkeit. Aus Spenden der Muriden entstand in Tuba eine Moschee mit fünf Minaretten nach dem Vorbild der Moschee von Medina in Arabien, aber bezeichnend für den negroafrikanischen Islam, mit einem Gebetsraum für Frauen (Maqsura). Diese Moschee ist das Ziel der großen jährlichen Muriden-Wallfahrt, zu der Anfang 1973 mehr als 300 000 Menschen gekommen sind.

Bis **Dahra** ist die Straße asphaltiert. Hier befindet man sich bereits in der Landschaft Ferlo. Viehzüchter und Bauern haben das ursprüngliche Pflanzenkleid zerstört, die Wüstenbildung schreitet voran. Im großen Trockenjahr 1972 gingen tausende von Rindern ein, mangels Gras und Wasser. Alles verlangt nach Brunnen, wird jedoch ein solcher gegraben oder erbohrt, so wird — nach Erfahrung der landwirtschaftlichen Versuchsanstalt von Dahra — 15 km rings um eine neue Wasserstelle sämtliche Vegetation vernichtet.

Auf einer Sandpiste kann man in das kleine **Linguère** (wörtlich „Königin") kommen, durch Wassermangel zu einer Bettlerin geworden. Ebenfalls auf einer Sandpiste kann man bis **Matam** durch den Ferlo fahren, eine recht eintönige Landschaft. Von dort kommt man auf einer neuen Asphaltstraße, die ganz auf „Diyeri" d. h. trockenen Böden verläuft, von wo während der Trockenzeit Abstecher in das „Walo" (Senegaltal) möglich sind, nach **Richard Toll** (Zuckerrohrplantagen, Zuckerfabrik) und Saint Louis.

8. Niokolo — Koba

Von Dakar über Rufisque und Mbour kommt man in das Land der Serer, jener bodenverwurzelten Bauern, die eine besondere landwirtschaftliche Technik entwickelt haben. Die Acacia albida, erkenntlich an ihrer weißen Rinde, spielt eine große Rolle bei der Felddüngung. Die Stadt **Kaolack** am Fluß Salum ist ein alter Handelsort, entstanden an jener Stelle, bis zu der es möglich war, mit kleineren Schiffen in das Landesinnere zu gelangen. Heute spielt die Schiffahrt kaum eine Rolle, wohl aber noch die Salzgewinnung. In der Stadt ist der Markt mit seinen Suks sehenswert.

Die Straße führt in östlicher Richtung meist direkt neben der Eisenbahnlinie Dakar—Bamako. Die kleinen Bahnhöfe beleben die Landschaft, die meist rötliche ferralitische Böden aufweist, sonst jedoch ziemlich eintönig ist.

Oben: Normalschule in Atakpamé/Togo. Foto: Information Togo
Unten: Jugend will lernen und paßt gut auf. Foto: Information Dahomey →

Tambakunda entstand während des Baues der Eisenbahn als Lager für die Arbeiter und das Material. Dank seiner günstigen Lage zum östlichen Gambia und zum nördlichen Guinea entwickelte sich hier eine regional bedeutende Handelsstadt. Als sich Guinea und Mali wirtschaftlich von Senegal isolierten, verlor Tambakunda an Bedeutung.

Der **Nationalpark NIOKOLO-KOBA** wurde nach dem ersten Weltkrieg als Pflanzenschutzzone errichtet. Am Oberlauf des Gambia und seines Nebenflusses Niokolo-Koba wurde verboten, Holz zu schlagen. Man befürchtete ein Austrocknen des östlichen Senegalgebiets. Die Waldreserve sollte dem entgegenwirken. Allmählich vermehrt sich der Tierbestand und 1950 wurde das 250 000 ha große Gebiet zu einem Nationalpark. Er hält keinen Vergleich mit den ost- und südafrikanischen Tierreservaten aus. Der Bestand an Antilopen, Affen, Büffeln, Elefanten, Löwen, Hyänen usw. ist zwar nicht gering, aber die Tiere sind im allgemeinen sehr scheu. Der Grund dafür ist entweder im schlechten Anlegen der Buschfeuer oder in der ungenügenden Parkaufsicht zu suchen. Während der Regenzeit sind die Tiere im Park weit zerstreut und während der Trockenzeit ziehen sie sich in die Nähe der Wasserstellen zurück. Am besten eignet sich für einen Besuch das Ende der Trockenzeit, wo man noch die meisten Aussichten hat, Tiere zu sehen.

Im westlichen Teil des Parks findet man eine verhältnismäßig dichte Vegetation mit Bäumen der „Guinea-Regenwaldzone" und Bambusen. Hier kann man vor allem Affen, Antilopen und Warzenschweine sehen. Die Besucher können entweder im Campement Bady — außerhalb des Parks — übernachten oder im Hotel Simenti bzw. in Jagdhütten innerhalb des Parks. Ein kleiner Flugplatz in der Nähe des Hotels ermöglicht die Landung von Sportmaschinen und wird von Besuchern benutzt, die wenig Zeit und mehr Geld haben. In der Nähe des Hotels sieht man im Gambiafluß Nilpferde, seltener Krokodile.

Im östlichen Teil des Parks ist es trockener. Das Pflanzenkleid besteht aus Euphorbien, Akazien und Gräsern. Hier ist vor allem das Gebiet der Elefanten und der Antilopen. Übernachtungsmöglichkeit gibt es im Campement Niokolo-Koba.

Es besteht kein Zwang, einen Führer in den Park zu nehmen, doch man findet sie im Hotel und in den Campements.

Oben: Dorf im Küstengebiet von Ghana mit Rechteckhäusern, Wellblechdächern, Kokospalmen und dem Glockenturm einer christlichen Kirche. Foto: KNA
Unten: Der Islam verbreitet sich gerade in Ober-Volta sehr stark

9. Casamance

Um in die vielbesungene „grüne Casamance" zu kommen, gibt es drei Landwege: von **Tambakunda** über **Velingara** und **Kolda**, über **Kaolack** und **Banjul** oder schließlich auf der meist benutzten Strecke **Kaolack—Nioro du Rip—Bignona**.

Im Sine-Salum-Gebiet sieht man häufig entlang der Straße große Steinblöcke, bis zu 2,5 m hoch, oft kreisförmig angeordnet. Es handelt sich um Grabsteine, deren Erbauer unbekannt sind. Auf jeden Fall wurden diese Megalithe nicht von den heutigen Bewohnern des Landes erstellt, sondern von Menschen, die im 14. Jhdt. von den Mandingo unterjocht wurden und verschwunden sind. Die Steine sind mindestens 500 Jahre alt.

Südlich des Gambiaflusses wechseln Savanne, Regenwaldhaine und Mangroven, Büsche und Bäume mit Stelzwurzeln ab. Am Casamancefluß kommt man über eine Fähre nach **Ziguinchor/Siginschor**, dem Hauptort der Casamance. Diese verträumte alte Kolonialstadt wurde Anfang des 16. Jhdts. von den Portugiesen erbaut als Handelsniederlassung am Casamancefluß, uzw. an der Stelle, bis zu der die damaligen Seeschiffe bequem landeinwärts fahren konnten. Heute hat der Hafen nur geringe Bedeutung. Die Stadt hat mit ihren Baumalleen, den ein- und zweigeschossigen Häusern, den Geschäften, Banken, Hotels usw. ein gefälliges Aussehen. In der katholischen Kathedrale oder im Großen Seminar kann man Gottesdiensten mit afrikanischer religiöser Musik beiwohnen, vorausgesetzt, man ist selbst dezent gekleidet. Es ist dabei möglich, Tonbandaufnahmen zu machen.

Lohnend ist eine Fahrt nach **Cap Skirring** am Atlantischen Ozean. Das Landschaftsbild ist völlig verschieden von dem in den anderen Gebieten Senegals, denn hier ist es auch noch während der Trockenzeit weitgehend grün. Neben den hohen Wollbäumen mit ihren „Brettwurzeln" fallen vor allem die vielen Ölpalmen auf, an denen ab und zu Kalebassen hängen, um Palmwein zu sammeln. Man sieht hier viele christliche Missionsstationen und daneben Schulen und Dispensarien. Besonders reizvoll sind die „Heiligen Haine", die man wohl fotografieren kann, aber nicht betreten soll. Man muß sich vorstellen, daß vor 500 oder 600 Jahren dieser Teil der Casamance noch ein geschlossenes Waldgebiet war. Durch eine Vermehrung der Bevölkerungsdichte wurde immer mehr Wald gerodet, so daß die Häuptlinge dazu übergegangen sind, in einzelnen Teilen des Waldes das Holzschlagen zu verbieten. Die „Heiligen Haine" wurden zu Erinnerungsstätten an die Ahnen. Die modernen Verwaltungsbehörden haben diese Art der Waldkonservierung sehr begrüßt. Viele kleine Stämme und Klans bewohnen die grüne Casamance, so die Bainuk, Mandjak, Balante, Ussuj, Flup, am zahlreichsten sind die Diola. In den

Hausformen, Haus- und Wirtschaftsgeräten, Kleidung, Musik und Tänzen kann man noch vieles vom alten negro-afrikanischen Kulturgut sehen. Die Menschen sind freundlich und man kann in die Höfe gehen. Andererseits ist es jedoch nicht ratsam, südlich des letzten Teils der Straße vor **Kabrusse** zu campieren. In diesem Abschnitt ist die Straße die Grenze zwischen Senegal und Portugiesisch-Guinea, ein Eindringen in portugiesisches Territorium könnte zu unnötigen Komplikationen führen. Nach dem Ort Kabrusse (Kabrousse) führt die Straße in nördlicher Richtung. Man kann entweder bis zu den Hotels und Wochenendhäusern des Cap Skirring fahren oder sich eine eigene Bucht zum Baden aussuchen.

Gambia

Der kleinste Staat Afrikas besteht aus einem schmalen Gebietsstreifen am Gambiafluß, 10 bis 15 km rechts und links des Flusses und rund 400 km landeinwärts ausgreifend. Die Staatsfläche wird nach den letzten amtlichen Unterlagen mit 11 295 qkm und nicht mehr mit 10 350 qkm angegeben.

Hauptstadt ist Banjul (früher: Bathurst), Amtssprache Englisch. Im Ausland wird Gambia meist von der Republik Senegal vertreten. Die Botschafter der Bundesrepublik Deutschland, Österreichs und der Schweiz in Dakar sind zugleich in Gambia akkreditiert.

Bevölkerung und Geschichte

Die **Einwohnerzahl** beträgt nicht ganz 350 000, was einer Dichte von etwa 30 E/qkm entspricht. Die Hälfte der Bevölkerung ist jünger als 21 Jahre.

Es besteht keine ethnisch-sprachliche oder religiöse Einheit. Die wichtigsten **ethnischen Gruppen** sind die Mandingo (41%), Fulbe (14%), Wolof (13%), Diola (7%), Serahuli (7%). Nach dem **Religionsbekenntnis** gibt es: Moslims (57%), Animisten (36%) und Christen (7%, davon die Hälfte katholisch und die andere Hälfte anglikanisch, methodistisch und baptistisch).

Im 10. und 11. Jhdt. gehörte das Gebiet des heutigen Staates Gambia zum Reich Gana, danach zum Reich Mali. Ende des 15. Jhdts. errichteten die Portugiesen Handelskontore am Gambiafluß. Dreihundert Jahre lang folgten Kämpfe zwischen Portugiesen, Niederländern, Engländern und Franzosen um den Besitz der Gambia-Mündung.

Es ist wenig bekannt, daß zeitweise Gambia eine Kolonie des deutsch-baltischen Herzogtums **Kurland** war. 1651 schlossen die

Bevollmächtigten des Herzogs Jakob Verträge mit den Königen von Bara (nördl. des Flusses) und Kombo (südl. davon). Auf der Insel St. Andreas wurde eine große Festung gebaut, im Gebiet der heutigen Stadt Banjul (damals Banjol geschrieben) eine kleine. Die Zusammenarbeit zwischen den Kurländern und den Afrikanern war sehr gut. Dazu hat vielleicht die „Instruction" beigetragen, die Herzog Jakob dem Pastor Gottschalk Eberling mitgegeben hat und wonach er u. a. angewiesen wurde, die Sprache der Menschen am Gambia zu erlernen, stets höflich und freundlich aufzutreten, nicht gescheiter sein zu wollen als die Afrikaner und keine religiösen Kontroversen aufkommen zu lassen. Der Gouverneur Otto Stiel verstand sich sehr gut mit den Königen von Bara und Kombo, die mit Herzog Jakob in Briefwechsel standen und selbst eine Gesandtschaft nach Mitau schickten. Die europäischen Kriege des ausgehenden 17. Jhdts. wirkten sich auch in Gambia aus, wo die Engländer schließlich die Kurländer verdrängen konnten.

1816 gründeten die Engländer Bathurst und 1888 wurde Gambia eine britische Kolonie auf 76 qkm und ein britisches Protektorat auf 10 293 qkm. 1960 wurden Kolonie und Protektorat vereint, 1963 wurde Gambia die innere Autonomie von Großbritannien zugestanden. Am 18. Februar 1965 wurde der unabhängige Staat Gambia feierlich ausgerufen. Ein Jahr später sollte sich Gambia von Großbritannien lösen und zu einer Republik werden. In einer Volksabstimmung hat jedoch die Mehrheit der Wähler diesen Beschluß des Parlaments verworfen. Erst in einer zweiten Volksabstimmung Ende April 1970 waren 84 968 Wähler für und 35 638 Wähler gegen die Republik, die dann am 24. April 1970 verkündet wurde.

Wirtschaft, Verkehr, Handel

Die wichtigsten Wirtschaftszweige sind **Landwirtschaft,** Viehzucht und Fischfang. In der landwirtschaftlichen Erzeugung steht die Erdnuß an der Spitze, in den letzten Jahren kam dazu Reis. Der Anbau von Hirse ist etwas zurückgegangen infolge der Umstellung in der Ernährungsweise. Um von der früheren Erdnuß-Monokultur wegzukommen, wird jetzt auch der Anbau von Knollengewächsen, Mais und Ölpalmen gefördert. Bei der **Viehzucht** stehen Rinder, Ziegen und Schafe an der Spitze. Infolge der veralteten Methoden der Viehzucht ist der Fleischertrag gering und könnte wesentlich gesteigert werden. Auch die **Fischerei** könnte wesentlich höhere Erträge liefern, doch es fehlen moderne Fischkutter und ausgebildetes Personal. Handwerk und Industrie sind noch sehr bescheiden.

Die Gunst des **Verkehrs** zu Wasser war der Grund dafür, warum England so beharrlich am Besitz dieses „Blinddarms" festhielt. Seeschiffe bis zu einem Tiefgang von 8,23 m können bis Banjul fahren. Drei Kaianlagen mit insgesamt 328 m Länge stehen zur Verfügung. Die Flußschiffahrt gliedert sich in drei Abschnitte: 1. Banjul—Kaur = 118 Seemeilen, geeignet für Schiffe mit einem Tiefgang bis 6,40 m, 2. Kaur—Kuntaur = 32 Seemeilen und 5,48 m Tiefe, 3. Kuntaur—Basse = 94 Seemeilen und 3,50 m Tiefe. Zwischen Banjul und Basse gibt es insgesamt 26 Anlegestellen, doch von Jahr zu Jahr nimmt die Zahl der Reisenden und die Menge der beförderten Waren auf den Flußschiffen ab. 1961/63 wurde mit Geldern der Entwicklungshilfe ein modernes Straßennetz erbaut. Neben den zwei Straßen, die von Kaolack in der Republik Senegal in die Casamance führen, sind es die zwei West-Ost-Verbindungen „North-Bank" und „South-Bank", d. h. die eine nördlich des Flusses und die andere südlich. Der einzige **Flugplatz** des Landes befindet sich in Yundum, 17 Meilen von Banjul entfernt.

Der **Binnenhandel** Gambias ist noch stark traditionsgebunden, ist zeitraubend und teuer. Der **Außenhandel** ist seit Jahren passiv, da noch immer rd. 80% aus Erdnüssen bestehen und deren Preis auf dem Weltmarkt in den letzten Jahren gesunken ist. In der Einfuhr dagegen erhöhte sich die Nachfrage nach modernen Industriegütern und nach verfeinerten Lebensmitteln. Der Schmuggel billig eingeführter Waren wie Zigaretten, Alkohol, der bei der langen Grenze mit Senegal blüht, bringt wohl den Händlern Gewinne, aber dem Staat kaum Einnahmen.

Auf der Reise

Die Amtssprache Gambias ist Englisch. Normalerweise sind die Einreiseformalitäten nicht kompliziert, sicherheitshalber kann man sich in Europa oder bei der Gambia-Botschaft in Dakar ein Visum geben lassen. Grundsätzlich werden Impfungen gegen Pocken, Gelbfieber und Cholera verlangt. Malariaprophylaxe wird dringend empfohlen. Geldwechsel soll man nur in öffentlichen Banken vornehmen bzw. in den Hotels. Bei der Einreise sollte man über Kleingeld verfügen.

Mit dem Kraftwagen

Erfreulicherweise hat Gambia auf Rechtsverkehr umgestellt, so daß es jetzt wesentlich leichter ist, zu fahren. Die Hauptstraßen sind asphaltiert und die Pisten im allgemeinen gut. Tankstellen gibt es im ganzen Land, die Reparatur- und Service-Werkstätten in der Hauptstadt gelten als verläßlich.

Wer von Dakar kommt bzw. einen in Senegal registrierten Wagen fährt, muß sich in der Handelskammer am Unabhängigkeitsplatz (Chambre de Commerce — place de l'Indépendance) Formulare besorgen, um zollfrei nach Gambia einreisen zu können.

Mitte 1973 betrugen die Gebühren für die Fähre von Bara nach Banjul: für einen PKW 12 Dalasi bzw. 1800 CFA-francs, für eine Person 0,25 Dalasi.

Sehenswürdigkeiten

1. Banjul

Die Hauptstadt Gambias ist noch eine der wenigen westafrikanischen Städte, in der man die „gemütliche Kolonialzeit" nacherleben kann. Wohl sind die Straßen geteert und sauber, aber die Häuser, Parkanlagen, alten Kanonen usw. vermitteln den Eindruck als hätte sich hier seit 100 Jahren wenig geändert. Die Plätze und Straßen haben noch ihre alten englischen Namen und die Ministerien sind in alten zweigeschossigen Gebäuden untergebracht, die erbaut wurden, um Schatten und Luftdurchzug zu spenden. Man kann gut zu Fuß einen Bummel durch die Altstadt vornehmen, kann einen Blick in die alten Faktoreien werfen, wo noch immer die Waren nach Posten („lots") an die Weiterverkäufer versteigert werden. Der zweite Spaziergang kann zum Hafen führen und der dritte westlich der Stadt am Fluß entlang in Richtung auf das offene Meer. Dort sieht man, wie die schlauen Diola-Fischer Angelruten mit Klingelsystem verwenden. Wenn ein Fisch anbeißt, klingelt es an der in den Sand gesteckten Rute.

In der Stadt gibt es mehrere ältere Hotels, die neuen Villenviertel und die neuen Hotels — vielfach von Schweden erbaut — befinden sich Richtung offenes Meer (Bakau, Cap St. Mary). Man ist dabei, noch weiter südl. an einem bislang sauberen Sandstrand neue Hotels zu bauen.

Unweit von Bara kann man eine Stelle mit Krokodilen sehen, ein armer Rest des einst krokodilreichsten Flusses in Westafrika.

2. Fahrt auf dem Fluß

Die Flußdampfer besitzen Kabinen, so daß man bequem von Banjul nach **Basse** und zurück fahren kann. Während der Fahrt wird man neben dem Treiben der Mitpassagiere auf dem Schiff auch die reiche Vogelwelt am Fluß beobachten können. In **Mansa Konko, Kaur** und **Kuntaur** gibt es keine besonderen Sehenswürdigkeiten, doch in **Georgetown** lohnt es sich, die Modellschule (früher Schule für Häuptlingssöhne) zu besuchen. Hier werden Absolventen einer Volksschule, nach bestandener Aufnahmeprüfung, für Tätigkeiten in praktischen Berufen, insbesondere in der Landwirtschaft, ausgebildet. In der Umgebung von Basse und Santa Su kann man u. a. Rundhütten der Wanderviehzüchter sehen, die ganz aus Stroh erstellt sind.

3. Fahrt südlich des Flusses

Im ersten Abschnitt ist die Straße sehr gut, im zweiten mäßig. Von **Banjul** geht es über **Yundum** nach **Brikama,** einem kleinen Handelsort, der an den Markttagen sehenswert ist. Entlang der Straße wechseln Dörfer mit großen Ernußfeldern und immerfeuchten Wäldern. Man kann hier Antilopen, Affen und Warzenschweine sehen. In **Mansa Konko** kommt man auf die Straße Kaolack—Casamance. Weiter östl. wird das Landschaftsbild noch vielfältiger. Bei kleinen Abstechern von der Hauptstraße kann man den auffallenden Unterschied zwischen der saftig-grünen Vegetation am Fluß und dem trockenen Grasland in den höheren Lagen feststellen. Fischer, Bauern und Viehzüchter wohnen hier und haben ihre Siedlungen jeweils verschieden gestaltet.

Guinea-Bissau

Portugiesisch-Guinea oder wie man heute lieber sagt „Guinea-Bissau" ist eine portugiesische Überseeprovinz, eine der letzten europäischen Kolonien in Afrika. Die Fläche beträgt 36 125 qkm. Zuständig für Einreisegenehmigungen sind die portugiesischen Botschaften bzw. Konsulate. Hauptstadt ist São José de Bissau, Amtssprache Portugiesisch.

Neben den portugiesischen Behörden amtieren in einzelnen Landesteilen die Behörden des PAIGC (Afrikanische Partei für die Unabhängigkeit von Guinea-Bissau und der Kapverdischen Inseln).

Bevölkerung und Geschichte

Nach der letzten Volkszählung wohnen hier rund **520 000 Menschen,** d. h. knapp 15 E/qkm. Die wichtigsten **Stämme** sind: auf den Inseln die Pepel, im Waldgebiet die Balante, Mandjak, im offenen Land Mandingo, Biafar und Fulbe. Die **Religionsverteilung** lautet: Moslims 48%, Animisten 47%, Christen 5%.

Die Inseln und Küste wurden 1466 vom portugiesischen Seefahrer Nino Tristão entdeckt. Einige Jahre später wurden Stadt und Festung Cacheu gegründet, um die Indien-Segler mit Trinkwasser, Gemüse und Obst zu versorgen. Im 17. und 18. Jhdt. handelte man hier Sklaven. Mitte des 19. Jhdts. wirkte der schwarze

Gouverneur Honório Barreto sehr segensreich. 1879 wurde Guines verwaltungsmäßig von den Kapverden getrennt und damit eine eigene Kolonie. 1942 verlegte man den Sitz der zentralen Verwaltungsorgane von Bolama nach Bissau. 1955 trat eine neue Verfassung in Kraft, nach der Guinea zu einer portugiesischen Provinz erklärt wird und dementsprechend auch im Parlament von Lissabon vertreten ist.

Mit dieser portugiesischen Lösung sind nicht alle einverstanden, denn warum soll in diesem kleinen Zipfel Afrikas weiterhin der Kolonialismus herrschen? Die Nationalisten hatten mit dem Kapverdier Amilcar Cabral einen fähigen Generalsekretär der PAIGC. Neben den militärischen Aktionen setzte er sich für politische Aufklärung und soziale Werke ein. 1972 ließ er Wahlen durchführen und plante für 1973 die Ausrufung der Unabhängigkeit und die Einsetzung einer eigenen Regierung. Mitten in diesen Vorbereitungen wurde er in Conakry ermordet.

Wirtschaft, Verkehr, Handel

Auf den Inseln wird Fischfang, im Wald Hackbau und im Grasland Viehzucht betrieben, meist nach unrationellen althergebrachten Methoden. Die Forstwirtschaft wurde in den letzten Jahren etwas rationalisiert, und daher kann man Holz ausführen. Handwerk und Industrie bestehen aus Kleinbetrieben, darunter auch Sägewerke, Öl- und Reismühlen.

Derzeit gibt es etwa 3000 km Straßen, die nach den portugiesischen Entwicklungsplänen ausgebaut werden sollen. Von Bissau aus wurden eine West-Ost-Achse und eine Süd-Nord-Achse ausgebaut und asphaltiert. Im Hafen von Bissau können Schiffe unter 8000 BRT anlegen, noch geringeren Tiefgang haben die Häfen Bolama und Cacheu. Bissau hat einen Flugplatz, der jedoch nicht von den großen Maschinen angeflogen werden kann.

Bei der Ausfuhr besteht wertmäßig folgende Reihenfolge: Erdnüsse, Palmkerne, Kokosnüsse/Kopra, Holz, Wachs, Palmöl, Häute, Reis. Eingeführt werden: Konsumgüter, Nahrungsmittel, Zement, Maschinen, Apparate und Fahrzeuge. Zu etwa 90% ist Portugal der Handelspartner.

Auf der Reise

Solange der Krieg in Guinea-Bissau tobt, wird es kaum möglich sein als Fremder einzureisen und noch schwieriger im Lande umherzufahren.

Guinea

Die Republik Guinea oder Guinea-Conakry ist mit 245 857 qkm flächenmäßig fast so groß wie die Bundesrepublik Deutschland. Die Landesfarben sind Rot, Gelb und Grün, vertikal gestellt. Der Wahlspruch lautet „Arbeit, Gerechtigkeit, Solidarität".

Hauptstadt ist Conakry, Amtssprache Französisch.

Bevölkerung und Geschichte

Mit rd. **drei Millionen Einwohnern** hat die Republik Guinea nur eine Bevölkerungsdichte von rund 12 E/qkm. Die wichtigsten **ethnischen Gruppen** sind die Fulbe (33%) der Bevölkerung), Mandingo oder Malinke (18%) und die Sussu (10%). Daneben sind im offenen Land vor allem die Dialonke, Tukulör, Koniagi, Bassari vertreten, im Waldland die Mmani, Bulom, Sebura und Bidyago. Die **Religionsverteilung** lautet: 62% Moslims, 35% Animisten, 2% Christen.

Das Gebiet der heutigen Republik Guinea gehörte zum größten Teil im 10. Jhdt. zum Reich Ghana. Im 12. Jhdt. entstand der Sussu-Staat Kaniaga, der 1235 dem Mali-Reich einverleibt wurde. Seit 1453 kam es an der Küste zu Handelsbeziehungen mit Portugal. Die einzelnen ethnischen Gruppen des Landes haben sich ihre politische Eigenständigkeit bewahrt, teils in kleinen Territorialverbänden, teils in größeren staatlichen Gebilden. 1725 gründeten die Fulbe das Reich Futa Djallon und 1870 entstand das „Wasulu-Reich" der Mandingo verbunden mit anderen ethnischen Einheiten. Der Gründer dieses Reiches, Samory Ture, war ein ausgezeichneter Organisator und Stratege. Er teilte seine Armee in drei Teile: Truppen, die gegen die mit modernen Waffen angreifenden Feinde hinhaltenden Widerstand leisteten, Truppen, die im Lande ihren Dienst versahen und Truppen, die zur Aufgabe hatten, neue Gebiete zu erobern. Das Wasulu-Reich ist eines der seltenen Beispiele auf der Welt, wie eine bäuerliche Bevölkerung einen Staat bilden kann, ohne an bestimmte Territorialgrenzen gebunden zu sein. 1866 besetzten die Franzosen Boke und drangen von dort in das Innere vor. 1891 gründeten sie die Kolonie „Guinée Française". Nach dem zweiten Weltkrieg wurden auch diesem Territorium politische Rechte zugestanden und Vertreter Guineas saßen in den legislativen und konsultativen Parlamenten von Paris. General De Gaulle hatte 1958 geplant, eine neue Fünfte Französische Republik zu gründen mit einer Verfassung, die in einer neuen Form Frankreich und seine abhängigen Gebiete zusammenfassen sollte. Bei der Volksabstimmung vom 28. September hatte Guinea als einziges Land Afrikas mit einem überwältigenden „Nein" geantwortet. Die Massen sind den politischen Führer Sekou Touré gefolgt, der lieber würdig in Armut leben wollte als reich in der Schande. Am 2. Oktober 1958 wurde Guinea zu einem unabhängigen Staat und schon am 12. November erhielt es seine Verfassung. In wirtschaftlicher Hinsicht brachen schwere Zeiten an, doch der Wille zur Unabhängigkeit half diese Lage langsam zu überwinden.

Wirtschaft, Verkehr, Handel

Die meisten Menschen sind in der **Landwirtschaft** beschäftigt. Zur Eigenversorgung werden vor allem Maniok, Reis, Bananen, Hirse und Erdnüsse angebaut, für den Export Kaffee und Bananen. Die **Viehzucht** umfaßt hauptsächlich Rinder, Schafe und Ziegen. Die **Fischerei** an der Küste und in den Binnengewässern versorgt nur den Inlandmarkt. Der **Bergbau** hat sich in den letzten Jahren gut entwickelt. Die Diamantenerzeugung hat ihre beherrschende Rolle verloren, dafür sind Bauxit- und Eisenerzabbau sehr stark angestiegen. Große Anstrengungen wurden gemacht, um Handwerk und Industrie eine größere Bedeutung zu geben. Durch die weitgehende Abschnürung von ausländischen Fertigwaren mußte eine Wirtschaftspolitik der Eigenversorgung eingeschlagen werden, wobei Rückschläge in Kauf genommen werden mußten.

Die **Verkehrserschließung** ist sehr ungleichmäßig, da das Landesinnere ein weit weniger dichtes Verkehrsnetz hat als die Küstengebiete. Der große Seehafen ist Conakry mit modernen Kaianlagen und Verladeeinrichtungen versehen. Nur geringe Bedeutung haben die Häfen Benty, Kassa, Boffa und Boke. Es gibt rund 3500 km Straßen, davon 366 km Teerstraßen. Die 1-m-Eisenbahn Conakry—Kankan (652 km) ist streckenweise veraltet und unrentabel, die Erzbahn Conakry—Fria (143 km) dient nicht dem öffentlichen Verkehr. Der **Flugplatz** von Conakry-Gbessia besitzt eine 3200 m lange Piste, so daß dort interkontinentale Flugzeuge starten und landen können. Sieben kleinere Flugplätze stehen für den Binnenverkehr zur Verfügung.

An der Spitze der **Ausfuhr** stehen heute die Bergbauprodukte Bauxit und Eisenerz, an der Spitze der **Einfuhr** Erzeugnisse der Mechanik und Elektronik sowie chemische Produkte.

Auf der Reise

In den ersten Jahren seiner Unabhängigkeit wollte GUINEA bewußt nur solche Ausländer in das Land lassen, von denen man annehmen konnte, daß sie keine neokolonialistischen Absichten haben. Das war mit Mißtrauen verbunden und nagelte den ausländischen Besucher meist in der Hauptstadt fest. Allmählich lockerte sich diese Einstellung, so daß heute auch ausländische Touristen durch das Land reisen können.

Mit dem Kraftwagen

Infolge der Devisenschwierigkeiten ist die Frage der Ersatzteile sehr prekär; auch auf dem Sektor der Treibstoffe können Engpässe eintreten. In der Hauptstadt gibt es gute Reparaturwerkstätten.

Sehenswürdigkeiten

1. Conakry und Umgebung

Die Hauptstadt Conakry mit ihrem fast schachbrettartigen Grundriß ist ein Mittelding zwischen alter Kolonialstadt und moderner Verwaltungsstadt. Die breiten Straßen mit ihren Baumalleen sind eindrucksvoll. Symbole der Unabhängigkeit Guineas sind: **Palais du Peuple** (Volkspalast), das **Stadion** des 28. September und die **Technische Hochschule**. Am Strand ist ein Spaziergang während der Ebbe lohnend.

Das beliebteste Ausflugsziel sind die **Los-Inseln**, auf die man mit einem Kurs-Schiff oder mit privaten Motorbooten kommen kann. Baden, Wasserski und Angeln stehen hier im Mittelpunkt. Die Los-Inseln waren bis 1904 britisch und wurden erst dann an Frankreich abgetreten. Die interessanteste Insel ist Roume, ein aus dem Meer herausragender Felsblock mit sandigen Buchten und hohen Steilwänden, an denen die Unterwassertaucher nach einem sagenhaften Schatz suchen. Bevor 1850 der Seeräuber Crawford hier gehenkt wurde, soll er noch seinen riesigen Goldschatz im Meer versenkt haben. Stevenson soll nach dieser Legende seinen weltberühmten Roman „Die Schatzinsel" geschrieben haben.

2. Das Küstengebiet

In diesem feucht-heißen Gebiet herrscht etwa von Mai bis Oktober die Regenzeit und von November bis April die Trockenzeit.

Nördlich von Conakry liegen mehrere alte Handels- und Hafenstädte. In **Dubreka** hatten um 1860 hamburgische Firmen Verträge mit Afrikanern geschlossen, um gegenseitig Waren auszutauschen. In der Nähe liegen die **Wasserfälle von Kaletta, Balandi und Kitema**.

Über die Flüsse Konkure und Fatala kommt man über **Boffa** nach Boke. Der Rio Nunez ist von der See her bis zu den ersten

Wasserfällen schiffbar. An dieser Stelle entstand noch im 16 Jhdt. eine Faktorei, die laufend von europäischen Kaufleuten besucht wurde. Der französische Entdeckungsreisende René Caillé ging hier im April 1827 an Land, um seine Reise in das Innere des Kontinents anzutreten. 1866 erbauten die Franzosen ein Fort in der Hoffnung, von hier aus das Hinterland erschließen zu können. Als Conakry zur Hauptstadt des Landes wurde, verlor Boke seine Bedeutung und war im Augenblick der Unabhängigkeit 1958 ein kleines Städtchen mit knapp 6000 Einwohnern. Erst durch einen 1968 in Washington abgeschlossenen Vertrag über Investitionen von 160 Millionen Dollar der amerikanischen Aluminiumkonzerne kam Boke zu einem neuen Leben.

3. Mittelguinea

Plateaus von 750 bis 1000 m Durchschnittshöhen und Gipfel bis zu 1400 m bilden diesen Teil des Landes. Das Futa-Djalon-Gebiet gilt als das Wasserschloß Westafrikas, da hier mehrere große Ströme ihre Quellen haben. Sandsteine und Dolerit bilden den Untergrund; eine hohe Niederschlagsmenge ist bezeichnend, so daß man noch weitgehend den tropischen Regenwald vorfindet.

Der Aufstieg in dieses Hochland beginnt rund 80 km nach Conakry. Die Stadt **Kindia** liegt bereits in 400 m Meereshöhe. Die Handelsstadt Kindia ist neueren Datums, hat sich jedoch auch nach der Unabhängigkeit sehr stark entwickelt. Professor Charles Calmette, der weltberühmte Bakteriologe und Erfinder des B.C.G.-Serums zur vorbeugenden Impfung gegen Tuberkulose, hat 1925 als Direktor des Pasteur-Instituts in Paris eine Zweigstelle in Kindia errichtet. Auf 35 ha entstanden Laboratorien und Tierzuchtanstalten. Prof. Calmette kam es darauf an, die Tierversuche mit Schimpansen in einem Land durchzuführen, wo diese Tiere in freier Wildbahn leben. Später erhielt das Pasteur-Institut Kindia noch weitere Aufgaben: Haltung von Schlangen und Gewinnung von Schlangengift, Studium der Tollwut an Hunden und Erzeugung von Serum für die Pockenimpfung. 1947 entstand in der Nähe von Kindia auf 800 ha das Institut für tropische Früchte und Obst. Hier werden Bananen, Ananas, Zitrusfrüchte, Avogados, Mangos u. a. tropische Obstsorten gezüchtet, um dann weiter im Land verteilt zu werden. Dadurch will man die Sorten verbessern und die Obstarten vermehren.

In der Nähe von Kindia gibt es zahlreiche Wasserfälle. Nach dem Handelszentrum **Mamu** zweigt links eine Straße nach **Pita** und **Labe** ab. Zwischen November und April ist der Aufenthalt in diesem Hochland der angenehmste. Tagsüber steigt das Thermometer bis 30 Grad, doch nachts wird es kühler, bis + 10°, ohne gesundheitsschädigend zu werden. Pita ist ein Handelszentrum der

Fulbe, in der Umgebung befinden sich zahlreiche Wasserfälle. Labe war im 18. und 19. Jhrdt. Sitz eines Fulbe-Reiches, gegründet von islamischen Fulbe, die gegen ihre animistischen Stammesgenossen und andere „Heiden" einen heiligen Krieg führten. Lieder und Sagen berichten von den Helden Ibrahima Mussu Sambegu, Sorya, Alfaya, Mamadu Selu, Modi Yaya. Unweit von Labe befinden sich die Parfümpflanzungen Nadel und La Sala, wo aus Zitrusfrüchten und Jasmin ätherische Öle und Duftstoffe gewonnen werden.

4. Savannengebiet

Östl. des Futa Djalon kommt man in ein niederschlagsärmeres Gebiet, im ursprünglichen Zustand als offenes Grasland ausgebildet. Das Gebiet soll um 1550 völlig menschenleer gewesen und dann allmählich von Menschen aus dem Raum Djenne-Mopti besiedelt worden sein. Die Einwanderer waren Bauern. Sie bauten hier vor allem Hirse an.

Kurussa (Kouroussa) ist die alte Hauptstadt des Landes Amana, wo ein Mandingo-Klan Ende des 17. Jhdts. seine Herrschaft errichtete. Der Einwanderer Murabaman Keita kam zunächst in diese menschenleere Gegend, um nach Elefanten zu jagen, und ließ seine Angehörigen nachkommen. 1889 kam es hier zu bewaffneten Auseinandersetzungen zwischen den Franzosen unter dem Oberst Archinard und Seriba, einem Adjutanten des berühmten Herrschers Samory.

Die Stadt **Kankan** ist Endpunkt der Eisenbahn und ein wichtiger Umschlagplatz. Wie viele afrikanische Städte, so ist auch Kankan durch einen Zufall entstanden. Die Eisenbahn von Conakry in das Landesinnere sollte bis zum schiffbaren Abschnitt des Niger-Stromes geführt werden, bis **Kulikoro,** und dort den Anschluß an die Eisenbahnlinie Dakar—Bamako—Kulikoro finden. Kurz vor dem ersten Weltkrieg war Kankan erreicht; später wurde die Strecke nicht weitergebaut.

5. Waldguinea

Der südlichste Teil von Guinea, zwischen Sierra Leone, Liberia und der Elfenbeinküste gelegen, ist ein schwer zugängliches Gebiet des immerfeuchten tropischen Regenwaldes. An der Grenze zwischen Guinea und Liberia liegt der 1763 m hohe **Nimba-Berg,** der nach dem Kamerunberg (4070 m) die höchste Erhebung Westafrikas ist.

Nzerekore ist die wichtigste Stadt dieses Gebietes. Hier haben die animistischen Gerse (Guerzé) von 1897 bis 1911 dem französischen Eindringen Widerstand geleistet; bis 1939 stand das Gebiet unter Militärverwaltung. Die Siedlung Nzerekore soll entstanden sein indem ein Mann aus dem Himmel auf die Erde flog, dort eine einsame Frau sah und mit ihr eine kinderreiche Familie gründete, die nach und nach den Wald zu roden begann. Mehrere animistische rituelle Gebräuche sind hier noch lebendig, so z. B. die Initiation verbunden mit Opfergaben an die Ahnen und Tätowierungen der Lebenden. In der Umgebung gibt es heilige Haine und heilige Teiche, in denen totemistische Vorstellungen fortleben.

Sierra Leone

Zwischen Guinea und Liberia liegt das 72 326 qkm umfassende Sierra Leone. Hauptstadt ist **Freetown**. Die Nationalflagge führt in horizontalen Streifen Grün, Weiß und Blau. Grün ist die Farbe der Landwirtschaft von Sierra Leone und der natürlichen Reichtümer (Bodenschütze), Weiß ist die Farbe für Einheit und Gerechtigkeit, Blau die Farbe der Hoffnung, daß Sierra Leone zum Frieden in der Welt beitragen wird. Der Wahlspruch des Staates ist: „Einheit, Freiheit, Gerechtigkeit". Die Nationalhymne heißt: „High we exalt", der Text ist von C. N. Fyle, die Melodie von J. Akar. Die Amtssprache ist Englisch.

Bevölkerung und Geschichte

Die rund **2,7 Millionen Einwohner** gliedern sich in ein Dutzend ethnische Gruppen. Nach einem Erlaß des Regierungschefs ist es verboten, den Ausdruck „Stamm" zu gebrauchen. Im Süden ist die Ethnie der Mende die zahlreichste (rd. 30%/o der Gesamtbevölkerung) und im Norden die Ethnie der Temne (ebenfalls rd. 30%/o der Gesamtbevölkerung). Zahlenmäßig geringer sind die Bullom, Limba, Koranko, Kono, Sussu, Wai, Krim, Fulbe, Mandingo, Kru und Kreolen.

Das heutige Sierra Leone stand nur am Rande der Reiche Ghana und Mali, denn es war damals nur sehr dünn bewohnt. Im 17. und 18. Jhdt. wanderten zahlreiche Gruppen aus den heutigen Staaten Guinea und Mali nach dem Süden. 1787 kauften englische Philantropen in der Kru-Bucht Land, um dort freigelassene Negersklaven anzusiedeln. 1792 entstand die Stadt Freetown, in der alle Menschen frei sein sollten. 1808 wurde die britische Kronkolonie Sierra Leone errichtet und im Laufe des 19. Jhdts. kam das Hinterland als britisches Protektorat hinzu. Erst 1951 wurde der unterschiedliche Rechtsstatus zwischen Kolonie und Protektorat aufgehoben. Im Zuge der britischen Entkolonisierung Westafrikas erlangte Sierra Leone am 27. April 1961 die Unabhängigkeit, blieb jedoch

Mitglied des Commonwealth. Der erste Regierungschef war der Mende Sir Milton Margai, dem nach dem Tod sein Bruder folgte. Bei den Parlamentswahlen im März 1967 trat der kuriose Fall ein, daß die Regierungspartei Margais „Sierra Leone People's Party" genau die gleiche Anzahl von Abgeordneten bekam wie die Oppositionspartei Siaka Stevens „All People's Congress". Es folgte ein erster Staatsstreich durch die höheren Offiziere, die dann von den Unteroffizieren gestürzt wurden. Sie ernannten Siaka Steven zum Ministerpräsidenten und wünschten eine Regierung der nationalen Union.

Wirtschaft, Verkehr, Handel

Grundlagen der **Ernährung** sind Maniok, Hirse und in neuester Zeit immer mehr auch der Reis. Fischerei und Viehzucht können nicht ganz die Nachfrage befriedigen. Von großer Bedeutung ist der **Bergbau,** insbesondere die Gewinnung von Diamanten und der Abbau von Eisenerz.

Das **Verkehrsnetz** wurde in den letzten Jahren ausgebaut, so daß es heute rund 5000 km ganzjährig befahrbarer Straßen und 600 km Eisenbahnlinien gibt. Der wichtigste Überseehafen ist Freetown, während Pepel nur der Erzverschiffung dient. Ein internationaler **Flugplatz** befindet sich in Lungi nördlich Freetown.

Der wichtigste Handelspartner ist Großbritannien, die wichtigsten **Ausfuhrgüter** sind Diamanten und Eisenerz, die wichtigsten **Einfuhrgüter** Industrieerzeugnisse und Treibstoffe.

Auf der Reise

Die Einreiseformalitäten sind komplizierter als in anderen Staaten Westafrikas; daher möge man sich vor der Reise genau erkundigen. In Sierra Leone herrschen im Bank- und Hotelwesen sehr stark die englischen Sitten.

Mit dem Kraftwagen

Es gibt gute Reparaturwerkstätten, die über die Ersatzteile für die gängigen Fahrzeuge verfügen. Das Netz der Service-Stationen und Tankstellen wurde in den letzten Jahren vergrößert.

Sehenswürdigkeiten

1. Freetown und Umgebung

Die Stadt liegt zwar im feucht-heißen Küstentiefland, doch so nahe am Meer, daß die Seebrisen erfrischend wirken. Von der ursprünglichen Anlage als englische Gartenstadt ist noch viel erhalten, wenn auch der englische Rasen meist fehlt. Die alten Kolonialhäuser zeigen, wie sich Europäer und Kreolen um Schatten und Kühle bemüht haben. In den modernen Geschäfts- und Wohnhäusern sorgen dafür die Klimaanlagen.

Neben dem Besuch des **Hafens** oder einer Fahrt zum **Flugplatz** Lungi lohnt sich ein Besuch des **Fourah Bay College**. 1827 von der Anglikanischen Mission gegründet, sollten hier Lehrer und Prediger ausgebildet werden. Die Kreolen sandten ihre Kinder zur Schule, so daß schon sehr früh eine Elite vorhanden war, mit einer klassischen, europäischen Schulausbildung. 1876 ging sie mit der englischen Universität Durham engere Bindungen ein. Während des zweiten Weltkrieges sank das Niveau, aus der Hochschule wurde eine Sekundarschule. 1960 wurde Fourah Bay zum „University College of Sierra Leone" und 1966 wurde die **Universität** von Sierra Leone gegründet, bestehend aus Fourah Bay und der 1965 gegründeten Landwirtschaftlichen Hochschule Njala.

Reizvoll ist eine Fahrt um den „Löwenberg": Freetown—Waterloo—Russel—Kent—York—Freetown.

2. Im Grasland

Die Straßenverhältnisse sind hier nicht gut, selbst die beste Piste kann nach einer Regenzeit unbefahrbar sein.
Den wichtigsten Ort im Grasland, **Makeni,** kann man auch mit der Eisenbahn erreichen. In **Bauya** zweigt von der Strecke Freetown—Pendembu eine Bahnlinie nach Makeni ab. Die zahlreichen Hügel und Berge gestalten ein abwechslungsreiches Landschaftsbild. Mehrere dieser Hügel haben einen hohen Eisengehalt, die bei **Marampa** abgebaut werden. Die roten ferralitischen Böden sind für das ganze Gebiet bezeichnend. Während der Trockenzeit kann man an den Wasserstellen Wild sehen.

3. Im Waldland

Von Freetown kommt man auf einer geteerten Straße über **Waterloo** und **Yonibana** nach **Mano** und **Bo.** Der ursprüngliche Regenwald wurde an vielen Stellen gerodet, so daß nur noch einzelne Teile in der Nähe der Gewässer als Wald erhalten sind. Großwild ist hier selten geworden infolge der dichten Besiedlung. **Bo** und **Kenema** sind die wichtigsten Handelsorte mit sehenswerten Märkten.

Oben: In einen Kokospalmenhain des Küstengebietes haben Viehzüchter aus dem Norden Rinder getrieben →
Unten: Frauen beim Tanz des Wasserholens. Foto: Information Dahomey

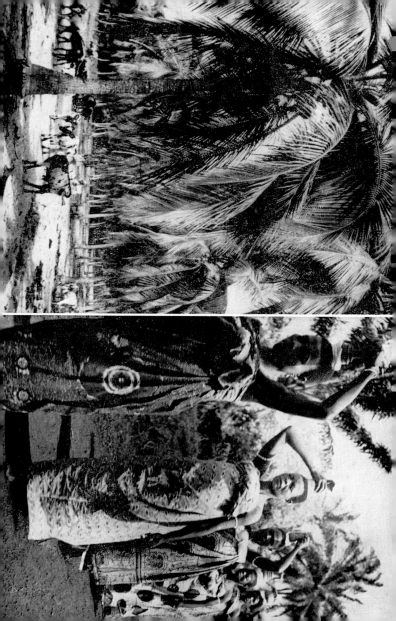

Liberia

Die älteste, selbständige Republik Afrikas umfaßt 111 370 qkm. Ihre Hauptstadt ist Monrovia, Amtssprache ist Englisch. Die Nationalflagge zeigt sechs rote und fünf weiße Parallelstreifen und in der linken oberen Ecke auf rotem Feld einen fünfzackigen weißen Stern (Sternenbanner). Die Nationalhymne beginnt mit den Worten „All hail Liberia", Worte und Weise von Olmstead Luca, der Wahlspruch lautet: „The love of liberty brought us here".

Bevölkerung und Geschichte

Der Staat Liberia war ursprünglich nur als Heimat für freigelassene Sklaven aus den Vereinigten Staaten gedacht, doch im Laufe der Zeit kamen zu den Kolonien der Americo-Liberianer an der Küste Gebiete des Hinterlandes, so daß ein Staat entstand, mit autochtonen Afrikanern und amerikanischen Einwanderern.

Die **Bevölkerungszahl** beträgt rund 2½ Millionen, d. h. eine Dichte von etwa 22 E/qkm. Neben den Americo-Liberianern leben noch folgende ethnische Gruppen in Liberia: an der Küste Bassa, in der Ostprovinz: Kru, Krahn oder Kra, Grebo, in der Zentralprovinz Kpelle, Ma, Gio, Mano und Geh, im Westen und Nordwesten: Gbande, Mandingo, Bele, Kissi, Mende, Gola, Buzi oder Loma, Vai und De oder Dey. Über die Staatsgrenzen hinaus sind bekannt: die Kru als gewandte Schiffsjungs, die Bassa als Soldaten und Hausdiener, die Vai als Verwaltungsbeamte. Seitdem 1944 William V. S. Tubmann zum Präsidenten gewählt wurde, fielen die früheren Schranken zwischen „Amerikanern" und „Autochtonen". Heute haben alle Bewohner des Landes die gleichen Rechte — es gibt allerdings eine bemerkenswerte Klausel im Grundgesetz, wonach kein Mensch weißer Hautfarbe liberianischer Staatsbürger werden kann.

Die **Religionsverteilung** lautet — bei absoluter Toleranz — 86% Animisten und Synkretisten, 9% Moslims, 3% Evangelische (Baptisten, Methodisten, Adventisten, Lutheraner) und 2% Katholiken.

Die „American Colonization Society" kaufte Anfang des 19. Jhdts. an der westafrikanischen Küste, wo die einzelnen Sippen unabhängig waren, Land, um befreite Sklaven anzusiedeln. 1821/22 wurde Monrovia gegründet, das den Namen nach dem Präsidenten der Vereinigten Staaten Monroe erhielt. 1833 entstand weiter südlich die Kolonie Maryland am Kap Palmas. Diese beiden Gebiete

Wo Frauen beieinander stehen, gibt's immer etwas Neues, in Afrika nicht anders als in Europa.

wurden vereinigt und 1847 zu einem selbständigen Staat ausgerufen. Im gleichen Jahr erhielt der neue Staat eine Verfassung, die ganz nach dem Vorbild der Vereinigten Staaten von Amerika erstellt wurde.

Als in der zweiten Hälfte des 19. Jhdts. die europäischen Mächte in edlem und unedlem Wettstreit Afrika zu ihren Kolonialgebieten machten, gelang es Liberia, frei und unabhängig zu bleiben. Außenpolitisch trug dazu der relative Schutz der Vereinigten Staaten von Amerika bei, aber innenpolitisch wurde der Wille zur Unabhängigkeit von der 1869 gegründeten „Whig Party" getragen, die zum Motor der Freiheit und der Modernisierung wurde. William Tubman gelang es, durch verschiedene wirtschaftliche Maßnahmen (Konzessionen an internationale Konzerne, freie Flagge in der Schiffahrt usw.) Liberia Rang und Name in der Gemeinschaft der Völker zu verschaffen. Nach seinem Tod wurde die von ihm eingeschlagene Politik unter Präsident Tolbert fortgesetzt.

Wirtschaft, Verkehr, Handel

Von den **Nahrungspflanzen** werden Mais, Hirse, Yams, Bohnen und Zuckerrohr angepflanzt, für die Ausfuhr Kakao und Kaffee. Von größter Bedeutung für Liberia sind die großen **Pflanzungen von Kautschukbäumen** (Hevea brasiliensis). So hat z. B. die Firma Firestone Plantagen, auf denen etwa 35 000 Menschen beschäftigt sind. Gleich nach dem Kautschuk kommt an wirtschaftlicher Bedeutung die Gewinnung von **Bodenschätzen.** Im Tagebau wird bei Bomi Hills, rd. 70 km nördlich Monrovia, Eisenerz gewonnen, jährlich über 1,5 Mill. Tonnen. In der Westprovinz kommen Diamanten, in der Zentralprovinz Gold vor. Neue Eisenerzlager werden von internationalen Gesellschaften am Nimba-Berg abgebaut. Das Erz gelangt auf einer Eisenbahn nach Buchanan-Lower (270 Kilometer).

Die **Verkehrseinrichtungen** Liberias wurden in den letzten Jahren stark erweitert. Die Seehäfen von Monrovia, Buchanan und Harper wurden ausgebaut. Für den internationalen **Flugverkehr** wurde der Flugplatz Robertsfield, 80 km südlich Monrovia, erstellt, für den lokalen Flugverkehr gibt es Landeplätze in Monrovia-Spring Payne, Buchanan, Cape Palmas und Sinoe. Die Eisenbahnstrecken Monrovia—Bomi Hills und Buchanan-Nimba stehen auch für den Personenverkehr zur Verfügung, die anderen Schienenwege nicht. Das Straßennetz wurde modernisiert; mehrere pivate Plantagen-Straßen wurden für den öffentlichen Verkehr freigegeben.

Der liberianische Außenhandel, der noch vor dem zweiten Weltkrieg unbedeutend war, hat sich in der Zwischenzeit mächtig entwickelt. Kautschuk und Eisenerze nehmen dabei rund 80% ein, Diamanten, Palmkerne, Kaffee, Kakao und Maniok den Rest. Bei der Einfuhr stehen Maschinen und Fahrzeuge, Gebrauchs- und Haushaltsgegenstände an der Spitze. Die wichtigsten Handelspartner sind die USA, Bundesrepublik Deutschland und Großbritannien.

Auf der Reise

Die Republik Liberia ist ein weltoffenes Land und Besucher sind willkommen. Wer allerdings einer Erwerbstätigkeit nachgehen will, muß entsprechende Verträge mit liberianischen Firmen vorweisen können. Die international vorgeschriebenen Impfungen sind auch in Liberia verpflichtend und die Einfuhr von Waffen und Munition nur mit besonderer Erlaubnis möglich. Amerikanische Reiseschecks sind die gängigste Währung. In Monrovia gibt es mehrere Banken und gute Hotels.

Mit dem Kraftwagen

In Liberia herrscht Rechtsverkehr, doch muß man an allen Straßenkreuzungen streng auf die Vorfahrten achten. Die Verkehrspolizei hat Anweisungen, die Vorschriften genau respektieren zu lassen. Die Reparaturwerkstätten sind bestens ausgerüstet, verfügen über die Ersatzteile für die gängigen Fahrzeugtypen und über geschultes Personal. Die Service-Stationen und Tankstellen sind gut versorgt und bieten entsprechende Dienstleistungen.

Sehenswürdigkeiten

1. Monrovia und Umgebung

Monrovia ist eine eigenartige Mischung zwischen einer kolonialen Handelsstadt alten Typs und einer modernen Großstadt. Die Straßen sind gerade, die Häuser meist von Grün umgeben. Als besondere Sehenswürdigkeiten der Stadt gelten: das **Regierungsgebäude** (The Executive Mansion), der **„Centennial Pavillon"**, das **Theater,** der alte **Hafen.**

In der näheren Umgebung sind zu empfehlen: der neue Hafen, **Mamba-Point** (schöne Aussicht), **Camp Johnson** (Universität), **Sinkor** (Siedlung der Wai), **Providence-Insel** (im Mensurado-Strom).

2. Monrovia — Bomi Hills und zurück (128 km)

Von Monrovia geht es auf guter, asphaltierter Straße nach **Brewerville** (21 km), dann auf einer ungeteerten, aber trotzdem guten Straße nach **Kle** (41 km) und weiterhin durch eine Landschaft, in der Wald und Pflanzungen abwechseln, nach **Bomi Hills** (64 km). Hier sieht man, wie das Eisenerz im Tagbau gewonnen und verfrachtet wird (Erfrischungen in der Werkskantine). Zurück nach Monrovia geht es auf der gleichen Straße (von Brewerville ist ein Abstecher nach **Bopolu** (60 km, gute Straße) möglich.

3. Monrovia — Ganta (237 km)

Von Monrovia in östl. und nördl. Richtung zunächst auf asphaltierter Straße, dann statt zum Flugplatz links ab auf guter Laterit-Straße nach **Kakata** (56 km, Rasthaus, Booker Washington Institut, Abstecher nach Harbel, der Firestone Kautschuk-Pflanzung mit Botanischem Garten und dem Liberianischen Institut für Tropenmedizin). Weiter geht es durch Wald und Pflanzungen nach **Salala** (87 km), **Totota** (104 km, Hotel Coocoo's Nest, Restaurant) und **Gbanka** (Gbarnga, 175 km, Rasthaus). Von hier führt eine Abzweigung nach Nordwest über den St. Paul-Fluß nach Zorzor und Vonjama (170 km ab Gbarnga), von dort auf mäßiger Straße nach Macenta oder Gekedu, Republik Guinea).

Von Gbarnga führt eine gute Straße in nordöstl. Richtung nach **Ganta** (Gahnpa, 237 km von Monrovia, Rasthaus). Von Ganta kommt man leicht nach Nzerekore (80 km, Republik Guinea), sofern man die Einreisepapiere besitzt. Von Ganta aus besteht auch die Möglichkeit, Ausflüge zum Nimba-Berg zu machen und in das dortige Naturschutzgebiet.

4. Ganta — Monrovia (rd. 250 km)

Der Rückweg soll über die neue Straße Ganta—Buchanan führen, die mit amerikanischen und deutschen Entwicklungskrediten gebaut wurde. Die Straße führt durch die großen Kautschukplantagen. Von **Buchanan** (Grand Bassa, Rasthaus, Hafen) zum Flugplatz **Robertsfield** und von dort auf der Asphaltstraße nach Monrovia.

5. Küste

Nicht ohne Reiz ist eine Fahrt mit einem Küstenfrachter von einem Hafen zum anderen: Robertsport (bzw. Sawilo), Monrovia, Buchanan, Greenville (Sinoe) und Harper.

Alle weiteren Auskünfte über Straßenzustand, Fahrplan der Schiffe, Zusammenstellung von Gesellschaftsreisen usw. durch: Labrahil Travel and Tour Service, 97 Broad Street, Monrovia, Liberia.

Elfenbeinküste

Die Republik Elfenbeinküste (Côte d'Ivoire) umfaßt eine Fläche von 322 463 qkm, also fast soviel wie die Bundesrepublik Deutschland, Österreich und die Schweiz zusammengenommen. Hauptstadt ist Abidjan, Amtssprache Französisch. Die Bundesrepublik Deutschland, Österreich und die Schweiz haben in Abidjan ihre diplomatischen bzw. konsularischen Vertretungen.

Bevölkerung und Geschichte

Die rd. 3½ **Millionen Einwohner**, mit einer durchschnittlichen Dichte von 11 E/qkm, verteilen sich nicht gleichmäßig auf das Land. In den Jahren seit der Unabhängigkeit ist die Einwohnerzahl von Abidjan sprunghaft angestiegen und einzelne ländliche Gebiete wurden fast entvölkert.

Im Küsten- und Lagunengebiet leben die **ethnischen Gruppen** der Kru und der Kwa-Kwa, im Waldgebiet die Baule-Agni-Aschanti und die Dan-Guro, im Grasland Mande, Senufo und Fulbe.

Als Mitte des 15. Jhrdts. die ersten Europäer an die Elfenbeinküste kamen, lebten im Küstengebiet Fischer, im Wald Jäger und im Grasland Bauern. Sie hatten keinen gemeinsamen Staat, sondern die einzelnen Klans lebten für sich.

Zwischen den Jahren 1600 und 1750 wanderten die Agni-Aschanti (Baule, Agni, Appolonier, Euhtile, Gnan, Aschanti, Abron) und die Dan-Guro (Yakuba, Guro, Gagu, Tura, Wan, Ko, Mona) in den Wald und rodeten ihn. Mitte des 19. Jhdts. verstärkten die Franzosen ihren Handel an der Küste: 1842 wurde Grand-Bassam und 1853 Dabu französisches Protektorat. Im Bestreben, auch das Hinterland für den Warenverkehr zu erfassen, gingen Forscher, Missionare, Kaufleute und Offiziere in das Innere. 1893 wurde die Kolonie „Côte d'Ivoire" gegründet, die 1902 mit den anderen französischen Kolonien in Westafrika zur A. O. F. (Afrique Occidentale Française) zusammengefaßt wurde. Während des ersten und zweiten Weltkrieges standen auch Soldaten aus der Elfenbeinküste auf den europäischen Kriegsschauplätzen, und danach waren sie auf französischer Seite in Indochina, Algerien.

Die Elfenbeinküste erhielt ihre Unabhängigkeit am 7. 8. 1960 und gab sich am 31. 10. 1960 eine Verfassung. Die Flagge besteht aus senkrecht gestreiftem Gold-Weiß-Grün.

Wirtschaft, Verkehr, Handel

Man bezeichnet oft die Elfenbeinküste als afrikanisches Wirtschaftswunderland. In der Tat war die Entwicklung hier so stürmisch wie kaum in einem anderen afrikanischen Land. Noch 1949/50 war es ein armes Land, weit weniger entwickelt als die Nachbarstaaten an der Küste. Heute hat die Elfenbeinküste das höchste Pro-Kopf-Einkommen in Westafrika.

Die **Landwirtschaft** erzeugt Nahrungsmittel zur Selbstversorgung und darüber hinaus Kaffee, Kakao, Bananen, Ananas und Baumwolle für die Ausfuhr. **Viehzucht** und **Fischerei** können nicht ganz die schnell angestiegene Nachfrage befriedigen, doch wurde zwischen 1949 und 1969 der Viehbestand um mehr als das Dreifache vermehrt. Ein bedeutender Devisenbringer ist die **Forstwirtschaft** im Regenwald des Südens. An **Bodenschätzen** werden Gold und Diamanten gefördert. In Abidjan und in einigen Städten des Innern wurden in den letzten Jahren zahlreiche Industriebetriebe gegründet, die teils einheimische Rohstoffe verarbeiten (Textilfabriken, Konservenfabriken), teils eingeführte Rohstoffe (Erdölraffinerie, Mühle, Bierbrauerei, metallverarbeitende Betriebe).

Ganzjährig befahrbar sind rd. 14 000 km Straßen und Pisten, rd. 700 km sind geteert, weitere 500 km sollen in den nächsten Jahren neu errichtet und geteert werden. Die Eisenbahn von Abidjan bis zur Grenze von Obervolta ist jetzt 630 km lang. Die alten Häfen Tabu, Sassandra, Fresco, Grand Lahu und Grand Bassam haben ihre frühere Bedeutung verloren. Durch den Durchstich der Küstendüne bei Vridi ist Abidjan zu einem der bedeutendsten Häfen Westafrikas geworden. Da sich alles in Abidjan konzentriert, versuchte die Regierung mit internationalen Krediten einen Hafen im wirtschaftlich noch wenig genutzten Westen erbauen zu lassen. Man wählte dafür San Pedro, wo Anfang 1968 der erste Spatenstich vollzogen wurde. Außer dem internationalen **Flugplatz** von Abidjan, mit modernsten Abfertigungshallen, werden noch regelmäßig beflogen: Bouaké, Korhogo, Daloa, Man, Tabou, Sassandra und San Pedro.

Der wichtigste **Handelspartner** ist Frankreich, danach kommen USA und BRD. Neben den alten Ausfuhrgütern aus Land- und Forstwirtschaft, Bergbau kommen jetzt auch Erzeugnisse der Industrie vor, die hauptsächlich in afrikanische Nachbarländer gehen.

Auf der Reise

In Abidjan tauschen die Banken ohne große Formalitäten Devisen bzw. Reiseschecks ein. Hier gibt es auch große Kaufhäuser, in denen man europäische Nahrungsmittel, Kleider usw. kaufen kann.

Mit dem Kraftwagen

Alle großen Automobilerzeuger sind in Abidjan vertreten, die meisten Reparaturwerkstätten stehen unter europäischen Meistern.

Ersatzteile sind zur Genüge vorhanden. Das Netz der Tankstellen ist im ganzen Land gut ausgebaut. Es herrscht die französische Straßenverkehrsordnung.

Sehenswürdigkeiten

1. A b i d j a n

Heute ist Abidjan eine moderne Großstadt mit breiten Autostraßen, Brücken, Palästen und Parkanlagen. Im Stadtteil „Plateau" kann man noch einige zweigeschossige Häuser aus der Zeit vor 1949 sehen. 1933 wurde mit dem Bau einer neuen Verwaltungshauptstadt für die Elfenbeinküste begonnen. Man wählte dazu ein etwas höher gelegenes Gelände, wo die Eisenbahnlinie Port Bouet—Bouaké über die Lagune führt und folglich eine Brücke vorhanden war. Um einen großen Platz (heute Park) wurden die Verwaltungsgebäude und ein Hotel errichtet. Am 1. 1. 1934 übersiedelte der Gouverneur mit seinen Mitarbeitern von Bingerville nach Abidjan, bald folgten Kaufleute. Bis 1949 blieb Abidjan eine bescheidene Kleinstadt, dann begann ein großer Aufschwung. Im Stadtteil „Plateau" befindet sich das Verwaltungs- und Geschäftsviertel, der Stadtteil „Cocody" ist das moderne Residenzviertel, wo in den Luxushotels alles geboten wird, um die Tropen zu vergessen. Dagegen findet man im Stadtteil „Treichville" das bunte Leben der breiten Volksmassen aus allen Ländern Westafrikas. Im Stadtteil „Adjame" wohnen, singen und spielen vor allem Menschen, die aus dem Innern der Elfbeinküste in die Hauptstadt gezogen sind.

In der näheren Umgebung besucht man den **Flugplatz** und das **Schwimmbad** von Port Bouet, bzw. die neue **Universität.** In der Stadt selbst ist das **Museum** sehenswert, in dem Prachtexemplare afrikanischer Kunst ausgestellt sind. Dahinter befindet sich eine reiche **Bibliothek,** insbesondere zur Landeskunde (ex-IFAN). Das neue Touristenzentrum wurde an der Lagune Ebrié errichtet, weil das Schwimmen im offenen Meer wegen der starken Barre und der Nähe der Tiefe „Trou du Diable" beschwerlich ist.

2. U m g e b u n g v o n A b i d j a n

a) eine Fahrt nach **Dabou** (Dabu) führt teils durch dichtbevölkertes Gebiet, teils durch sehr schöne Reste des tropischen Regenwaldes. In Dabou kann man im Hotel-Restaurant ein Boot mieten (den Preis muß man vorher genau ausmachen), um in die Mangroven zu fahren.

b) von Abidjan nach **Grand Bassam** vorbei an Kokospalmhainen und Wochenendhütten in die alte Hauptstadt des Landes. Die einst blühende Handelsstadt ist heute nur noch ein Schatten ihres früheren Zustandes. Die langen, niederen Faktoreien, die einst prunkvollen Residenzen mit ihren breiten Treppen liegen vielfach schon in Ruinen. Trotzdem ist die Stadt, die von 1842 bis 1900 Sitz der Landesverwaltung war, sehenswert.

c) über **Bonoua** und **Alépè** in der Lagunenzone kommt man auf die ersten Anhöhen im Innern und dort liegt **Bingerville**. Es war die zweite Hauptstadt der Elfenbeinküste. Im Jahre 1900 tobte in Grand-Bassam eine verheerende Gelbfieberepidemie. Der Gouverneur suchte daher in der Nähe einen Ort mit gesünderem Klima und fand ihn im Dorf Adjame, welches nun den Namen Bingerville bekam, nach dem aus Straßburg stammenden Forscher und Offizier Louis-Gustave Binger (1856—1936). Sehenswert ist eigentlich nur der ehemalige Gouverneurspalast mit seinen Parkanlagen. Dort ist heute ein Waisenheim eingerichtet. Im Innern sind vor allem die Treppenaufgänge sehenswert. 1933 war es aus mit der Hauptstadt Bingerville. Da die Eisenbahn Elfenbeinküste—Obervolta zweckmäßigerweise in Abidjan an die Lagune und bei Port Bouet an das Meer kommen sollte, wurde Abidjan immer bedeutender, daher mußte man auch die Verwaltung dahin verlegen. Ein Vergleich dieser drei Städte an einem Tag ist auch daher reizvoll, weil man die letzten rund 130 Jahre der Geschichte der Elfenbeinküste nacherleben kann.

3. Der Osten

In der Nähe von Bingerville liegt das sehenswerte Dorf **Gbrébo**. Hier lebt der Prophet Albert Atcho, ein Schüler des Propheten William Wade Harris. Dieser gründete in Liberia und Elfenbeinküste eine neue synkretistische Religion, den Harrismus. 1910 soll der Erzengel Gabriel dem im Gefängnis sitzenden Harris erschienen sein und ihm den Auftrag gegeben haben, die Bibel unter den Heiden zu verkünden. Harris weilte 1913 und 1914 an der Elfenbeinküste. Albert Atcho ist 1903 geboren, seit 1923 predigt er die Bibel und heilt die Kranken in Gbrébo. Der Prophet kennt die Heilpflanzen am Wasser und im Wald, doch bevor er damit die Kranken behandelt, müssen sie erst eine öffentliche Beichte ablegen. Seine Patienten kommen von weit her, sogar aus Ghana und Obervolta. Einige von ihnen blieben auch nach ihrer Heilung im Dorf, erbauten sich Häuser und leben von Landwirtschaft und Fischfang. Das Dorf ist sehr sauber, hat etwa 2000 Einwohner und eine moderne Schule. Der Sekretär des Propheten, M. Bogui, spricht sehr gut französisch und ist bereit, Europäern die Sehenswürdigkeiten zu zeigen. Die erste davon ist die Kirche, erbaut in einem eigenartigen afrikanischen Kunststil (bitte mit dem Wagen nicht vor die Kirche zu fahren, sondern ihn schon vorher abzustellen). Das Portal ist ein Musterbeispiel der sogenannten naiven Skulptur, wie auch die Säulen und der darüber stehende harristische Geistliche. Man kann — mit Erlaubnis des Herrn Bogui — auch einem Gottesdienst beiwohnen. Gegenüber der Kirche liegt das Wohnhaus des Propheten, daneben befinden sich die offenen Behandlungsräume mit Tischen und Bänken. Dort sieht man auch einige Flaschen mit Flüssigkeiten, die von verschiedenen Heilpflanzen gewonnen wurden. Darauf steht sogar in französischer Sprache, wozu die einzelnen Säfte gut sind. Wissenschaftliche Untersuchungen haben gezeigt, daß Albert Atcho beachtliche Heilerfolge hatte.

Man muß auf die Hauptstraße zurückfahren, um durch schöne Streifen tropischen Regenwalds nach **Adzope** zu kommen, bzw. weiter bis **Abengourou**. Das sind Marktzentren für Kaffee, Kakao und Kolanüsse.

4. Der Westen

Auf der Hauptstraße Küste-Norden erreicht man **Yamoussoukro**. Der Geburtsort des Präsidenten Houphouët-Boigny wurde zu einer breiträumig angelegten Stadt mit Kirchen, Schulen, Hotels, Geschäften. Die in der Nähe gelegene Präsidenten-Residenz kann man nicht besichtigen. Es ist durchaus möglich, daß später mal hier eine neue Hauptstadt der Elfenbeinküste entsteht.

Am Rande zwischen Wald und Grasland kommt man nach **Bouaflé**. Nördl. dieser Stadt wurde eine Schutzzone für Pflanzen und Wild eingerichtet, in der vor allem Elefanten und Büffel vorkommen. Im Umkreis der Schutzzone ist das Jagen gestattet. **Daloa** ist der wichtigste Ort im Westen, Sitz des Departementes Süd-West. Hier kam es 1905—1907 zu blutigen Kämpfen zwischen den Guro und den Franzosen, unter denen sich Hauptmann Schiffer besonders auszeichnete, der damals Distriktkommandant war. Er legte 1906 Daloa in Brand, so daß keine alten Gebäude mehr vorhanden sind. Weiter westlich liegt das Städtchen **Duékoué**. Der eigentliche Name lautet Doe-Kpe, d. h. „auf dem Elefanten". Dazu wird folgendes erzählt. Zwei Freunde, Bilahi und Pehu, aus dem Klan Zagna, gingen auf Elefantenjagd. Stundenlang liefen sie umher und hatten kein Jagdglück. Sie trennten sich und einige Zeit danach gelang es Bilahi, einen Elefanten zu erlegen. Er rief die Leute aus dem nächsten Weiler herbei, um den Elefanten zu zerlegen, und sprach: „Ich gehe nicht mehr in mein Dorf zurück, ich bleibe hier und gründe ein Dorf an der Stelle selbst, wo ich den Elefanten getötet habe." So entstand Doe-Kpe, von den Franzosen zu Duékoué umbenannt.

Die Stadt **Man** gilt als Höhenluftkurort. Umgeben von Gebirgen, die Höhen von 1000 bis 1400 m erreichen, kann man von einer Gebirgsstadt sprechen. 1907 wurde hier ein französischer Militärposten errichtet, um die Verbindung nach Guinea zu sichern. Weitbekannt sind die Elfenbeinschnitzer von Man, man sollte sie bei ihrer Arbeit sehen.

5. Sassandra und Umgebung

Ein reizvolles Gebiet am Meer. Kleine Buchten mit Sandstrand, dahinter Kokospalmen, in das Meer ragende Felsklippen, Inseln in der Lagune der Mündung des Sassandra-Flusses. Einen besonderen Genuß hat man von See her kommend, da man dabei schön langsam den Reiz der Landschaft entdecken kann. Die kleinen Fischerjungs klettern pudelnaß auf das Schiff und halten in ihren Zähnen Kokosnüsse. Wirft ein Reisender eine Geldmünze in das hellblaue Wasser, so tauchen sie mit großer Geschicklichkeit und halten die Münze zwischen den blendenden weißen Zähnen.

Das Treiben im **Fischerhafen,** die langen, bunten Einbaumboote und die verschiedenen Arten der angelandeten Fische hinterlassen einen unvergeßlichen Eindruck. Der Ort selbst liegt mit seinen markantesten Gebäuden auf grünen Hügeln. Die schönste Aussicht hat man vom Leuchtturm, bzw. von der katholischen Kirche, die stolz „Kathedrale" genannt wird. Lohnend ist ein Spaziergang an der **Allee der Kokospalmen,** wo sich das Denkmal zur Erinnerung an die Opfer des britischen Schiffes „SS Umana" befindet. Es wurde vor Sassandra zu Weihnachten 1943 von einem deutschen U-Boot torpediert und mahnt, daß auch hier der grausame Krieg tobte.

Sassandra ist auf der Straße schlecht zu erreichen, aber zwischen Mitte Dezember und Mitte Mai lohnt sich ein Aufenthalt.

6. Der Norden

Man sagt, daß in Yamoussoukro der Süden endet und der Norden beginnt, doch es gibt hier keine scharfe Trennungslinie, sondern nur weite Übergangsräume. Man kommt nicht plötzlich aus dem Regenwald heraus, denn es gibt viele Übergänge: Grasflächen im Wald, dichte Bestände von Fächerpalmen, Waldhaine im Grasland.

Im Ort **Tiébissou** kann man Silberschmiede und Weber sehen, die noch alte afrikanische Methoden anwenden. Die einheimische Bevölkerung dieses Gebiets sind die Baule, die zur Gruppe Agni-Aschanti gehören. Aus ihrer Mitte kommt der erste Staatspräsident der Republik Elfenbeinküste und langjährige Abgeordnete und Minister in Paris Félix Houphouët-Boigny. Die Baule sind zum größten Teil Animisten, die sich gegen Bekehrungsversuche islamischer Moslems aus dem Norden und christlicher

Missionare aus dem Süden gestemmt haben. Nach ihrer Vorstellung gibt es einen einzigen Gott, Schöpfer des Himmels und der Erde. Er heißt Alurua oder Anangaman, ist jedoch derart groß, daß ein Mensch ihn nicht erreichen kann, und er kümmert sich auch nicht um die kleinlichen Alltagssorgen der Menschen. Dafür gibt es Zwischeninstanzen, die guten und bösen Geister. Himmel und Erde, Sonne, Mond und Sterne sind personifiziert und haben ihre vorbestimmte Stellung zwischen Gott und den Menschen. Man kann sie durch Opfergaben besänftigen. Vor allem sind jedoch Opfergaben für die Verstorbenen erforderlich, sie leben weiter nach dem Tod und können direkt in die Geschehnisse der Lebenden eingreifen.

Die Stadt **Bouaké** ist eine planmäßig angelegte Siedlung, in deren Mittelpunkt eine vom Bahnhof ausgehende Hauptstraße ist. Zur Zeit des Sklavenhandels war es ein Marktort, in dem Sklaven aus dem Norden gegen Salz und Schießpulver aus dem Süden ausgetauscht wurden. 1898 wurde hier ein französischer Militärposten errichtet, der eine der wichtigsten Nachschubbasen für die französischen Expeditionen im Sudan war.

In **Katiola** befindet man sich bereits im alten Grasland. Um 1800 wanderten hier Taguana, ein Zweig der Mande, ein und verteidigten sich gegen Feinde aus Nord und Süd. Eine besondere Spezialität ist hier die Töpferei, die von den Mangoro-Frauen angefertigt werden. Sie erzeugen immer wieder mit der gleichen Technik die gleichen Muster, allerdings in verschiedenen Größen. Ihre Fertigkeit ist einmalig in Westafrika. Man sollte sie in den kleinen Dörfern um Katiola bei der Arbeit sehen.

Ferkessédougou verdankt seine Entstehung dem Bau der Eisenbahn. Zur Zeit der Dampflokomotiven fand hier die Versorgung mit Brennstoff und Wasser statt. Östl. davon liegt **Kong**, einstmals Hauptstadt eines Diula-Reiches. Es wurde im 11. Jhdt. gegründet, als die Diula noch ausschließlich Bauern waren, mußte zeitweise den Reichen Gana und Mali Tribut zahlen, konnte jedoch seine politische Organisation bis Ende des 19. Jhdts. bewahren. Zur Zeit seiner größten Machtentfaltung hatte Kong 15 000 bis 20 000 Einwohner. Hauptmann Binger weilte hier 1888 drei Wochen lang als Forscher und kam im nächsten Jahr wieder mit französischen Truppen aus dem Sudan, um die von Bassam aus nach Norden vordringende Kolonne unter Treich-Laplène zu begrüßen. Einige Jahre später zerstörten Truppen des Königs Samory die Stadt. Von diesem Schlag hat sie sich bis heute nicht erholt.

Westlich Ferkessédougou liegt **Korhogo**, Sitz des Departements Nord mit 27 Unterpräfekturen (= Landkreisen). Man befindet sich hier im Wohngebiet der Senufo, die in ganz Afrika als gewandte Hersteller von Masken und Statuen aus Holz sowie aus Kupfer und Bronze bekannt sind. Die Senufo-Kunst zeichnet sich durch ihre Stilisierung, ihre „Vereinfachung der Wirklichkeit" aus. Heute imitiert man den Senufo-Stil zwischen Sahara und Kongo, aber man sollte lieber an Ort und Stelle fahren, um die Künstler bei ihrer Arbeit zu sehen... und eine Maske, die nachweislich in Korhogo angefertigt wurde, hat weitaus mehr Wert als eine Maske, die in irgend einer Hafenstadt gekauft wurde. Man sollte sich Ort und Datum auf der Rückseite der Maske vom Meister bescheinigen lassen. Die Senufo sind in ihrer Mehrheit noch Animisten. In ihren „heiligen Hainen", wahrscheinlich Erinnerungen an eine frühere bewaldete Landschaft, werden die neugeborenen Kinder den Lebenden und den verstorbenen Ahnen als Glieder zwischen gestern, heute und morgen vorgestellt. Bei den verschiedenen kultischen Handlungen sind Europäer nicht erwünscht, man dränge sich daher nicht auf.

7. Naturschutzpark Buna

Die totale Naturschutzzone **Buna** (Bouna) liegt im äußersten Nordosten und umfaßt über eine Million Hektar Land. Hier leben in freier Natur: Elefanten, Büffel, Affen, Antilopen, Warzenschweine, Flußpferde, Krokodile und verschiedene Vogelarten. Leider kann niemand dem Besucher garantieren, daß er wirklich in zwei bis drei Tagen einen Elefanten sieht, oder überhaupt ein Säugetier. Der Nationalpark ist noch zu jung und die Tiere sind daher noch scheu und auch noch nicht sehr zahlreich. Zwischen Mitte Dezember und Mitte April hat man am ehesten Gelegenheit, die Tiere zu beobachten. Da in den Randgebieten die Jagd erlaubt ist und nur eine geringe Zahl von Aufsehern vorhanden ist, kommen leider vielfach Schützen, die keine Jäger sind, in das Gebiet des Nationalparks und knallen einfach ab, was vor den Lauf kommt. Im Interesse der ehrbaren Jäger wäre es erforderlich, daß hier eine internationale Vereinbarung getroffen wird, um den Wilddieben das Handwerk zu legen, etwa dadurch, daß der Nationalpark Buna der Elfenbeinküste mit jenem der Mole Game Reserve in Ghana zusammengelegt wird. Dadurch könnte ein großes Naturschutzgebiet entstehen, die Menschen müßten nicht nur von ihrer Hirse leben, sondern würden durch den Fremdenverkehr ein höheres Einkommen haben. Außer einer engeren Zusammenarbeit zwischen Elfenbeinküste und Ghana müßten auch besser ausgebildete Fachkräfte Knallverbote, Grasbrände usw. kontrollieren.

Obervolta

Die Republik Obervolta (République de Haute-Volta) liegt im Innern Westafrikas zwischen den Staaten Niger, Dahome, Togo, Ghana, Elfenbeinküste und Mali. Die Landesfläche beträgt 274 122 qkm. Hauptstadt ist Wagadugu (Ouagadougou). Amtssprache Französisch, Landesfarben Schwarz, Weiß, Rot.
Der Wahlspruch lautet: „Ehre, Einheit, Freiheit".

Bevölkerung und Geschichte

Nach amtlichen Schätzungen beträgt die Zahl der **Einwohner** etwa **4¹/₂ Millionen**. Sie gehören zahlreichen **ethnischen Gruppen** an: Mossi, Gurmantsche, Grunsi, Bobo, Dagari, Lobi, Senufo, Mande, Bambara, Diula, Fulbe, Tuareg. Da ihre Verwandten teilweise in den benachbarten Staaten leben, gibt es schwierige Fragen der Integration und der Nationsbildung.

Die **Religionsverteilung** ist etwa: 55% Animisten, 25% Christen, 20% Moslims, wobei jedoch religiöse Duldsamkeit herrscht.

Die Mossi, rund 40% der Bevölkerung, haben eine homogene, stark hierarchisch aufgebaute Gesellschaftsordnung und üben auf die anderen Gruppen eine starke Anziehungskraft aus, so daß man gelegentlich von einer „Mossifizierung" gesprochen hat. Im Gebirge des Westens leben zahlenmäßig kleinere ethnische Gruppen, die ihre traditionalen politischen Einrichtungen auch heute bewahren möchten.

Einen Staat Obervolta gab es nicht in vorkolonialer Zeit. Die Mossi und die Gurma hatten im 18. und 19. Jhdt. ihre eigenen Staatsgebilde. 1896/97 wurde das Land von den Franzosen besetzt. Am 1. 3. 1919 wurde ein eigenes militärisches Verwaltungsgebiet „Haute-Volta" gegründet und nach dem Ende der Aufstände am 5. 9. 1932 wieder aufgelöst. Aus französischen innenpolitischen Gründen mußte 1947, um den Proporz zwischen MRP (christdemokratisch) und SFIO (sozialistisch) herzustellen, ein neuer Gouverneurposten geschaffen werden. Man erinnerte sich an das ehemalige Militärgebiet Obervolta. So wurde am 4. September 1947 das Überseeterritorium „Haute- Volta" aus Teilen der Territorien Sudan, Elfenbeinküste und Niger geschaffen. Obervolta wurde ein Teil der AOF-Förderation und erhielt am 11. 12. 1958 seine innere Autonomie, am 5. 8. 1960 die Unabhängigkeit. Am 22. 9. wurde es Mitglied der Vereinten Nationen und am 30. 11. 1960 wurde die Verfassung verkündet. Ein raumferner Zufall entschied über die Entstehung eines unabhängigen Staates. Der Mossi Yaméogo war der erste Präsident des Landes, wurde jedoch von den Militärs unter General Lamizana, aus der kleinen ethnischen Gruppe der Samo, an der Grenze nach Mali, gestürzt. Als Vorwand galten Nepotismus und Korruption, in Wirklichkeit war die schlechte Wirtschaftslage der Grund zum militärischen Staatsstreich.

Wirtschaft, Verkehr, Handel

Obervolta ist ein armes Land, dessen Haupteinnahmen aus Geldüberweisungen aus anderen Ländern kommen. Die ehemaligen fanzösischen Soldaten erhalten Pensionen und die fleißigen Arbeiter aus Obervolta in den afrikanischen Nachbarländern überweisen monatlich beachtliche Beträge in die Heimat.

Im Augenblick der Unabhängigkeit herrschte weitgehend die **Selbstversorgung in Landwirtschaft, Viehzucht und Fischerei.** Seither ist dank verschiedener Entwicklungshilfen viel geschehen, um die Ernährung zu verbessern. Durch die Einführung eines modernen Reisbaus, modernen Gemüsebaus, moderner Viehzucht und durch die Anlage vieler Fischteiche konnten neue Wirtschaftsquellen erschlossen werden. In erster Linie ging es darum, die vielen Kinder von der Unterernährung bzw. von der einseitigen Ernährung zu retten. Das ist weitgehend gelungen.

In Obervolta gibt es rd. 5500 km ganzjährig befahrbarer **Straßen und Pisten,** daneben rd. 7500 km Saisonpisten d. h. während der Trockenzeit befahrbar. Zu Beginn des zweiten Weltkriegs ging die **Eisenbahn** von Abidjan (Port Bouet) nur bis Bobo Diulasso, nach dem Krieg wurde der Schienenweg bis Wagadugu (Ouagadougou) verlängert. Der Plan, diese Eisenbahnlinie um rd. weitere 675 km bis Niamey zu verlängern, wurde nicht verwirklicht. Der **Flugplatz** von Wagadugu wird regelmäßig von Maschinen der Gesellschaft „Air Afrique" beflogen, was auch der Fall für Bobo Diulasso ist. Es besteht eine gewisse Rivalität zwischen dem alten Handelszentrum Bobo Diulasso und der Hauptstadt Wagadugu. Die Regierung hat hier tiefgreifend eingewirkt, indem sie alle Banken und Handelshäuser von Bobo Diulasso verpflichtet hat, Filialen in Wagadugu zu errichten.

Der **Außenhandel** ist seit Jahren passiv. Die Nachfrage nach modernen Konsumgütern und Industrieerzeugnissen wächst, die Ausfuhr an Vieh, Fischen, Erdnüssen, Baumwolle und Kapok kann diese Nachfrage nicht erfüllen.

Auf der Reise

Es gibt keinerlei Schwierigkeiten zur Ein- bzw. Durchreise. Gültig sind die allgemeinen Vorschriften der Entente-Länder, fußend auf dem internationalen Prinzip der Gegenseitigkeit.

Mit dem Kraftwagen

In Bobo Diulasso und Wagadugu findet man gute Werkstätten, oft müssen jedoch die Ersatzteile erst aus Abidjan bestellt werden. Der Treibstoff ist verständlicherweise wesentlich teurer als in Abidjan, da die dortige Raffinerie die zusätzlichen Transportkosten in Rechnung stellen muß.

Sehenswürdigkeiten

1. Der Westen

Hier fallen noch mehr als durchschnittlich 1000 mm Niederschläge jährlich, daher ist das Pflanzenkleid üppiger als in den anderen Landesteilen. **Bobo Diulasso** ist die volkreiche Wirtschaftsmetropole von Obervolta. Neben dem Dorf Sia oder Sya gründeten die Franzosen einen kleinen militärischen Stützpunkt. Als kurz vor dem 1. Weltkrieg die Eisenbahn von Abidjan bis hierher reichte, wurde eine neue Stadt gegründet. Der Bahnhof ist der Mittelpunkt, von dem radial die Straßen ausgehen. Zu diesem Stadtteil „Centre" kamen später weitere Stadtviertel hinzu. Sehenswert sind in der Umgebung: die Quelle des Ku, die „Falaise" (= Steilstufe) beim Dorf Borodugu und der Nilpferdsee („Mare aux Hippopotames"). In der Trockenzeit ist er etwa 1 km breit und 5 km lang, während der Regenzeit besteht eine Wasserverbindung zum Schwarzen Volta. Es soll hier bis zu hundert Nilpferde geben.

Die Stadt **Banfora** liegt in einem Becken, umgeben von Hügelketten. Sehr eindrucksvoll ist die „Falaise" (= Steilstufe) von Banfora, die zwar nicht sehr hoch ist, aber unmittelbar aus der Ebene herausragt.

2. Wagadugu

Um 1300 entstand das Mossi-Reich mit einer starken sozialen und politischen Organisation. Zunächst war es ein Einheitsstaat, zerfiel dann in die verbündeten Staaten Wagadugu, Yatenga, Gurma, Mamprusi und Dagomba. An der Spitze stand der Mogho Naba (auch Moro Naba ausgesprochen), doch die Staatsgeschäfte wurden von fünf Ministern erledigt. Neben dem König hatte der Tengsoba die wichtigste Funktion als Erdherr. Diese Würde durfte nur jemand bekleiden, der direkt von Naba Ubri bzw. den ersten Eroberern des Landes abstammte. Er verteilte den Boden an die einzelnen Sippen zur Bewirtschaftung. Aus dem Kernraum Wagadugu unternahmen die Mossi weite Streifzüge: 1337 stürmten sie Timbuktu, 1477 Walata, beides südliche Endpunkte der transsaharischen Karawanenwege. Mehrfach trugen benachbarte Staaten den Krieg in das Mossi-Land.

Der erste Europäer, der Wagadugu sah, war der deutsche Afrikaforscher Gottlob Adolf Krause, geboren am 5. 1. 1850 in Okrilla bei Meißen. Nach Reisen in Tripolitanien und im Niger-Benue-Gebiet, lebte er von 1886—1895 in Westafrika, wobei er zahlreiche Sprachen erlernte. Besonders gut soll er die Haussa-Sprache beherrscht haben. 1887 kam er nach Wagadugu und machte dem Mogho Naba seine Aufwartung. 1896 eroberten die Franzosen nach einem kurzen Gefecht die Stadt, setzten einen neuen König ein und schlossen mit ihm am 28. 1. 1897 einen Protektionsvertrag. 1919—1932 war Wagadugu die Verwaltungshauptstadt der Kolonie Obervolta und nach 1947 wieder. 1954 wurde die Eisenbahn von Bobo Diulasso bis Wagadugu verlängert.

Sehenswert ist vor allem der **Palast des Moro Naba,** wo man den Freitagszeremonien beiwohnen kann. Die katholische Mission wurde 1907 gegründet, 1917 entstand die Teppichweberei der Schwestern, 1921 wurde Wagadugu Sitz eines Apostolischen Vikariats, nach der Unabhängigkeit Sitz eines Erzbischofs. Unter den ersten Afrikanern, die zur Würde eines Kardinals der katholischen Kirche kamen, war der Erzbischof von Wagadugu. Die **Kathedrale** selbst ist von europäischen Baumeistern im neoromanischen Stil errichtet worden.

Im ex-IFAN findet man Archivmaterial, wissenschaftliche Bücher, Zeitschriften und ein Museum der Volkskunst. Die originellsten Handarbeiten des Mossi-Landes sind kleine Statuetten, zwischen 7 und 20 cm hoch, die Tänzer, Masken, Szenen aus dem täglichen Leben einfach aber ausdrucksvoll darstellen.

Wagadugu besitzt — ganz wie Paris — eine „Avenue des Champs Elysées" und ein „Bois de Boulogne", doch das einzig Gemeinsame sind die Namen.

In der Umgebung sind die vielen **Stauseen** eine Besonderheit, wo man während der Trockenzeit eine Reihe von Tieren beobachten kann. Ein Besuch in den Dörfern, in denen Handwerker tätig sind, lohnt sich ebenfalls.

3. Der Südosten

In diesem dünn besiedelten Gebiet in der Nähe der Nationalparks W und Pendjari (siehe Niger und Dahome) gibt es ausgezeichnete Jagdgelegenheiten. Ausgangspunkt ist die alte Hauptstadt des Gurmastaates **Fada Ngurma.** Das Gurmantsche Reich ist um 1200 entstanden und wurde ein Jahrhundert später zu einem Vasallenstaat des Mossi-Reiches. Der erste Gurmantsche-König

Diaba Lompo soll zusammen mit seiner Frau direkt vom Himmel in der Nähe von **Fada Ngurma** auf die Erde gefallen sein und das unbewohnte Gebiet allmählich besiedelt haben. Der berühmteste Gurmantsche-König war Labidiebo, der im 14. Jhdt. regierte. Er führte Kriege gegen die Nachbarn und war dabei so erfolgreich, daß er den Ausspruch tat, auch noch den Himmel zu erobern. Voller Hochmut nahm er seine Lanze und warf sie gegen den Himmel, doch sie fiel zurück und tötete ihn. 1894 wurde der König Bacthande von seinen Unterhäuptlingen vertrieben, er suchte Hilfe bei den Franzosen und bei den Deutschen. Eine französische Kolonne unter Hauptmann Decoeur und eine deutsche unter Oberleutnant Ernst v. Carnap Quernheimb rückten an. Decoeur war schneller und schloß mit Bacthande am 20. 1. 1895 einen Protektoratsvertrag. Das Gebiet blieb jedoch von Deutschen besetzt. Auf Grund des deutsch-französischen Abkommens vom 23. 7. 1897 fiel das Gurmagebiet zum größten Teil an Frankreich, und zwar abwechselnd zu den Kolonien Dahomey, Haut-Sénégal-Niger, Haute Volta, Niger und wieder zu Haute Volta gehörend.

Ghana

Zwischen den Republiken Elfenbeinküste, Togo und Obervolta liegt die 238 537 qkm umfassende Republik Ghana. Hauptstadt ist Accra, Amtssprache Englisch. Die Nationalflagge führt in horizontalen Streifen Rot, Gelb und Grün. In der Mitte des gelben Streifens befindet sich ein fünfzackiger schwarzer Stern. Die Nationalhymne beginnt mit den Worten: „Lift high the flag" und stammt von Philip Gbeho und Leslie Woodgate. Der Wahlspruch des Staates lautet: „Freiheit und Gerechtigkeit".

Bevölkerung und Geschichte

Ghana hat rund 7¹/₂ Millionen **Einwohner,** die auf dem Wege zu einer Nation sind und aus etwa **50 ethnischen Gruppen** bestehen. Die Hauptgruppen sind: Akan (Aschanti, Brong, Akwapim, Kwahu, Fanti und Ahanta) = 44% der Gesamtbevölkerung, Mole-Dagbani (Kusasi, Talensi, Nankanni, Builsa, Dagarti, Wa, Lobi, Mamprusi, Dagomba, Grusi, Gurma), zusammen 16% der Gesamtbevölkerung, Ewe (13%), Ga-Adangbe (8%), Guan (4%), Gruma (3,5%), Yoruba, Mande, Fulbe, Haussa.

Nach dem **Religionsbekenntnis** sind etwa 72% Animisten, 10% Moslims, 9% Römisch-Katholische und 8% Evangelische (Anglikaner, Methodisten, Baptisten, Presbyterianer, Freikirchen und Sekten).

Der heutige Staat Ghana führt den Namen eines Staates, den es garnicht innerhalb der heutigen Staatsgrenzen gegeben hat. Der alte Staat Gana lag im Westsudan, im heutigen Ghana gab es nur kleinere politische Gruppierungen. Nur Teile des heutigen Nordghana gehörten zu den großen Reichen der Mossi, Dagomba, Haussa, Fulbe. Im 19. Jhdt. gelang es den Aschanti, ein größeres Reich aufzubauen. An der Küste begannen 1471 die Portugiesen Handel zu treiben, 1642 kamen die Niederländer und kurz danach Schweden, Dänen, Deutsche (Brandenburg-Preußen) und Engländer. Nach und nach kauften die Engländer sämtliche Faktoreien auf, und so entstand 1874 die britische Kolonie der Goldküste. 1901 gelang es, durch Verträge und Kriegszüge das Aschantiland und den Norden zu britischen Protektoraten zu erklären. Zu Beginn des ersten Weltkriegs zogen von hier Truppen gegen das deutsche Schutzgebiet Togo, worauf Westtogo wirtschaftlich an die Goldküste angeschlossen wurde. 1957 erhielt die Kolonie ihre Unabhängigkeit und nahm ihren heutigen Namen an, 1960 fand eine Volksabstimmung statt. Ghana wurde Präsidial-Republik und Dr. Kwame Nkrumah Präsident.

Am 24. 2. 1966, während Nkrumah in Peking weilte, stürzte die Armee den „Osagyefo" (= Erlöser). Drei Jahre später wurde, nach vorangegangenen Wahlen, eine zivile Regierung unter Dr. Busia eingesetzt und ein neuer ziviler Staatspräsident gewählt. Die Zivilisten blieben nicht lange an der Macht und wurden von den Militärs gestürzt.

Wirtschaft, Verkehr, Handel

Ghana ist der **größte Kakaoproduzent der Erde** und liefert jährlich mehr als 200 000 Tonnen Kakaobohnen. Diese Mengen werden nicht in großen Plantagen, sondern in Kleinbetrieben der Einheimischen gewonnen. Als **Nahrungspflanzen** werden im Süden Makabo, Mais, Yams, Kochbananen, im Norden Hirse, Mais und Maniok angebaut. Im Süden wachsen auch Kokospalmen, Ölpalmen, Raphiapalmen, Kolabäume, Hevea, Kaffee, Ananas usw., im Norden Baumwolle, Schibutterbäume. Die **Viehzucht** ist besonders im Norden entwickelt, wo es je etwa eine halbe Million Rinder, Schafe und Ziegen gibt. Der **Fischfang** wird in den Flüssen und Lagunen nach althergebrachter Weise betrieben, an der Küste jetzt auch mit modern ausgerüsteten Motorfahrzeugen. Um das unrationelle Abholzen zu verhindern, hat die Regierung 51 000 qkm der Landesfläche zu forstlich geschütztem Wald erklärt. Man hofft, auf diese Weise den Holzertrag steigern zu können. Von den **Bodenschätzen** werden Gold, Diamanten, Manganerz und Bauxit abgebaut.

Das **Verkehrswesen** ist verhältnismäßig gut entwickelt. Es gibt rd. 13 000 km Straßen, davon 2200 km asphaltiert. Die Länge der Eisenbahnlinien beträgt 945 km. Der wichtigste Überseehafen ist Takoradi, der über Kaianlagen und moderne Verladeeinrichtungen verfügt. Auch der neue Hafen von Tema hat Kaianlagen, in den übrigen Häfen werden die Überseeschiffe mit Hilfe von Ruderbooten be- und entladen. Einen internationalen Flughafen hat Accra, regelmäßig angeflogen werden auch Takoradi, Kumassi und Tamale. Ghana hat 1957 eine eigene Schiffahrtslinie („Black Star Line") und eine eigene Luftfahrtgesellschaft („Ghana-Airways") gegründet.

Der Durchschnitt der letzten zehn Jahre des **Außenhandels** zeigt, daß an der Spitze der Ausfuhrgüter Kakao stand (etwa 60% des Ausfuhrwerts), dann folgten Holz (10%), Gold (10%), Diamanten (8%), Manganerz (7%), Bauxit und Palmkerne. An der Spitze der Einfuhr standen Maschinen, Apparate, Fahrzeuge (und Bestandteile), Textilien, Nahrungsmittel, Getränke, Rauchwaren, Baustoffe (vor allem Zement), Treibstoffe, chemische und pharmazeutische Erzeugnisse (einschließlich Seife). Haupthandelspartner von Ghana sind Großbritannien, die Vereinigten Staaten, die Bundesrepublik Deutschland, Japan und die Niederlande.

Auf der Reise

Gegenwärtig sind europäische Reisende in Ghana gern gesehen und haben alle Möglichkeiten, das Land zu bereisen. Die Aufenthaltsgenehmigungen werden in freundlicher Art in kürzester Zeit erledigt. Bei der Einreise wird nach den mitgebrachten Devisen gefragt, aber es erfolgen keine Leibesvisiten. Diese Veränderungen der letzten Jahre sind sehr erfreulich.

Mit dem Kraftwagen

In Ghana gilt Linksverkehr, doch sind auch Fahrzeuge mit Linkssteuerung zugelassen. Reparaturwerkstätten, Service-Stationen und Tankstellen findet man in Accra und in allen größeren Städten des Landes. Die Hauptstraßen sind gut ausgebaut, auf den Nebenstraßen muß man mit starken Schäden durch die Regen rechnen. Bei den Straßensperren wird empfohlen, langsam zu fahren, auch dann, wenn der Drahtverhau offen ist und keine Uniformierten zu sehen sind.

Sehenswürdigkeiten

1. Accra — Tema

Die Hauptstadt des Landes wurde nach den englischen Vorstellungen einer Gartenstadt weitflächig angelegt. Es gibt kein eigentliches Stadtzentrum und die einzelnen Stadtviertel liegen weit auseinander. Anstelle des geplanten englischen Rasens findet man landwirtschaftlich genutzte Flächen und wild wucherndes Gras. Besichtigungen zu Fuß sind infolge der großen Entfernungen nur schwer möglich.

Das älteste Gebäude ist **Schloß Christiansborg**, im 17. Jhdt. von den Dänen erbaut. Besichtigungen sind nicht möglich. In der Nähe befindet sich der **Black-Star-Platz,** der nach der Unabhängigkeit als Aufmarschfeld der Massen erbaut wurde. Die dahinterliegenden Ministerien sind weniger prunkvoll. Die **Kingsway** ist die wichtigste Geschäftsstraße.

Nördl. von Accra liegt das **Universitätsviertel Legon** mit einer sehr reichen Universitätsbibliothek. Diese große Universität des anglophonen Negro-Afrika wurde 1948 gegründet und erhielt wertvolle Zweitexemplare der Washingtoner Kongreß-Bibliothek... darunter auch Bücher, die 1945 aus deutschen Bibliotheken verschwunden sind.

Östlich Accra wurde der moderne Seehafen **Tema** ausgebaut. Eine Autobahn verbindet Accra mit Tema. Nach dem Plan sollte Accra mit Tema zusammenwachsen, was derzeit noch nicht der Fall ist. Im Hafen Tema kann man ohne besondere Erlaubnis den Fischerhafen betreten, wo man die Anlandung der Fische und ihre Versteigerung erleben kann. Wenn alte Frauen am Kai stehen, geben ihnen die Fischer die „Gottesgabe".

2. Das westliche Küstengebiet

Hier standen seit vielen Jahrhunderten Europäer und Afrikaner in Handelsautausch. Im Bild der Siedlungen und im Verhalten der Menschen zeigt sich dies deutlich in verschiedenen Vor- und Nachteilen.

Die erste größere Siedlung ist **Winneba,** ein alter Fischerhafen mit buntem Treiben. Zahlreiche Kirchen und Sekten haben ihre Gotteshäuser, Schulen und sozialen Einrichtungen. Geschäfte findet man in modernen Häusern, in alten Kolonialbehausungen und in Bretterbuden. Am Meer stehen viele Öfen zum Räuchern der angelandeten Fische. Aus Lehm bauen sich die Frauen kreisrunde Öfen verschiedener Größe. Unterhalb des Rostes wird das Brennholz eingelegt und oberhalb die Fische. Wenn ein Fischerboot an Land kommt, stehen viele Menschen am Ufer. Entweder sie wollen billig zu einem Fisch kommen oder sie wollen helfen, das Boot an Land zu ziehen, oder es kommt ihnen nur darauf an, zu sehen, wie die betreffende Bootsbesatzung mit der starken Barre fertig wird, was oft lang dauern kann. Ähnlich wie in Winneba ist es auch in den anderen Fischerorten der Küste, die meist nicht an der Hauptstraße liegen, sondern wie Winneba auf kürzeren oder längeren Zubringern zu erreichen sind.

Eine Besonderheit dieses Teils der Küste sind die vielen alten Festungen, von verschiedenen europäischen Nationen erbaut, die man sonst nirgends in Westafrika findet. Von Ost nach West handelt es sich um folgende Küstenfestungen:

Prampram — Fort Vernon, 1756 von den Franzosen erbaut, 1806 britisch,

Accra — Christiansborg, 1659 von Dänen erbaut an der Stelle, wo vorher ein schwedisches und vermutlich noch früher ein portugiesisches Fort stand,

Accra — Ussher Fort, 1642 von Niederländern erbaut, wurde 10 Jahre später französisch („Fort Crevecoeur"), 1782 britisch, drei Jahre später den Niederländern übergeben, 1816 aufgelassen, 1830 wieder von Briten besetzt, 1862 und 1868 umgebaut,

Accra — James Fort, Mitte des 16. Jhdts. von Portugiesen erbaut, 1673 von Briten besetzt und umgebaut,

Senya Beraku — Fort Good Hope, Gründungszeit unbekannt, bestand 1704 als niederländische Festung,

Apam — Fort Leydaasmheid, 1697 von Niederländern erbaut, 1782 britisch, 1785 niederländisch, um 1800 aufgelassen,

Anomabu — Fort William, niederländische Gründung um 1700, 1753 britisch,

Mouri — Fort Nassau, 1598 von Niederländern erbaut, 1664 britisch, 1665 wieder niederländisch, 1782 britisch, 1785 niederländisch, 1815 aufgelassen,

Cape Coast — Castle, ursprünglich schwedisch, dann dänisch, 1662 britisch, Renovierungen im 19. Jhdt. haben das alte Bild zerstört,

Elmina — Castle of St. George, das älteste Bauwerk der Europäer in den afrikanischen Tropenländern. Mit Bausteinen, die aus Portugal kamen, wurde es 1482 errichtet, 1637 von den Niederländern erweitert; ist gut erhalten und kann besichtigt werden,

Elmina — Fort Sao Iago, jenseits einer kleinen Bucht von den Portugiesen noch im 15. Jhdt. erbaut als kleines Fort zum Schutz der Festung El Mina, 1683 niederländisch, heute Bürogebäude,

Komenda — Fort Vredenburg, 1688/89 von den Niederländern errichtet, 1782 britisch und drei Jahre später aufgelassen,

Komenda — English Fort, 1663 von den Engländern gegründet, 1665 niederländisch, 1667 wieder britisch,

Shama — Fort Sebastian, um 1560 von Portugiesen erbaut, 1640 niederländisch, heute Büroräume,

Sekondi — Fort Orange (= Oranien), vermutlich eine niederländische Neugründung um 1640, wurde 1840 aufgelassen, war dann nochmals kurz niederländisch und 1872 britisch,

Dixcove — Fort Metal Cross, Entstehung nicht bekannt, 1691 in englischem Besitz, 1749 durch Umbau stark verändert, heute Büroräume,

Princess Town — Großfriedrichsburg, ein Zeugnis früher deutscher Kolonialbetätigung. Der brandenburgische Kurfürst Friedrich Wilhelm hatte die Absicht, in das Kolonialgeschäft einzusteigen, um nicht von den holländischen und englischen Zwischenhändlern abhängig zu sein. Mit Unterstützung der reformierten Stadt Emden und wahrscheinlich auch mit Geldmitteln des katholischen Domkapitels von Münster wurden die ersten Schiffe ausgerüstet. Ende 1681 wurde ein Vertrag mit 3 Dorfhäuptlingen westlich des Kaps der Drei Spitzen abgeschlossen. 1682 wurde der kurbrandenburgische Major Otto Friedrich von der Groeben (geb. 1657 in Pratten/Ermeland) mit einem Detachement nach Westafrika geschickt, um das Gebiet in Besitz zu nehmen. Am 1. 1. 1683 vollzog von der Groeben den feierlichen Akt und begann mit dem Bau der Festung Großfriedrichsburg. Tropische Krankheiten dezimierten die Brandenburger, die außerdem noch gegen niederländische Angreifer kämpfen mußten. Von der Groeben kehrte Ende 1683 nach Brandenburg zurück und wurde Amtshauptmann in Marienwerder, wo er 1694 sein Buch „Guineische Reisebeschreibung" veröffentlichte. 1907 erschien im Insel-Verlag, Leipzig, eine Faksimileausgabe.

Großfriedrichsburg konnte gegen die Niederländer und Briten nicht lange gehalten werden. Der Abzug der Brandenburger 1708 vollzog sich in einer nicht ganz geklärten Weise. Nach den Forschungen des Ghana-Historikers K. Y. Daaku haben die Brandenburger anscheinend Großfriedrichsburg dem Ahanta-Pokoso Prinzen John Konny übergeben. Konny, der „last Prussian Negro Prince" gilt als einer der großen Reformatoren Afrikas, der in seinem Gebiet eine mustergültige Verwaltung eingeführt hatte. Er war dauernden Angriffen der Niederländer und Briten ausgesetzt und mußte 1724 Großfriedrichsburg aufgeben. Die niederländischen Eroberer gaben der Festung den Namen „Hollandia". Vermutlich um 1800 zogen die Niederländer ab und Großfriedrichsburg wurde allmählich zu einer Ruine. Nach der Unabhängigkeit Ghanas begann man mit der Restaurierung der alten Anlagen. Sie sind heute wieder sehenswert, dank privater Geldspenden aus Deutschland. Leider ist die Piste von der Asphaltstraße nach Princess-Town schlecht.

Axim — Fort St. Antony war die zweite von Portugiesen erbaute Festung im heutigen Ghana, wahrscheinlich noch im 15. Jhdt. errichtet, 1642 eroberten die Niederländer die Festung und bauten sie mehrmals um, heute sind dort Büroräume untergebracht.

Vor 1800 wurden an der Küste von Ghana insgesamt 37 Festungen erbaut, davon sind 8 gänzlich verfallen.

Auf der Reise von Accra nach Axim kommt man aus der Küstensavanne in den immerfeuchten Regenwald. **Cape Coast,** die alte Hauptstadt der britischen Kolonie „Gold Coast", ist eine reizvolle, alte Kolonialstadt mit einem kleinen Hafen. Verwaltungssitz der „Western Region" und Residenz des katholischen Erzbischofs war es schon vor der Unabhängigkeit. Danach wurde Cape Coast Sitz einer Universität, die sich außerhalb der Stadt in einem Campus befindet und mit den modernen Bauten einen Kontrast zur Altstadt darstellt.

Weiter westlich liegen die Städte **Sekondi** und **Takoradi,** eigentlich zu einer Doppelstadt zusammengewachsen. Sekondi ist die alte Kolonialstadt, Takoradi die moderne Hafenstadt mit guten Hotels.

3. Der Südosten

Östlich Accra befindet man sich in der Küstensavanne, deren Entstehung durch den kalten Benguela-Strom bedingt ist. Vom südlichen Eismeer kommend, zieht eine kalte Meeresströmung von der Südspitze Afrikas nach Norden. Dort wo der „Benguela-Strom" an die westafrikanische Küste reicht, fallen nur geringe Niederschläge, so daß nur entlang der Flüsse Wälder entstehen konnten.

An der Küste sind die Fischerorte **Ada** und **Keta** sehenswert, die abseits der Durchgangsstraße Accra-Lome liegen. Um den Besitz dieser Küstenplätze gab es in der zweiten Hälfte des 19. Jhdts. harte Auseinandersetzungen zwischen britischen und deutschen Kaufleuten.

Lohnend ist eine Tagesfahrt von Accra nach **Akosombo** und **Ho.** Vor Akosombo liegen mehrere neue Dörfer, in denen Menschen angesiedelt wurden, die durch den Stau des Volta-Flusses ihre Siedlungen verlassen mußten. Auf einer Abzweigung links kann man auf den großen Staudamm fahren, wo man von der Hotel-Terrasse einen schönen Blick auf die Anlagen hat. Um das Wasser des Volta-Flusses zur Gewinnung elektrischer Energie zu nutzen, gab es zwei Projekte: der britische Plan wollte den Fluß weiter oberhalb stauen, der sowjetische Plan sah einen Damm bei Akosombo vor. Der damalige Präsident Nkrumah entschied sich für **den sowjetischen Plan**, der wesentlich teurer war als der britische und von der Volkswirtschaft Ghanas nicht verkraftet werden konnte. Jetzt stehen die großartigen Anlagen, nur ein Bruchteil der Kapazität kann genutzt werden. Die hohen Investitionskosten hätten sich nur dann gelohnt, wenn mehrere westafrikanische Staaten als Stromabnehmer aufgetreten und die Mittel für weite Überlandleitungen vorhanden gewesen wären. Die Pläne eines großen Schiffahrtsweges von Tema bis Tamale blieben unrealistische Wunschträume.

Über eine neue Volta-Brücke unterhalb des Dammes kommt man in das ehemalige deutsche Schutzgebiet Togo (1884—1914). Zu Beginn des ersten Weltkrieges von britischen Truppen besetzt, wurde Westtogo ein Mandatsgebiet des Völkerbundes und unter britische Verwaltung gestellt. 1946 wurde es in ein Treuhandgebiet der Vereinten Nationen (UNO) umgewandelt, 1956 stimmte die Mehrheit für den Anschluß an die Goldküste. Der Hauptgrund dieses Volksentscheids war vor allem die Tatsache, daß man wußte, die Goldküste würde im nächsten Jahr zu einem unabhängigen Staat werden, während im französischen Teil von Togo eine Unabhängigkeit nur in weiter Ferne zu liegen schien. Am 9. Mai 1956 betrug die Wahlbeteiligung 81%. Im Süden von Britisch Togo waren 16 086 Stimmen für den Anschluß an die Goldküste (d. h. das spätere Ghana) und 35 710 dagegen. Das zählte nicht, denn Westtogo wurde als Einheit betrachtet und im Norden stimmte die Mehrheit für den Anschluß: 93 005 waren dafür und 67 492 dagegen.

Man beachte eine Kuriosität beim Überschreiten des Volta-Flusses. Im deutsch-englischen „Sansibarvertrag" vom 1. Juli 1890 wurde auch die Grenzfrage zwischen der britischen Goldküste und dem deutschen Togo geregelt. Der Volta sollte hier die Grenze sein, aber nicht wie sonst üblich die Mitte des Stromes, sondern das linke Ufer, damit die Deutschen von der Schiffahrt ausgeschlossen sind.

Das Städtchen **Ho** liegt am Ostfuß einer Nebenkette des zentralen Togogebirges in 325 m Seehöhe und hat im Durchschnitt um 1200 mm Niederschlag pro Jahr. Die bereits 1840 nach Westtogo gekommene Norddeutsche Missionsgesellschaft errichtete 1859 eine Hauptstation in Ho, die allerdings 1869 von Asantekriegern zerstört wurde und wieder aufgebaut werden mußte. 1902 erhielt Ho eine Regierungsstation, die dauernd von einem deutschen Beamten besetzt war und zum Bezirksamt Misahöhe gehörte. 1908 ließen sich Steyler-Missionare (Societas Verbi Divini) in Ho nieder. Vor dem ersten Weltkrieg gab es in Ho außerdem noch mehrere Handelshäuser, Baumwollentkernerei, Regierungsversuchspflanzung, Zollhebestelle, Post- und Telegraphenamt. Während des ersten

Weltkrieges wurden alle Deutschen vertrieben. Nach der Unabhängigkeit hat die Norddeutsche Evangelische Kirche in Ho eine moderne Buchdruckerei eingerichtet. Die Anlagen der evangelischen Mission sind sehenswert.

4. Der Norden

Von Accra wählt man zweckmäßigerweise die Straße über die Akwapim-Steige. Die geologisch alte Akwapim-Kette fällt mit einer Steilwand zur Küstenebene ab. Auf der Höhe liegt ein Gästepalast der Regierung, seinerzeit im Auftrag von Präsident Nkrumah erbaut. Entlang der Straße sieht man Dörfer mit festen Häusern als Zeichen von Wohlstand. Man ist im Gebiet des Kakaoanbaus. Der Kakaobaum kam aus Mittelamerika auf die Insel Fernando Poo und von dort erst Mitte des 19. Jhdts. an die damals britische Goldküste. Klima und Böden waren so günstig im etwas höher gelegenen Waldland, daß die Goldküste zum größten Kakaoproduzenten der Welt wurde. Weiter nördlich kann man das eigenartige Huza-System der Waldrodung beobachten, das von den Krobo und Schai praktiziert wird. Ein Klan oder eine Sippe pachtet oder kauft von den Einheimischen Waldland, und zwar jeweils Streifen, die vom Fluß bis zur Wasserscheide reichen. Sie roden den Wald, indem sie „gereihte Streifenfluren" errichten. Sie verwerten das Holz direkt oder verarbeiten es zu Holzkohle. Auf den gerodeten Flächen pflanzen sie erst Mais und dann Maniok, später auch Ölpalmen und Kakaobäume. Dadurch ist der ursprüngliche Regenwald sehr stark umgewandelt worden. Seine Nordgrenze wurde weit nach Süden verschoben.

Kumasi ist die zweitgrößte Stadt des Landes, volkreich und weitflächig. Die alte Hauptstadt der Aschanti-Föderation, in der sich der goldene Thron befand, ist seit Jahrhunderten ein bedeutender wirtschaftlicher Mittelpunkt. Die Aschanti wehrten sich lange gegen den britischen Einfluß von der Küste her und sie wollen sich auch heute nicht von Accra bevormunden lassen. Die größte Sehenswürdigkeit von Kumasi ist der Große Markt, einer der größten in Westafrika. In der 1820 erbauten und mehrmals renovierten Festung befindet sich ein Museum der Armee mit Erinnerungsstücken aus den Feldzügen in Togo während des ersten Weltkrieges und in Burma während des zweiten Weltkrieges. 1961 wurde die Technische Hochschule gegründet.

Die Straße nach Norden führt über **Mampong** nach **Ejura,** wo man sich entscheiden kann, entweder über **Yeji** und die Fähre auf dem Volta-Stausee oder über **Kintampo** und Brücken erst am Schwarzen, dann am Weißen Volta nach **Tamale** zu kommen. Die „Hauptstadt des Nordens" hat keine besonderen Sehenswürdigkeiten. Die Straße weiter nach Norden ist gut ausgebaut und führt, vorbei an einem von der Sowjetunion gebauten Flugplatz, durch ebenes Gelände im Grasland. Während der Trockenzeit sieht man den großen Gegensatz zwischen den rötlich-braunen, dürren Grasflächen und den dunkelgrünen Bäumen. Es handelt sich um Karité, d. h. „Schibutterbäume", deren Früchte der wichtigste Lieferant von Fettstoffen für die menschliche Ernährung sind. Man überschreitet abermals den Weißen Volta, dessen helle Wasserfarbe davon kommt, daß der Gesteinsuntergrund aus hellem Sandstein besteht, während man es am Schwarzen Volta mit einem kristallinen Untergrund zu tun hat... beim Roten Volta handelt es sich um rötlichen Buntsandstein.

Bolgatanga war während der Kolonialzeit ein kleiner Marktort und wurde einige Jahre nach der Unabhängigkeit zum Sitz einer Regions-Verwaltung. An der nördlichen Grenze von Ghana sollte eine neue Stadt entstehen, eine Konkurrenzgründung zu Wagadugu und ein Anziehungspunkt für die Menschen aus Obervolta. Neue Industriebetriebe sollten entstehen, um den Menschen in Obervolta zu zeigen, daß es sich lohnen würde, ihr armes Land an das reiche Ghana anzuschließen. Aus diesen Plänen ist nicht viel geworden. Der bedeutendste Industriebetrieb ist die Fleischfabrik, mit deutschen Entwicklungsgeldern erbaut. Die Anlage ist sehenswert. Die deutschen Experten haben hier eine großartige Arbeit geleistet, doch die Kapazität kann nur zu einem Bruchteil ausgenutzt werden. Es gibt nicht genügend Schlachtvieh. Der Standort wurde falsch gewählt, weil man annahm, die Schlachtrinder aus Obervolta würden hierher getrieben werden. Das war ein Irrtum und kostete Geld. Ähnlich liegt der Fall mit einer von Jugoslawien erbauten Konservenfabrik südlich Bolgatanga. Die moderne Fabrik steht da, aber es gibt kein Gemüse in der Umgebung, das in genügender Menge zur Konservierung angeliefert werden könnte.

Westlich Tamale liegt die **„Mole Game Reserve"**. Ein gutes Hotel ist eine größere Sehenswürdigkeit als der Naturschutzpark. Die Zahl der Tiere ist gering, sie sind zudem auch scheu. Der Besucher kann nicht mit Bestimmtheit damit rechnen, Elefanten, Büffel usw. zu sehen.

Togo

Zwischen Ghana und Dahome liegt die Republik Togo mit rd. 56 000 qkm, ein schmaler Schlauch von der Küste ins Innere, mit rd. 80 km ost-westlicher und rd. 550 km nord-südlicher Erstreckung. Die Hauptstadt Lome liegt dicht an der Grenze zu Ghana. Amtssprache ist Französisch.

Bevölkerung und Geschichte

In Togo leben nicht ganz **2 Millionen Menschen,** die sich traditionell in fast zwei Dutzend ethnische Gruppen gliedern. Die zahlreichsten davon sind im Norden: Moba, Gurma, Tschokossi, Lamba, Konkomba, in der Mitte: Kabre, Losso, Kotokoli, Bassari, Akposso, im Süden: Ewe, Watschi, Mina und Fon.

Nach dem **Glaubensbekenntnis** gibt es etwa 70% Animisten, 18% Katholische, 5% Evangelische und 7% Moslims.

Togo ist altes Durchzugsland. Es gehörte abwechselnd zu den großen Staaten, die in der Nachbarschaft entstanden sind, war aber nie Mittelpunkt eines eigenen großen Reiches. Der Norden gehörte im 16., 17. Jhdt. zum Reich Mali, danach zum Aschanti-, Mossi- und Fulbe-Staat. Im Süden herrschten kleine Sippenhäuptlinge, bis im 19. Jhdt. der Dahome-Herrscher Takudura auch Südtogo seinem Staat einverleibte. An der Küste trieb man seit 1481 Handel mit Europäern. 1884 schloß der deutsche Generalkonsul Dr. Gustav Nachtigal mit einigen Häuptlingen Verträge. Damit wurde Togo zu einem deutschen Schutzgebiet. 1914 überrannten britische und französische Verbände die schwachen deutschen Polizeieinheiten (zwei Offiziere, sechs Unteroffiziere, 500 togolesische Polizisten). Westtogo mit 33 775 qkm bekam Großbritannien, Osttogo mit 56 000 qkm Frankreich. Zunächst wurden sie als Militärgebiete verwaltet, dann als Mandate des Völkerbundes und 1946 zu Treuhandgebieten der Vereinten Nationen erklärt. Westtogo kam auf Grund der Ergebnisse einer Volksabstimmung an die Goldküste und ist heute die „Volta-Region" der Republik Ghana, Osttogo bekam 1956 innere Autonomie und 1960 die volle Unabhängigkeit unter dem Titel „Republik Togo". Mit großer Mehrheit wurde am 9. 4. 1961 die neue Verfassung der Republik von den Wählern angenommen.

Der erste Präsident der Republik Togo, Sylvanus Olympio, wurde am 13. 1. 1963 von unzufriedenen Unteroffizieren ermordet. Die Soldaten übergaben die Macht Nicolas Grunitzky, dem Sohn eines deutschen Missionars und seiner togolesischen Frau. Am 13. 1. 1967 erfolgte ein zweiter Staatsstreich seitens der Armee. Grunitzky wurde in das Ausland geschickt und der aus dem Mannschaftsstand hervorgegangene Offizier Eyadema, der in Indochina und Algerien für Frankreich kämpfte, wurde zum Staats- und Regierungspräsidenten ausgerufen. Am 30. 8. 1969 verkündete er die Gründung einer Einheitspartei, um die ethnisch-politischen Spannungen im Land zu beseitigen.

Wirtschaft, Verkehr, Handel

Der wichtigste Wirtschaftszweig Togos ist die **Landwirtschaft**, Grundnahrungsmittel ist im Süden Maniok, im Norden Hirse. Für die Ausfuhr pflanzt man im Süden Kakao und Kaffee, im Norden Baumwolle. Die **Viehzucht** wird vor allem im Tse-Tse-freien Norden betrieben. Durch weiträumige Aufforstungen mit Teak-Bäumen ist es gelungen, den Waldanteil etwas zu erhöhen, um damit weitgehend den Inlandsbedarf an Nutzholz decken zu können. Von den Bodenschätzen werden derzeit nur Phosphate im Süden abgebaut. Die Industrie ist noch unbedeutend, wenn auch einige Ansätze vorhanden sind (Ölfabriken, Aufbereitungsanlagen für Baumwolle, Kapok, Kopra, Stärkefabrik).

Das **Verkehrswesen** ist im Süden gut ausgebaut, im Norden etwas mäßig. Es gibt 600 km Straßen I. Ordnung und 4000 km Straßen II. Ordnung, rd. 75 km sind asphaltiert. Von den 491 km Eisenbahnlinien ist jene, die von Lome nach Blitta (Mittellandbahn) führt, die wichtigste. Togo besitzt derzeit **zwei Seehäfen:** den mit Entwicklungshilfe der Bundesrepublik Deutschland erbauten Hafen von Lome und weiter östlich, bei **Porto Seguro,** eine mit Privatmitteln erbaute Verschiffungsanlage für Phosphate. Bei Lome befindet sich ein internationaler **Flugplatz**.

Die wichtigsten **Ausfuhrgüter** Togos sind Phosphate, Palmkerne, Kakao, Kaffee, Baumwolle, Maniok-Stärke, die wichtigsten Einfuhrgüter Metallwaren, Maschinen, Fahrzeuge, Nahrungsmittel, Getränke, Baustoffe und Textilien. Die wichtigsten Handelspartner sind Frankreich, Ghana, Großbritannien, die Bundesrepublik Deutschland.

Auf der Reise

Togo besitzt eine Reihe von Sehenswürdigkeiten, doch bisher hat sich die Regierung nicht besonders um den Fremdenverkehr gekümmert. Die Einreisebestimmungen sind daher teilweise noch kompliziert.

Mit dem Kraftwagen

In der Hauptstadt Lome findet man Hotels, Reparaturwerkstätten und Tankstellen, im Landesinnern nur in den größeren Siedlungen. Die Ost-West-Durchgangsstraße Lagos—Cotonou—Lome—Accra ist ganzjährig mit allen Fahrzeugtypen befahrbar, bei den anderen Straßen muß man mit zeitweisen Unterbrechungen rechnen.

Sehenswürdigkeiten

1. Das Küstengebiet

Die Hauptstadt **Lome** ist eine deutsche Gründung Ende des 19. Jhdts. mit einem regelmäßigen Grundriß im alten Stadtkern. Die damals errichteten Straßen trugen die Namen: Kaiser, Kurfürsten, Wilhelm, Bismarck, Humboldt, Puttkamer, Wissmann, Mecklenburg, Lübeck, Königsberg, München... Am Strand sieht man noch Reste der alten deutschen Landungsbrücke, die am 27. 1. 1904 dem Verkehr übergeben und am 17. 5. 1911 durch eine Sturmflut stark zerstört wurde. Die neue Landungsbrücke wurde am 1. 11. 1912 in Betrieb genommen und später von den Franzosen ausgebaut. Diese ist noch gut erhalten, ein Wärter verbietet jedoch das Betreten. An der Kokospalmenallee am Meer befinden sich u. a. ein modernes Hotel und die deutsche Botschaft. Dieser westlich der Landungsbrücke gelegene Stadtteil führt den Namen „Sebe", weil 1897 der Sitz der deutschen Zentralverwaltung aus Sebe nach Lome verlegt wurde. Seit 1897 ist Lome die Hauptstadt von Togo. Es entstanden hier: 1902 Regierungsschule, 1903 Regierungshandwerkschule, 1909 Königin-Charlotte-Krankenhaus, 1911 Regierungsfortbildungsschule (= Oberschule). 1912/13 lebten in Lome 190 Europäer und rund 7000 Afrikaner. Bezeichnend ist die Zahl der afrikanischen Handwerker zum gleichen Zeitpunkt: 143 Tischler und Zimmerleute, 60 Schlosser und Schmiede, 45 Maurer, 1 Photograph, 52 Bootsleute, 13 Küfer, 63 Schneider, 10 Schuster, 29 Fischer, 28 Fleischer, 92 Köche, 36 Goldschmiede und 70 Waschleute. Östlich des eigentlichen Stadtzentrums liegt die katholische Kathedrale, heute Sitz des Erzbischofs von Togo. Am 3. 9. 1892 fand die Grundsteinlegung der katholischen Missionsstation Lome, betreut durch Steyler Missionare (Societas Verbi Divini), statt und am 2. 6. 1901 erfolgte die Grundsteinlegung der Herz-Jesu-Kirche in Lome, der heutigen Kathedrale. Sie ist in einem eigenartigen neogotischen Stil erstellt und unterscheidet sich sehr von den anderen Kirchenbauten in Westafrika durch die besondere Form ihrer Türme. Die Stadt Lome erweiterte sich nach Osten, wo neue Hotels, Seemannsheim und der neue Hafen erbaut wurden. Fachleute hatten vorgeschlagen, für Togo und Dahome einen gemeinsamen Hafen zu bauen, doch die Politiker waren anderer Ansicht; daher baute die BRD für 77 Mio. DM den Hafen Lome, Kostenpunkt der zweiten Phase zusätzlich 40 Mio., Frankreich baute einen Hafen in Cotonou.

Durch den Bau des neuen Hafens wurde die alte Küstenstraße weggeschwemmt. Man muß einen Umweg machen, um nach **Bagida** (erste Hauptstadt von Togo) und **Porto Seguro** (Phosphate) zu kommen. Die Küstendüne zwischen dem Meer und der Lagune von Togo ist hier sehr schmal. Eisenbahn und Straße führen weiter nach Osten bis **Anecho,** wo die Eisenbahn endet. Anecho oder Klein-Popo war früher ein sehr wichtiger Handelsplatz für Elfenbein und Sklaven. Dr. Gustav Nachtigal schloß hier am 5. Juli 1884 einen Schutzherrschaftsvertrag, doch als er nach Kamerun weiterfuhr, besetzten die Franzosen die Stadt, sind jedoch im folgenden Jahr wieder abgezogen. Anecho erhielt 1891 eine Regierungsschule und 1894 das Nachtigal-Krankenhaus, 1895 wurde die katholische Missionsstation gegründet. Heute herrscht nicht viel Leben in Anecho, die alten Häuser am Meer zerfallen und die alte katholische Kirche steht in Ruinen. Die neue Siedlung verlagert sich landeinwärts, wo auch die neue katholische Kirche entstanden ist mit einem bemerkenswerten afrikanischen Kreuzweg.

Sebe in der Nähe von Anecho war 1886—1897 die Verwaltungshauptstadt von Togo. Bereits 1886 wurde hier von der deutschen Verwaltung ein Versuchsgarten für Baumwolle, Gemüse und Kaffee angelegt. Als die Zentralverwaltung nach Lome verlegt wurde, begann Sebe zu zerfallen.

2. Der Westen

Eine etwas veraltete Eisenbahn und eine während der Regenzeit schlecht befahrbare Straße führen von Lome durch ein dicht besiedeltes Gebiet über **Noepe** nach **Asahun.** Dann kommt man in ein weniger dicht besiedeltes Gebiet am Fluß des Togogebirges. Rechts ragt die Baumann-Spitze bis fast 1000 m empor. Nach dem alten Ort **Tove** kommt man nach **Palime** in 250 m Meereshöhe. Hier ist der Endpunkt der vor 1914 erbauten Inlandbahn Lome—Palime.

Missahöhe unweit Palime war schon zur deutschen Zeit ein Luftkurort, da es in 470 m Meereshöhe liegt. 1890 wurde hier ein Bezirksamt gegründet, zugleich auch eine Regierungsversuchspflanzung. Im nahe gelegenen **Kluto** entstand um 1900 ein Krankenhaus für Schlafkranke. Missahöhe und Kluto sind Ausgangspunkte für Fahrten in das Togogebirge, das Höhen bis zu 1500 m erreicht.

3. Die Mitte

Von Lome nach Norden geht es durch eine offene Landschaft mit Maniokfeldern und Ölpalmen nach **Tsevie,** einem bereits vor 1914 bekannten Marktplatz mit Postamt. Durch ein dünn besiedeltes Gebiet mit einzelnen Waldreserven kommt man nach **Nuatja** in 150 m Meereshöhe. Die vorkoloniale Siedlung war von Lehmmauern umgeben, die Reste davon sind fast gänzlich verschwunden. 1902 wurde hier eine Ackerbauschule eingerichtet mit den Hauptaufgaben: Gemüsebau, Kaffee, Baumwolle, Schweine-,

Schaf- und Ziegenzucht. Weiterhin laufen Straße und Eisenbahn parallel bis **Agbonu,** das am 1. 4. 1911 von der Eisenbahn erreicht wurde. Die 3,5 km lange Nebenstrecke nach **Atakpame** wurde am 2. 5. 1913 dem Verkehr übergeben. Atakpame ist seit 1898 Bezirksamt. In der Nähe befand sich die deutsche Großfunkstation Kamina, wo am 26. August 1914 die schwachen deutschen Polizeikräfte den Engländern die Waffen übergaben und damit den kurzen Togo-Feldzug, der am 6. August begonnen hatte, beendeten.

4. Der Norden

Blitta ist nur durch reinen Zufall zu einer Siedlung geworden, da hier 1914 der Endpunkt der Eisenbahn war. Die Franzosen haben die Bahn nicht weiter nach Norden verlängert, da sie lieber Straßen als Bahnen bauten. Dadurch ist Blitta heute noch ein bedeutender Umschlagplatz für Güter zwischen Süd- und Nordtogo.

Man kommt in die sudanesische Savanne, in der die immergrünen Bäume seltener werden. Die Stadt **Sokode** wurde 1896 zu einer Verwaltungsstation mit Regierungsschule, Postamt und Versuchspflanzung für Baumwolle.

Ein Abstecher von Sokode nach Westen führt durch hügeliges Gelände nach **Bassari** in 404 m Meereshöhe. 1897 wurde hier eine Verwaltungsstation eingerichtet, die dem Bezirksamtmann in Sokode unterstellt war. Bassari ist seit langem ein wichtiger Marktort. Die ethnische Gruppe der Bassari ist bekannt als fleißige Bauern, gute Viehzüchter und ausgezeichnete Verarbeiter von Eisenerz. Im nordöstlich von Bassari gelegenen **Bandjali** findet man ebenfalls gewandte Eisenverarbeiter mit sehenswerten Hochöfen und Schmiedewerkstätten.

Von Sokode aus führt die Hauptstraße weiter nach Norden durch hügeliges Gelände bis zur Felswand von Aledjo, einem Gebirgszug, der das Togogebirge mit dem Atakora-Massiv von Dahome verbindet. Nach einem etwas weniger eindrucksvollen Abstieg kommt man wieder in die Ebene nach **Lama-Kara,** einer der wichtigsten Siedlungen der fleißigen Kabre oder Kabure.

Auf der Weiterfahrt kann man die Hauptstraße über **Sara-Kawa** benützen oder die langsamere, aber interessantere Straße über **Niamtugu.** Hier und in den umliegenden Dörfern kann man noch alte Handwerkszweige mit ihren einfachen Techniken beobachten; vor allem Töpfer und Schmiede.

Im Marktort **Kandi** treffen die beiden Straßen wieder zusammen. Hier befindet man sich bereits im Bereich der Sudan-Scholle mit ihrer allmählichen Abdachung zum Niger-Strom. Die Landschaft wird eintöniger, insbesondere während der Trockenzeit. Die Besiedlung ist gering, doch mehrere Dörfer haben in ihrem Aussehen und in ihren Funktionen stadtähnlichen Charakter. **San-**

sanne-Mango (früher Sansanne-Mangu), dessen alter Name „Nsara" hieß, war der Hauptort des Tschokossi-Reiches, welches zwischen den Staaten der Mossi und der Dagomba um die Selbständigkeit kämpfte.

Im äußersten Norden liegt **Dapango,** eine sudanesische Stadt mit Sultanspalast, Markt und Moschee.

Dahome

Zwischen Togo und Nigeria liegt die Republik Dahome mit einer Fläche von 115 762 qkm. Es ist jener Staat Afrikas, der als einer der letzten zu einer europäischen Kolonie und nur gegen einen sehr starken Widerstand der Bevölkerung zu einem unabhängigen Staat wurde. Zugleich ist Dahome jener Staat Afrikas, der bisher die meisten Regierungen verschleißt hat und der die meisten Staatsstreiche aufweist. Nicht zuletzt ist Dahome ein Staat mit zwei Hauptstädten. Die oberste Staatsleitung hat ihren Sitz in Cotonou, ebenso die meisten Ministerien, andere Ministerien befinden sich in Port Novo, wo sich auch seinerzeit das Parlament befand. Amtssprache ist Französisch. Die Landesfarben sind Grün, Gelb und Rot, und zwar in folgender Anordnung: grün gelb/rot. Die Nationalhymne heißt: „Aube Nouvelle" (Neue Morgendämmerung), Musik von Abbé Gilbert Dagnon. Der Wahlspruch des Staates heißt: Brüderlichkeit, Recht, Arbeit.

Bevölkerung und Geschichte

Die rd. **2$^1/_2$ Millionen Einwohner** weisen im Süden eine Dichte von rund 110 E/qkm auf, im Norden etwa 7 E/qkm. Die Bevölkerungszunahme ist sehr hoch, die jährliche Zuwachsrate beträgt 2,8%. Jünger als 15 Jahre sind 46% der Bevölkerung. Im Süden leben: „Brasilianer", Mina, Ewe, Watschi, Gun und als zahlreichste Gruppe die Fon. In der Mitte siedeln hauptsächlich Yoruba, im Nordosten Bariba, Fulbe und im Nordwesten kleine ethnische Gruppen, denen die Moslims den Sammelnamen „Kafiri" (= Ungläubige) gegeben haben: Somba, Wingi-Wingi, Pila-Pila, Kotokoli, Semere, Dompago, Lama, Kabre, Gurmantsche.

Als die Portugiesen im 15. Jhdt. die westafrikanische Küste entdeckten, fanden sie im heutigen Dahome einen großen Staat vor, mit straff organisierter Verwaltung und einem gut ausgerüsteten Heer. Dieser Staat der Fon wurde von König Dako oder Daho von Allada aus begründet. Dan-Home reichte von der Küste bis weit ins Innere und pflegte Handel mit den Nachbarn und später mit Europa und Brasilien. Durch die Teilung des Staates in ein Königreich Porto Novo und ein Königreich Abome entstanden Spannungen, die bis heute fortdauern. Frankreich schloß mit Porto Novo mehrere Verträge im Laufe des 19. Jhdts. ab. Als der letzte König von Abome, Behanzin, 1894 besiegt war, errichtete Frankreich die Kolonie Dahomey. Wie die anderen Territorien des französischen Westafrika, erhielt auch Dahome die Unabhängigkeit am 1. August 1960. Infolge der regionalbedingten innenpolitischen Spannungen zwischen Ost (Porto Novo), West (Abome) und Nord (Paraku) hat Dahome im ersten Jahrzehnt seiner Unabhängigkeit zwölfmal das Staatsoberhaupt gewechselt und vier Staatsstreiche durch die Armee erlebt.

Wirtschaft, Verkehr, Handel

Landwirtschaft, Viehzucht und **Fischfang** sind die wichtigsten Wirtschaftszweige des Landes. Für die Eigenversorgung baut man im Süden Knollengewächse und Kochbananen, im Norden Hirse und Erdnüsse an erster Stelle an. Für die **Ausfuhr** bzw. für die industrielle Verarbeitung werden (in der Reihenfolge der Bedeutung) folgende Kulturen bearbeitet: Ölpalmen (in den letzten Jahren Qualitätsverbesserungen, Palmöl wird in den Städten des Südens verbraucht, Palmkerne ausgeführt), Erdnüsse (durch die Einführung neuer Sorten und durch Düngung ist es jetzt möglich, im Süden zwei Ernten jährlich zu erzielen), Kokospalmen (staatliche Baumschulen verteilen ausgesuchte Setzlinge, Verwendung an der Küste als Fett und Ausfuhr nach Europa für Margarineherstellung), Rizinus (bringt in der Mitte des Landes gute Ernten, Ausfuhr für medizinische Zwecke und zur Herstellung feiner Schmieröle), Baumwolle (wird im Norden angebaut, oft Wassermangel, Ausfuhr wegen großer Entfernung vom Hafen gehemmt), Kaffee (im Süden, hauptsächliche Sorte = Excelsa), Tabak (Versuche der letzten Jahre zeigen an der Grenze zwischen Wald- und Grasland gute Ergebnisse). An der Küste spielt der Fischfang, im Norden die Viehzucht eine größere Rolle. Die Industrie steckt in ihren Anfängen.

Dahome hat ein gut entwickeltes **Verkehrsnetz**. Die Länge der Straßen beträgt rd. 5000 km, die der Eisenbahnen 689 km. Überseehafen ist Cotonou, wo mit französischer Entwicklungshilfe ein moderner Hafen ausgebaut wurde. Die früher bedeutenden Häfen von Grand Popo und Widah haben keinen Überseeverkehr. In Cotonou befindet sich ein **internationaler Flugplatz.**

Die wichtigsten Ausfuhrwaren sind Palmkerne, Palmöl, Tabak, Erdnüsse, Kaffee, Kakao, Baumwolle, Kapok und geräucherte Fische, die wichtigsten Einfuhrwaren Gebrauchsartikel, Textilien, Maschinen und Apparate. Haupthandelspartner sind Frankreich und die Nachbarländer Ghana, Togo und Nigeria.

Auf der Reise

In allen Teilen von Dahome sind die Menschen gegenüber europäischen Besuchern, insbesondere wenn diese aus deutschsprachigen Ländern kommen, höflich, entgegenkommend und freundlich. Man kommt mit ihnen leicht ins Gespräch und man wird bald feststellen, daß es sich um intelligente Menschen handelt, die auch Kritik vertragen, was nicht überall in Afrika der Fall ist. Es kommt vor, daß sich am Flugplatz oder im Hafen zwei oder drei Gepäckträger darum streiten werden, wer das Gepäck des Einreisenden tragen soll. Hier muß man als Fremder unbedingt zu jenem stehen, mit dem man zuerst die Gebühr für das Tragen ausgehandelt hat. Dasselbe gilt für die Taxifahrer. In Dahome ist es noch wichtiger als in anderen afrikanischen Ländern, vor der Dienstleistung den Preis dafür auszumachen. In der Eisenbahn muß man nicht als Europäer eine Fahrkarte 1. Klasse lösen. Dies ist zwar erwünscht, aber nicht Bedingung und ganz gleich, ob man eine Karte 1. oder 2. Klasse hat, man wird sich im gleichen Abteil befinden und an den verschiedenen Bahnhöfen Knollengewächse, Gewürze, Maniok-Mehl usw. unter den Bänken und Füßen haben. Warum sollte sich ein Europäer in der Bahn von den Afrikanern absondern wollen? Unter den afrikanischen Mitreisenden befinden sich oft Menschen, die an europäischen Universitäten und Hochschulen ein Diplom erworben haben. Es gibt keine Vorteile der Hautfarbe und man soll sich auch nicht auf solche berufen.

Mit dem Kraftwagen

In der Hauptstadt Cotonou und in den größeren Siedlungen gibt es Reparaturwerkstätten und Tankstellen. Mit den Ersatzteilen klappt es nicht immer, denn die Devisenlage ist gespannt. Die freundliche Bedienung kann vieles, aber nicht alles wettmachen.

Sehenswürdigkeiten

1. Cotonou und Porto Novo

Im Auftrag des Königs von Abome gründete 1830 Yekpe Zinsu das Dorf Kutonu, von den Franzosen später in **Cotonou** umgewandelt, als sie 1868 in Kutonu die Konzession zur Errichtung von Faktoreien erhielten. 1891 wurde mit dem Bau eines kleinen Landungssteges begonnen. 1902/03 wurde vom Steg aus eine Eisenbahnlinie nach Widdah errichtet. Durch den Bau der Bahnstrecke nach dem Norden wollten die Franzosen die damalige Kolonie Niger verkehrsmäßig besser versorgen, darum wurde ein neuer Landungssteg erbaut, der von Dahome und Niger gemeinsam verwaltet wurde. Jahrelang gingen die Meinungen auseinander ob man in Togo oder in Dahome oder genau an der Grenze zwischen diesen beiden Staaten einen Hafen bauen soll. Nach der Unabhängigkeit wurde diese Frage bald gelöst, denn die Deutschen bauten einen Hafen in Lome und die Franzosen einen in Cotonou.

In der Nähe des noch intakten Landungssteges, auf dem man Fischer beobachten kann, liegt das alte Stadtviertel. Das Gebäude der **Handelskammer** ist sehenswert. In diesem Viertel befinden sich noch u. a. der neue Markt und die katholische **Kathedrale**. Nördlich des Bahnhofes und der Bahnstrecke wurden die afrikanischen Wohnviertel mit regelmäßigem Grundriß angelegt. Auf einer Brücke überquert man die Lagune und befindet sich im modernen Industrieviertel.

Zwischen dem Landungssteg („Wharf") und dem Hafen liegt ein modernes Hotel. Westlich des Hafens kommt man erst in ein Villenviertel und dann zu imposanten Neubauten mit Hotel und prunkvollen Regierungsgebäuden. Noch weiter westlich liegt der **Flugplatz.**

Von Cotonou führt eine gute Autostraße durch Kokospalmenplantagen nach **Porto Novo**. Auf einer trockenen Platte über der Lagune gründete 1688 Te Agbanlin, der dritte Sohn des in Allada residierenden Fon-Königs Kokpon, eine neue Stadt, die er Hogbonu nannte. 1752 gaben ihr die Portugiesen den Namen Porto Novo, das zu einem berühmten Sklavenmarkt wurde. Die Könige von Porto Novo führten mehrfach Kriege gegen ihre Blutsverwandten, die Könige von Abome, und suchten dafür Hilfe bei den Portugiesen, Engländern und Franzosen. Seit 1884 weilte ständig ein französischer Resident in der Stadt. Als im Juni 1895 die Kolonie Dahomey gegründet wurde, errichteten die Franzosen die Zentralverwaltung in Porto Novo.

In den alten Stadtteilen östlich der Brücke sieht man mehr oder weniger zerfallene „Paläste" traditionaler Würdenträger, z. B. den **Palast des Königs Toffa** (regierte von 1874—1908), und die **„Portugiesenhäuser"** mit ihren Treppen und Balkonen. Ferner sind hier sehenswert die alten Plätze und Sackgassen sowie die Märkte.

Ab 1895 entstand die neue Stadt westlich der alten. Sehenswert ist hier das **Palais des Gouvernements** mit seinen Gartenanlagen. In der Nähe befinden sich ein modernes Hotel, das Parlamentsgebäude und das **IRAD-Institut** (ex-IFAN) mit seinem reichen Bestand an wissenschaftlichen Büchern und Zeitschriften. Porto Novo wurde als Sitz der neuen **Universität** von Dahome gewählt, denn dort befanden sich die naturwissenschaftlichen Institute der Hochschule Benin (Togo und Dahome).

2. Die Küste und Widdah

Von Cotonou nach Westen führt die Straße teils durch Ölpalmenpflanzungen, teils durch sumpfige Gebiete. Etwas abseits der Hauptstraße liegt die Stadt **Widdah** (Ouidah). Der eigentliche Name dieser Stadt, um 1500 gegründet, ist Glehue. Um 1580 kamen die ersten Portugiesen, seither gibt es Handelsbeziehungen mit Portugal bzw. Brasilien. Widdah war noch im 17. Jhdt. die wichtigste Handelsstadt an der Küste zwischen den Mündungen des Nigers und des Voltas. Durch das Aufblühen des Sklavenhandels fuhren die Schiffe von Widdah nach Brasilien und in die Karibische See, wo man Arbeitskräfte für die Plantagen benötigte. In dieser wichtigen Handelsmetropole erhielten Franzosen, Engländer, Portugiesen und Dänen das Recht, befestigte Handelsniederlassungen zu gründen. Diese „Forts" sind jedoch nicht mit jenen in Ghana zu vergleichen: dort handelt es sich um richtige Festungen, hier nur um befestigte Faktoreien innerhalb der Stadt. 1727 fiel Widdah unter die Herrschaft des Königreiches Dan-Home. Die Statthalter des Königs trugen den Titel „Schascha". Der Sklavenhandel war ein einträgliches Geschäft, doch im Gegensatz zur allgemein verbreiteten Meinung war der Sklavenhandel unter den Afrikanern nicht ein grausamer Akt mit dem Ziel der Menschenvernichtung. Infolge der hohen Kinderzahl konnte der Boden nicht alle gut ernähren und daher gingen viele in die Fremde, um Geld zu verdienen, wie es die Leute aus Dahome noch heute tun. Aus dem Busch gingen diese Arbeitswilligen an die Küste und von Widdah nach Brasilien oder auf die Inseln der Antillen. Unmenschlich war dabei vor allem die Art der Schiffsbeförderung, denn die Kapitäne pressten auf ihren Schiffen möglichst viele Menschen zusammen und versuchten, an der Ernährung zu sparen. War es denn ganz anders auf den Schiffen, die deutschsprachige Auswanderer aus Europa im 19. und 20. Jhdt. nach Amerika gebracht haben? Auf jeden Fall sind Sklaven aus Übersee nach Dahome zurückgekehrt als reiche Leute und es ist selbstverständlich, daß es ihnen viele Menschen nachmachen wollten. Man darf nicht vergessen, daß die Bekämpfung des Sklavenhandels doch für die europäischen Seemächte der sehr vordergründige Anlaß war, um die Länder Westafrikas militärisch zu besetzen.

Die größte Sehenswürdigkeit von Widdah ist das ehemalige **portugiesische Fort Ajuda**. 1580 hatten die Portugiesen an jener Stelle einen Stein vergraben mit der Inschrift, Agudas sei portugiesisch. 1680 wurde das Fort mit Kaserne, Verwaltungsgebäude, Kapelle, Pfarrerwohnung, Lagerräumen erbaut und mit einer 2 m hohen Lehmmauer umgeben. Es erhielt den Namen Johannes der Täufer von Aguda und wurde dem Gouverneur von Sao Tomé unterstellt. Von 1894 bis zum 1. 8. 1961 war dieses 100x100 m umfassende Gebiet eine eigene portugiesische Kolonie. Heute befindet sich im zweigeschossigen Zentralgebäude ein sehenswertes historisches **Museum.** Darin sieht man u. a., wie die Beziehungen zwischen Dahome und Amerika waren. Die Vodu-Kultur der Antillen hängt eng mit der Vodun-Religion von Dahome zusammen, die Musik, die Tänze und sogar Sprachreste auf den Antillen und in Bahia/Brasilien weisen auf dahomeischen Ursprung hin. Neben dem Museum kann man sogar Weinreben sehen, die Portugiesen wollten auch in den Tropen ihre einheimischen Pflanzen ziehen. Die Kanonen des Forts sind auf das Meer gerichtet, die Befestigung besteht nur aus einer etwa 2 m hohen Lehmmauer. Die ehemalige Kirche, die Kaserne und die Faktorei sind ebenso wie die Nebengebäude heute verschwunden.

Gegenüber dem **Markt Zobe** befindet sich das ehemalige dänische Fort, das Anfang des 19. Jhdts. an eine deutsche Handelsfirma verkauft wurde, jedoch nie deutsches Hoheitsgebiet war. Das englische Fort William wurde stark verändert, dort befindet sich die Firma John Walkden. Als 1727 die Frau des englischen Gouverneurs ermordet wurde, war dies der Anlaß für den König von Abome, die Stadt Widdah zu besetzen. Das französische Fort Saint-Louis de Grégoy wurde 1908 abgetragen, es ist heute dort der Platz „du Fort Français" (in der Nähe der katholischen Kirche). Gegenüber der Kathedrale ist das Dangbehue oder **Haus der Schlangen.** Gegen ein entsprechendes Trinkgeld kommt der Wärter und versucht, die müden Schlangen etwas in Bewegung zu bringen.

Der sogenannte Fetischismus lebt noch in ganz Dahome und insbesondere in Widdah, aber es ist schwer, den Zeremonien beizuwohnen. Es gibt in der Stadt richtige Klöster für junge Männer bzw. für junge Mädchen, die dort einige Zeit vor ihrer Heirat verbringen. Neben und unter dem weit entfernten obersten Gott, der sich nicht um das Alltagsschicksal der Menschen kümmert, verehrt man verschiedene Gottheiten: Rissa — die Macht, Mahu — die Fortpflanzung, Dangbe — die Weisheit mit dem Schlangensymbol, Hu — der Reichtum des Meeres, Hewiozo — Feuer, Donner, Blitz, Wind, Sturm, Huessi — Krankheiten, Fa — Feldarbeit, Legba — der Teufel.

Zurück zur Hauptstraße kommt man am südl. Rand des Aheme-Sees vorbei und durch ein sumpfiges Gelände zur Abzweigung nach **Grand-Popo,** einer Stadt, die unter den Bäumen verschwindet. Der afrikanische Name der Siedlung lautet Huala. Die Bewohner hatten im 19. Jhdt. den Wunsch, als Konkurrenzhafen zu Anecho und Widdah aufzutreten, und versuchten mit deutschen und französischen Handelshäusern Verträge abzuschließen. Das führte sogar zu Spannungen zwischen Berlin und Paris, so daß eine deutsch-französische Grenzkommission die Frage der Zugehörigkeit regeln mußte. Ursprünglich sollte die Mündung des Mono-Flusses zur Grenze zwischen Togo und Dahome werden, dann jedoch entschied die Kommission, einen ganz schmalen Küstenstreifen von rd. 22 km Länge und paar hundert Meter Breite Frankreich zu überlassen. Dadurch verläuft die Grenze zwischen Dahome und Togo knapp neben der Straße.

Durch Sandanschwemmungen hat sich die Küstenlinie in den letzten Jahrhunderten laufend verschoben, seit 1600 um 3 bis 4 km. Dieser sandige Küstenabschnitt ist touristisch noch nicht erschlossen, könnte es jedoch leicht werden.

3. Die Seen und Lagunen in Süddahome

Im Westen, zwischen Grand-Popo und Widdah liegt der schon erwähnte **Aheme-See,** wahrscheinlich eine frühere Meeresbucht, die durch Sandanschwemmungen an der Küste zu einem Binnensee wurde. Etwa 20 km lang und 6 km breit ist der See ein ideales Fischgebiet. Neben den üblichen Fangmethoden haben die Peda-Fischer noch eine Spezialität: Stämme der Ölpalme werden ausgehöhlt, mit Öffnungen versehen und in das Wasser gelegt, so daß feste Reusen entstehen.

Von **Come** nach **Bopa** führt eine Straße durch zahlreiche Fischerdörfer, die von Kokos- und Ölpalmen umgeben sind.

Nördl. Cotonou liegt der **Nokue-See** (Lac Nokoué), der weiter östl. die Lagune von Porto Novo bildet, die sich bis Lagos fortsetzt. Eine besondere Originalität hat hier das Fischerdorf **Ganvié,** weil es ganz aus Pfahlbauten im See besteht. Sogar der Markt wickelt sich auf der Wasserfläche ab. Männer, Frauen und Kinder paddeln in großen und kleinen Booten herum. Die Pfähle der Häuser sind aus Mangroven oder anderen Harthölzern erstellt, die Wände aus Bambusen, die Dächer aus Stroh. Besonders verziert ist die Behausung des Ortsvorstehers, den man auch Häuptling oder König nennt. Täglich wird er durch das Dorf gerudert, um nach dem Rechten zu sehen. Neben den üblichen Methoden des Fischfangs gibt es hier noch eine besondere: man steckt in den Seeboden in einem Kreis von etwa 3 m Durchmesser Baumzweige mit ihren Blättern. Nach einer gewissen Zeit, wenn die Fische unter den Zweigen Schutz gesucht haben, wird ein großes Netz ausgeworfen und der Fischer hat eine reiche Beute. Die Fische finden am Festland guten Absatz. Dort muß man alle Lebensmittel und Gebrauchsgegenstände holen, vom Trinkwasser angefangen bis zu den Batterien zum Transistorgerät.

4. Allada und Abome

Von Cotonou geht es über den Marktort **Abomey Calavi** nach **Allada**. Unter diesem Namen entstand ein großes Reich, aus dem später jene von Abome und Porto Novo hervorgegangen sind. Die Gründung der Dynastie, die noch vor dem 15. Jhdt. erfolgte, ist mit folgender **Sage verbunden: Kposi Aduwene, die Frau des** Königs Tado, sammelte Holz. Ein männlicher Panther sprang sie plötzlich an und begattete sie. Als die Zeit gekommen war, brachte Kposi fünf Kinder zur Welt: das erste war ein richtiger Panther. Er sprang gleich in den Busch davon, das zweite war halb Panther, halb Mensch, das dritte war ein ganz normaler Mensch und die letzten zwei waren weiße Tauben. Aus dieser Sage kann man Hinweise auf frühere totemistische Vorstellungen finden. Der Panther ist das Sinnbild der Kraft und des Krieges, die Tauben sind Sinnbilder der Zierlichkeit und des Friedens. Die Residenz der Könige von Allada war Togudo und erst 1894, als die Franzosen das Gebiet besetzten, wurde eine neue Verwaltungsstadt 7 km weiter westl. angelegt, der man den Namen des alten Reiches Allada gab. Seit dem Tod von Gi-Gla, 1909, gibt es keinen König von Allada.

Durch Ölpalmenhaine und Reste des ursprünglichen Regenwaldes geht es nach **Bohicon**, wo man eine Abzweigung nach Westen nehmen muß, um **Abome** (Abomey) zu erreichen. Der afrikanische Name der Stadt lautet Agbome, die Franzosen haben ein y angehängt um das auslautende „e" auszusprechen. Hier gibt es ein modernes und billiges Hotel, so daß man sich die Zeit zu einem ausgedehnten Besuch nehmen kann. In Abome wird die Geschichte eines großen afrikanischen Staates lebendig, der ohne europäischen Einfluß entstanden ist. Das Reich Allada oder Ardres, das noch vor dem 15. Jhdt. entstand, behielt seine religiöse Kultstätte in Togudo bei Allada, aber Abome wurde die politische und wirtschaftliche Hauptstadt. Der König von Abome stand als gleichberechtigter Herrscher in Beziehung zu den Königen von Portugal, Spanien und Frankreich, so z. B. in der Zeit Ludwigs XIV. Übermittelt sind die Namen der Könige: Wegbadja, Agadja, Tegbesu, Kpengla, Agonglo, Ghezo, Glele und Behanzin. Jeder von ihnen hat einen neuen Palast erbaut und jene seiner Vorgänger zerfallen lassen, aus Pietät gegenüber den Vorgängern. Die Paläste von Ghezo und Glele sind erhalten und zu den bedeutendsten Museen Westafrikas zu rechnen. Alle Königspaläste wurden nach dem gleichen Schema erbaut: Außenhof für die Empfänge der Massen und der Ausländer, Innenhof für die Empfänge der näheren Mitarbeiter, Wohn- und Empfangsräume für die nächsten Angehörigen und Mitarbeiter. Daneben befinden sich die Gräber. Von den einzelnen Sälen verdient jeder mit den Thronen eine besondere Aufmerksamkeit. Die kunstvoll geschnitzten Sitzgelegenheiten zeigen eine großartige handwerkliche Fertigkeit und eine erstaunliche Entwicklung. Auch in den anderen Sälen kann man feststellen, daß lange vor der europäischen Kolonisierung dahomeische Handwerker und Künstler durchaus in der Lage waren Kunstwerke zu schaffen. Die Könige von Abome hatten an ihrem Hof ganze Kohorten von Holzschnitzern und Schmieden; ferner Gelbgießer, Gold- und Silberschmiede, Weber, Schneider, Töpfer, Maurer, Schreiner usw. Bezeichnend ist, daß den Königen von Abome nicht nur männliche, sondern auch weibliche Soldaten („Amazonen") zur Verfügung standen. Diese Frauen kamen in jungen Jahren in königlichen Dienst, wurden in der Handhabung von Waffen ausgebildet und kämpften mutig. In ihrem Privatleben waren sie frei. In Abome galt die Frau keineswegs als untergeordnete Kreatur, allerdings wurde von ihr genau so wie vom Mann eine hohe Disziplin erwartet. Eine Ausnahme scheinen lediglich die königlichen Prinzessinnen gewesen zu sein, von denen berichtet wird, daß sie sich oft Orgien und Ausschweifungen hingegeben haben. Trotz dieser Erscheinungen war der Staat Abome bestens organisiert, nicht nur auf dem militärischen Sektor, sondern auch auf dem Gebiet der Verwaltung, der Wirtschaft, des kulturellen und künstlerischen Lebens. Die Europäer hatten keinen gültigen Grund, diesen gut funktionierenden Staat zu zerstören. Die vorgebrachten Gründe der Grausamkeit, der Sklaverei und des Fetischismus sollten nur rein imperialistische Bestrebungen, unter dem Vorwand der Menschlichkeit, verdecken.

5. Der Norden

Auf der Straße von Bohicon über Dassa-Zoumé und Savé oder mit der Eisenbahn erreicht man **Paraku** (Parakou), den wichtigsten Ort von Nord-Dahome. Hier entstand eine Stadt nur, weil die Eisenbahn von Cotonou, die bis Niamey fortgeführt werden sollte, einen vorläufigen und anscheinend endgültigen Endpunkt fand. Infolge des aufkommenden Autoverkehrs hat sich die französische Kolonialregierung nicht entschließen können, die Eisenbahn weiter nach Norden zu bauen. So ist Paraku zum Umschlagplatz der Waren zwischen der Küste und der Wüste geworden. Von Paraku aus kann man zwei lohnende Abstecher machen: nach dem Westen oder nach dem Norden.

Nach dem Norden führt die gut ausgebaute Hauptstraße von Paraku nach **Ndali** (von dort ein Abstecher nach der Bariba-Hauptstadt **Nikki** möglich). Je weiter man nach Norden kommt, umso mehr nimmt der Baumbestand ab. In den letzten Jahren wurden Neuaufforstungen durchgeführt und vor allem zahlreiche Baumwollfelder angelegt. Die nächste größere Siedlung ist **Kandi**. Die Gründung der Stadt wird dem Bariba-Jäger Yari zugeschrieben, der hier eine große Herde von Elefanten angetroffen hat und ausrief: „Kandi" (= ich habe gefunden). Er erbaute an jener Stelle eine Siedlung mit seinen Angehörigen.

Zwischen **Angara-Débou** und **Guéné** fährt man durch die östliche Verlängerung des Naturschutzgebietes „W" (von Dahome aus keine Zu- oder Durchgangsstraßen, wohl aber geplant). Der Marktort **Malanville** ist die Grenz- und Zollstelle der Republik Dahome zur Republik Niger.

Westlich von Paraku führt die Straße nach **Djugu** (Djougou). Die Sage berichtet, daß die Herrscher von Djugu einer nach dem anderen starben und nur noch eine unheilbar kranke Königstochter lebte, als ein Gurmantsche-Zauberer kam und sie heilte. Der Ältestenrat von Djugu beschloß, daß die beiden heiraten müssen. Ihr Sohn Kurungu wurde dann ein mächtiger Herrscher. 1897 besetzten die Franzosen die Stadt.

Nordwestlich von Djugu liegt **Natitingu,** am Fuße des Atakora-Gebirges. Im 16. und 17. Jhdt. wanderten hierher Somba-Leute aus dem Nordosten ein und gründeten ein Gemeinwesen, das 1881 von den Bariba angegriffen und 1895 von den Franzosen besetzt wurde. Die Revolte der Somba 1917 wurde blutig niedergeschlagen. Noch heute sind die meisten Somba Animisten mit einem Glauben an das Fortleben nach dem Tod. Die Bekleidung besteht oft nur aus der Verhüllung weniger Körperteile. Die Siedlungen der Somba sind eindrucksvolle Burgen aus Lehmbauten, mit einem einzigen Eingang, oft zweigeschossig und bis 4 m hoch.

Über **Tangueta** gelangt man an den Südteil des **Nationalparks Pendjari,** der zusammen mit dem Nationalpark W die größte Wald- und Wildschutzzone in Westafrika ist (siehe Niger).

Niger

Zwischen Mali, Obervolta, Dahome, Nigeria, Tschad, Libyen und Algerien liegt die Republik Niger mit rund 1 267 000 qkm Fläche. Hauptstadt ist Niamey am Niger-Fluß, Amtssprache ist Französisch.

Bevölkerung und Geschichte

Mit rd. **3¹/₂ Millionen Einwohnern** ist Niger nur dünn besiedelt, denn der größte Teil des Landes ist Wüste. Die wichtigsten **ethnischen Gruppen** sind die Haussa (Handwerker, Bauern, Viehzüchter), Djerma (Bauern), Fulbe (Viehzüchter), Tuareg (Viehzüchter) und die Kanuri (Bauern, Fischer, Jäger). Die Mehrheit der Bevölkerung bekennt sich zum **Islam,** doch sind auch starke animistische Gruppen und einige Christen vorhanden.

Teile der heutigen Republik Niger gehörten zu den Staaten Gao (Sonrhai), Kanem-Bornu und Sokoto (Usmanu dan Fodios Fulbereich). In den ersten Jahren unseres Jahrhunderts kamen Franzosen in das Gebiet westlich des Tschadsees und gründeten Forts, um eine Verbindung zwischen Französisch Westafrika und den französischen Besitzungen in Nord- und Äquatorialafrika zu schaffen und aufrecht zu erhalten. 1922 wurde das Verwaltungsgebiet „Niger Français" gegründet. 1958 bekam das Gebiet innere Autonomie und 1960 wurde es zu einem unabhängigen Staat.

Im Augenblick der Unabhängigkeit wurde der gewandte Hamami Diori Staatspräsident, der 1945 zusammen mit Boubou Hama die Sektion Niger des R. D. A. (Rassemblement Démocratique Africain) gründete, die sich bei der Bevölkerung gegenüber der Sawaba-Partei Djibo Bakarys durchsetzte. Der zähen Verhandlungstaktik Hamami Dioris ist es gelungen, der Republik Niger einen Namen im internationalen politischen Leben zu verschaffen.

Wirtschaft, Verkehr, Handel

Die Wirtschaft von Niger beruht auf **Landwirtschaft** und **Viehzucht,** wobei oft wenige Zentimeter Niederschläge über Fülle oder Hunger entscheiden. Bei reichlichen Niederschlägen stehen Hirse, Erdnüsse, Baumwolle, Rind- und Schaffleisch für die Ernährung und für die Ausfuhr zur Verfügung. Bei geringen Niederschlägen müssen Grundnahrungsmittel eingeführt werden. Neue Hoffnungen knüpfen sich an die **Uranerzlager** bei Arlit, rd. 250 km nördlich Agades. Zur Nutzung sind zum Abtransport sind hohe Investitionen erforderlich, mit 10% ist daran auch eine deutsche Firma aus Frankfurt/Main beteiligt, mit 20% der Staat Niger, der bei der Erzielung eines Reingewinns davon 50% erhalten soll. Infolge der niedrigen Weltmarktpreise mußte man die Hoffnungen auf Gewinn stark zurückschrauben. Von den verschiedenen Handwerkszweigen verdient die **Lederverarbeitung** besondere Aufmerksamkeit.

Verkehrsmäßig ist Niger noch ungenügend erschlossen. Die Eisenbahnlinien, die nach französischen Plänen Niamey hätten erreichen sollen, enden in Wagadugu (Obervolta) und Paraku (Dahome). Das Straßennetz konnte noch nicht entsprechend ausgebaut werden. Daher sind nur etwa 500 km mit normalen Personenkraftwagen zu befahren. Lastwagen, Autobusse, Jeeps bzw. Landrover sind die gebräuchlichsten Verkehrsmittel auf den rd. 3000 km Straßen und 15 000 km Pisten. Die Schiffahrt auf dem Niger spielt heute keine große Rolle, wohl aber der **Luftverkehr.**

Neben dem internationalen Flugplatz Niamey werden regelmäßig angeflogen: Arlit, Agades, Maradi, Zinder und Tahua.

Ausgeführt werden Erdnüsse, Baumwolle und Rinder, eingeführt Industrieerzeugnisse, Treibstoff und Luxusgüter, Haupthandelspartner sind Frankreich, Elfenbeinküste, Nigeria und Dahome.

Auf der Reise

Die Zoll- und Einreiseformalitäten gehen stets höflich, manchmal jedoch schleppend vor sich. Es wird empfohlen, bei der Einreise eines Deutschsprachigen den Zöllnern und Grenzpolizisten klar und deutlich in französischer Sprache die eigene Staatszugehörigkeit bekanntzugeben, um mögliche Irrtümer von vornherein zu vermeiden. Das kürzt die Prozedur wesentlich ab.

Die mitgebrachten Devisen tauscht man zweckmäßigerweise in der Hauptstadt Niamey um, denn in der Provinz gibt es nur wenige Wechselstuben. Hotelkomfort gibt es nur in der Hauptstadt, in **Zinder, Agades** und **Maradi,** in den anderen größeren Orten findet man Rasthäuser. Bei Fahrten ins Innere ist es ratsam, einwandfreies Trinkwasser aus Niamey mitzunehmen.

Mit dem Kraftwagen

Angesichts des Straßenzustandes braucht man für Fahrten außerhalb der Hauptstadt robuste Fahrzeuge. In Niamey sind Reparaturwerkstätten vorhanden. Treibstoff findet man in allen größeren Orten, wobei man allerdings damit rechnen muß, daß die Lieferungen über die weiten Entfernungen nicht immer regelmäßig sind. Aus diesem Grund führen die einheimischen Kraftfahrer stets größere Treibstoff-Reserven mit.

Sehenswürdigkeiten

1. Niamey und Umgebung

Der eigentliche Name der Stadt lautet Niamma, wurde dann von den Franzosen erst in Niadé und dann in **Niamey** umgeformt. Der erste Gründer einer festen Siedlung an dieser Stelle war Yedji Kuri aus der ethnischen Gruppe der Kalle. Mit 7 Sklaven soll er sich vor 200 oder 300 Jahren hier niedergelassen haben, um Hirse und Erdnüsse zu pflanzen. Später kamen andere Klans hinzu und gründeten eigene Dörfer: Maurei, Gandatsche, Tedji, Gaue, Gamkale, Yantala, die voneinander unabhängig waren. 1903 verlegten die Franzosen eine halbe Kompanie Soldaten hierher. Eine kleine Stadt begann sich zu entwickeln. 1925 wurden die zentralen Verwaltungsstellen der Kolonie Niger Français von Zinder hierher verlegt. Damit begann ein neuer Abschnitt in der Stadtentwicklung. Auf der Hochterrasse entstanden neue Stadtteile für Verwaltung, Handel, Schulen, Krankenhaus, katholische Mission sowie Kasernen und Pferderennbahn. Durch die Erlangung der Unabhängigkeit entstand ein neuer Bedarf an Verwaltungs- und Wohngebäuden.

In der Umgebung von Niamey bilden lediglich der Fluß und seine Ufer eine Sehenswürdigkeit.

2. Nationalpark W — Pendjari

1937 hat man begonnen, in einigen Teilen südlich des mittleren Nigers Pflanzen und Tiere zu schonen. 1950 wurden die Schonmaßnahmen auf ein größeres Gebiet ausgedehnt und 1954 wurde der Nationalpark des W geschaffen. Heute haben die drei Staaten Dahome, Obervolta und Niger gemeinsam die Sorge um die drei Naturschutzgebiete W, Pendjari und Arly übernommen. Damit ist auf einer Fläche von etwa 15 000 qkm (vergleichsweise die Größe des Landes Schleswig-Holstein) das größte und reichste Wildschutzgebiet Westafrikas entstanden. Das Gebiet liegt etwa 250 m ü. M., ist sanft gewellt, da und dort ragen Inselberge empor, hie und da sieht man tiefeingeschnittene Schluchten der Flüsse. Durch das Gebiet zieht sich noch die 500—600 m hohe Atakora-Kette und bildet gewissermaßen das Rückgrat der Landschaft. Etwa Mitte Mai beginnt die Regenzeit und dauert bis Mitte Oktober. Während dieser Zeit sind die Pisten geschlossen. Die Trockenzeit ist besonders zwischen Februar und Mai sehr heiß, doch hat man nachts angenehme Kühle. Der Name W, den man dem größten Schutzgebiet gegeben hat, kommt einfach daher, weil der Niger-Fluß an dieser Stelle eine Flußkrümmung in W-Form aufweist. Der Name Pendjari kommt von einem Fluß, der stellenweise 50 m breit ist und 5—6 m tief (während der Regenzeit), er ergießt sich in den Oti, einen Nebenfluß des Volta. Der dritte Name, Arly, kommt von einem kleinen Dorf in Obervolta. Zu diesen drei Schutzgebieten kommen noch vier weitere, die gleich westl. Arly liegen: die Faunareserve von Pama, die Reserve von Kompienbiga, die Faunareserve von Singu und die Faunareserve von Bigu. Das ganze Gebiet liegt im Bereich des Graslandes. Im Norden ist es ziemlich offen, im Süden gibt es infolge höherer Feuchtigkeit mehr Bäume, so daß man von einer Parklandschaft spricht. An den Rändern des Schutzgebietes ist die Jagd erlaubt. Das Schutzgebiet ist sehr reich an Antilopen, vor allem den großen Antilopen des afrikanischen Graslandes. Dann sind Affen, besonders

Paviane, Warzenschweine, Büffel und Elefanten sehr häufig, man findet aber auch die großen Raubtiere und selbstverständlich Nilpferde, Krokodile und verschiedene Vögel. Wohl der erste Europäer, der in diese Gegend gekommen ist, war der schottische Afrikaforscher Mungo Park, Anfang des 19. Jhdts. Dann haben wir Nachrichten von dem Deutschen Dr. Wolf, der 1889 hier weilte. Später kamen der Engländer Lugard und die französischen Leutnants Baud und Vermeersch.

3. Zinder

Die wichtigste Stadt Ost-Nigers soll die Gründung eines frommen Marabus Anfang des 18. Jhdts. sein. **Zinder** ist eine typisch westafrikanische Doppelstadt und als solche wahrscheinlich noch älter als die Überlieferung sagt. Noch heute kann man im Stadtteil Birni Reste der alten Residenzstadt sehen: Sultanspalast, Moschee, Stadtmauern. In einiger Entfernung von dieser Stadt der einheimischen Westafrikaner lag die Handelsstadt der Ausländer, heute der Stadtteil Zengu. Kaufleute aus dem Norden, Tuareg und Tripolitaner gründeten sie als Rast- und Durchzugsstation für die von Tripolis durch die Sahara bis nach Kano ziehenden Kamelkarawanen. Europäische und mittelmeerländische gewerbliche Erzeugnisse sowie Salz aus der Sahara wurden hier gegen Hirse getauscht.

Mit dem Auftrag, eine Verbindung zwischen **Niger-Fluß** und dem **Tschad-See** herzustellen, rückte im April 1898 der französische Hauptmann Cazemajou in Zinder ein. Einige Tage nach seinem Einmarsch wurde er umgebracht und sein Leichnam in einen Brunnen geworfen. Ende Juli 1899 besetzten die Franzosen die Stadt und errichteten hier den Sitz der Verwaltung für die Kolonie Niger. So entstand zwischen den zwei alten Stadtteilen ein neues Viertel. Durch die 1925 erfolgte Verlegung der Verwaltung nach Niamey verlor Zinder seine Bedeutung.

Von Zinder nach **Ngigmi** (Nguigmi) am Tschadsee führt eine Piste durch eine kahle Landschaft, in der Sandflächen und einzelne Steinberge bzw. -hügel für Abwechslung sorgen. Ngigmi liegt auf einer Düne über dem Tschadsee, in der Nähe der alten Stadt Garumele, die ein wichtiger Handelsplatz im alten Reich Bornu war.

4. Agades und das Air-Gebirge

Die Stadt Agades am Fuße des Air-Gebirges ist ein sehr alter Karawanenort zwischen Tripolis und Kano. Die Grundrisse der heutigen Stadt stammen aus dem 16. Jhdt., jedoch sind aus dieser Zeit keine Gebäude erhalten. Der große Marktplatz mit den ihn umrahmenden zweigeschossigen **Sahara-Kastenhäusern** ist die größte Sehenswürdigkeit. Die Moschee, ganz aus Lehm erbaut, hat ein Minarett von 27 m Höhe. Das traditionelle Handwerk ist hier noch gut erhalten und man sollte die Sattler und Lederarbeiter bei der Arbeit sehen, vor allem jedoch die Silberschmiede. Neben den verschiedenen Schmuckstücken wie Ringe, Gehänge usw. haben sie eine einmalige Spezialität, die man heute in ganz Westafrika nachmacht, die jedoch nur hier original zu sehen ist, und zwar das „Kreuz von Agades". Dieses christliche Symbol mitten in einer islamischen Umgebung geht auf berberisch-koptische Einwanderer zurück, die sich hier im 7. und 8. Jhdt. niedergelassen haben.

Das Air-Gebirge ist eine alte kristalline Masse, die durch jungen Vulkanismus umgeformt wurde. Auf das Grundgebirge wurden Kraterkegel aufgelagert, so daß der höchste Gipfel 2300 m erreicht. Die Geschichte des Air beginnt um 700, die Vorgeschichte reicht jedoch bis 5000 v. Chr. zurück. Damals wohnten dort Jäger, die in Felszeichnungen und Felsritzungen ihre Spuren hinterlassen haben. Von etwa 2500 bis 1000 v. Chr. herrschten Rinderzüchter, von 1200 vor bis 700 n. Chr. Pferdezüchter. Dann kamen die Kamelzüchter Gobir, die im 11. und 12. Jhdt. von den Tuareg-Kamelzüchtern verdrängt wurden. 1904 besetzten die Franzosen das Gebiet. Mit dem Ausbruch des 1. Weltkrieges erhoben sich die Tuareg gegen die Franzosen. Es kam zu erbitterten Kämpfen sowie zu einer langjährigen Belagerung der französischen Garnison in Agades. 1919 wurde dieser Aufstand niedergeschlagen. Die für die Franzosen wichtige Transsaharapiste von Algier über Ain Salah—Tamanrasset und Agades nach Zinder wurde militärisch besetzt und kontrolliert. Nach der Erlangung der Unabhängigkeit hat sich die Regierung der Republik Niger um die Wüstennomaden gekümmert. So wurde u. a. ein Sahara-Minister ernannt, der nicht in einem Palast der Hauptstadt amtiert, sondern dessen Büro sich auf Rädern von Geländefahrzeugen befindet, mit denen er seine Anvertrauten laufend besucht. Wahrscheinlich ist es diesem ambulanten Ministerium zu verdanken, daß es im Air zu keinem Aufstand kam, wie dies in einigen Nachbarländern der Fall war. Im Air findet man in großer Zahl Antilopen, Gazellen, Bergschafe, Strauße und weniger zahlreich auch Geparde und Giraffen.

Nigeria

Zwischen Dahome und Kamerun liegt der volksreichste Staat Westafrikas, Nigeria, mit einer Fläche von 878 447 qkm. Die Provinzen und ihre Hauptstädte sind: Nord-West (Sokoto), Mitte-Nord

(Kaduna), Kano (Kano), Nord-Ost (Maiduguri), Mitte-West (Ilorin), Benue-Plateau (Jos), West (Ibadan), Lagos (Lagos), Mittelwest (Benin), Rivers (Port Harcourt), Mitte-Ost (Enugu), Süd-Ost (Ogoja). Bundeshauptstadt ist Lagos, Amtssprache Englisch.

Bevölkerung und Geschichte

Die Zahl der Bewohner wurde am 1. 1. 1973 auf **60 Millionen** geschätzt, verteilt auf etwa **270 ethnische bzw. sprachliche Gruppen**. Im Norden leben vor allem Haussa und Fulbe, im Westen Yoruba und im Osten Ibo. Die **Religionsverteilung** sieht etwa wie folgt aus: 40% Moslims (hauptsächlich im Norden), 35% Animisten (in allen Landesteilen), 16% Katholiken (vor allem im Osten), 9% Evangelische, darunter Anglikaner, Presbyterianer, Methodisten und Baptisten (vor allem im Westen).

Auf dem Boden des heutigen Nigeria gab es im Laufe der Vergangenheit politische Gebilde, die bezüglich Verwaltung, Verteidigung, Wirtschaft und Kultur auf hohen Stufen standen. Im Gegensatz zu den Territorialstaaten des westlichen Westafrika bildeten sich hier zunächst Stadtstaaten aus, vergleichbar mit den altgriechischen „Polis". Die Haussa-Stadtstaaten gehen bis in das 10. Jhdt. zurück, die Yoruba-Stadtstaaten in das 11. Jhdt., ihre Vorläufer sind jedoch wesentlich älter. Die Nok-Kultur (bei Zaria) wird um 500 v. Chr. datiert, die ersten Staaten entstanden bereits um 200 v. Chr. ebenso wie der Sao (Sso)-Staat südlich des Tschadsees. Das Jukun-Reich ist im 14. Jhdt. belegt, die Delta-Staaten aus dem 16. Jhdt. Bevor 1472 die Portugiesen an die Küste kamen, gab es schon das Benin-Reich sowie das Ife-Reich und wahrscheinlich auch Ilorin. Zu Beginn des 16. Jhdts. gehörte der Nordwesten zum Sonrhai-Reich, dessen Mittelpunkt allerdings außerhalb des heutigen Nigeria lag.

1861 wurde Lagos britische Kolonie. In der zweiten Hälfte des 19. Jhdts. kam es zu zahlreichen politischen Schutzverträgen zwischen England und den afrikanischen Herrschern. Durch Verträge mit Frankreich und Deutschland wurden die Grenzen der britischen Einflußzone bestimmt. 1914 entstand das Verwaltungsgebiet „Colony and Protectorate of Nigeria". Durch die Unterscheidung zwischen Kolonie und Protektorat hatten die Bewohner nicht den gleichen Rechtsstatus, daher bemühten sich die Afrikaner um eine Vereinheitlichung. Dies erfolgte 1954 durch die Gründung der „Federation of Nigeria". Nachdem die Goldküste zum unabhängigen Staat Ghana geworden war, mußten auch in Nigeria Vorbereitungen zur Entlassung in die Unabhängigkeit getroffen werden. Am 1. 10. 1960 wurde die Unabhängigkeit Nigerias verkündet. Um die Gunst der Wähler bemühten sich vor allem drei Parteien: N. P. C. (Northern Peoples Congress), Action Group und NCNC (National Convention of Nigerian Citizens). Um echte politische Parteien handelte es sich nicht, denn I'. P. C. vereinigte Haussa und Fulbe, Action Group die Yoruba und NCNC vor allem die Ibo. Daher wurden die Regierungen jeweils so zusammengestellt, daß sich zwei Parteien gegen die dritte alliierten. So wurde der Ibo Azikiwe Staatschef und Balewa aus dem Norden Regierungschef. Im Januar 1966 kam es zu blutigen Unruhen. Zahlreiche führende Persönlichkeiten wurden ermordet, die Armee übernahm die Macht. Der Ibo-Offizier Ironsi beschloß, einen nigerianischen Zentralstaat zu schaffen, worauf es am 29. Mai 1966 in Kano zu einem Massaker der Iboleute kam. Ende Juli wurde Ironsi ermordet. Um aus diesem Chaos herauszukommen, sah man die einzige Möglichkeit in einem neuen Militärputsch, der unter Leitung eines Offiziers vonstatten gehen sollte, der weder Haussa, Fulbe, Ibo noch Yoruba ist. So wurde Jakubu Gowon, Sohn eines evangelischen Pastors, der seine Jugend unter den Moslims des Nordens verbracht hatte, zum Staatschef erwählt. Gowon verkündete, daß anstelle der bestehenden drei Staaten deren zwölf geschaffen werden, worauf sein Kollege aus den britischen Offiziersschulen, Ojukwu, den Osten zum selbständigen Staat „Biafra" erklärte. Vom 30. 5. 1967 bis zum 11. 1. 1970 tobten blutige Kämpfe in Ostnigeria. Die Weltmächte, Wohltätigkeitsorganisationen und die Kirchen haben sich in diese Auseinandersetzungen eingemischt, ohne vorher richtig über den Sachverhalt informiert worden zu sein. Im Grunde ging es gar nicht um die Frage: Staatseinheit oder Völkermord, sondern um eine schmutzige Erdölkonkurrenz. Viel Leid ist über das Land gekommen. Es wäre besser gewesen, die Europäer hätten die Finger aus diesen Auseinandersetzungen gelassen. Humanitäre Hilfe ist gut, aber es ist besser, wenn man vor Hilfsaktionen sachlich richtig informiert ist.

Wirtschaft, Verkehr, Handel

Der wichtigste Wirtschaftszweig ist die **Landwirtschaft.** Zur eigenen Ernährung baut man im Süden Knollengewächse (Maniok, Makabo, Yams), Mais und Kochbananen an, im Norden Hirse, Sesam, Bohnen und Erdnüsse. Für die Ausfuhr bestimmt sind die Erträge der Kakao-, Kaffee- und Hevea-(Kautschuk-)Pflanzungen. Im Norden pflanzt man für die Ausfuhr Baumwolle, Erdnüsse und Sesam an. Die **Viehzucht** ist im Tse-Tse-freien Norden besser entwickelt als im Süden. Der Viehbestand Gesamtnigerias wird auf 6 Mill. Rinder, 10 Mill. Schafe und Ziegen, 1 Mill. Schweine, 300 000 Pferde und Esel geschätzt. Der **Fisch-**

fang soll in den nächsten Jahren weiter entwickelt, der Ertrag aus der Forstwirtschaft ebenfalls in den nächsten Jahren stark vermehrt werden. An **Bodenschätzen** werden derzeit im Küstengebiet bei Port Harcourt Erdöl gefördert, bei Enugu (Ostnigeria) Kohle abgebaut und bei Jos Zinn, sowie etwas Kolumbit und in unbedeutenden Mengen Blei, Zink und Gold.

Mit allen Mitteln will man jetzt die Industrialisierung vorantreiben. Es gibt derzeit an größeren Betrieben: Sägewerke, Sperrholzwerke, Möbelfabriken, Konservenfabriken, Spinnereien-Webereien und Zementfabriken, sowie an der Küste vier kleine Werften.

In Nigeria gibt es rd. 36 000 km **Straßen,** die ganzjährig befahrbar sind, davon rd. 4000 km asphaltiert. Mitte 1970 waren fast 45 000 Kraftwagen eingetragen. Die Länge der Eisbahnstrecken beträgt 3100 km. Man will die Strecken besonders im Norden weiter verlängern. Die **Binnenschiffahrt** wird auf etwa 5000 km betrieben. Der wichtigste Wasserweg ist der Niger, der je nach dem Wasserstand bis Onitscha, Yebba bzw. vom Kainji-Staudamm bis Niamey befahrbar ist. Der Benue ist während der Regenzeit (Juli bis Oktober) bis nach Garua (Kamerun) auf rd. 850 km schiffbar. Die großen Überseehäfen sind Lagos und Port Harcourt. Kleinere Häfen sind Calabar, Burutu (Umschlagplatz für die Benue-Schiffahrt), Warri und Sapele (besonders für die Holzausfuhr eingerichtet). — Für den **Flugverkehr** stehen die zwei großen internationalen Flugplätze von Lagos und Kano sowie 15 weitere Flugplätze, die regelmäßig bedient werden, zur Verfügung.

Der **Außenhandel** ist seit mehreren Jahren passiv, weil der Bedarf an Maschinen, Apparaten, Fahrzeugen und an europäischen Lebensmitteln stark zugenommen hat, die Ausfuhr jedoch nicht wesentlich erhöht werden konnte. Die wichtigsten Ausfuhrgüter der letzten Jahre waren Palmkerne (etwa 23% des Ausfuhrwerts), Kakao (20%), Erdnüsse (18%), Palmöl (10%), bergbauliche Produkte (10%), Baumwolle, Kautschuk, Holz, Häute und Felle. Seit dem Ende des Biafra-Krieges spielt die Ausfuhr von Erdöl eine wichtige Rolle. Die wichtigsten Einfuhrgüter waren Maschinen (24% des Einfuhrwerts), Textilien (10%), Motore, Fische, Treibstoffe, Mehl. Die wichtigsten Handelspartner waren Großbritannien, Niederlande, Japan, Bundesrepublik Deutschland.

Auf der Reise

Die Formalitäten auf den nigerianischen Konsulaten im Ausland und bei den Einreisebehörden an den Landesgrenzen sind vielfach sehr kompliziert und zeitraubend. Eine gewisse Vorsicht gegenüber „europäischen Söldnern" scheint vorhanden zu sein.

Auf höherer Ebene ist dies zwar nicht der Fall, aber man hat es ja zunächst mit niederen Beamten zu tun. Dazu kommt im Lande selbst ein oft unbegreifbares Foto-Verbot, auch bei Siedlungen und Objekten, die überhaupt nichts mit der Landesverteidigung zu tun haben. Am besten ist es noch, wenn man sich auf die Reise einen Führer des staatlichen Reisebüros mitnimmt und ihn jedesmal fragt, ob man an einer bestimmten Stelle eine Aufnahme machen darf.

Mit dem Kraftwagen

In Nigeria muß man sich nach der britischen Verkehrsordnung richten. Auf den breiten Straßen kommt man gut voran und kann leicht größere Entfernungen zurücklegen. In Lagos und in den Städten gibt es Reparaturwerkstätten, in denen es vor allem Ersatzteile für britische und amerikanische Fahrzeuge gibt. Die Versorgung mit Treibstoff ist gut.

Sehenswürdigkeiten

1. Lagos und Umgebung

1861 kaufte England die Insel Lagos und errichtete dort Faktoreien und einen Marine-Stützpunkt. Als 1914 die britischen Kolonien und Protektorate zu einem Verwaltungsgebiet zusammengefaßt wurden, bestimmte man Lagos zum Sitz der Zentralverwaltung. Zu verschiedenen Zeiten strömten die Menschen aus der Provinz in die Hauptstadt; so entstanden Stadtviertel mit verschiedenem Aussehen. Im Gegensatz zu Dakar oder Abidjan hat man in Lagos zunächst gar nicht den Eindruck, daß man sich in einer großen Stadt befindet. Hotels, Kaufhäuser und Sportplätze nach britisch-kolonialer Art sind vorhanden.

In der Umgebung lohnt sich vor allem eine Fahrt auf der Lagune, entweder nach Westen, wo **Badagry** an der Dahome-Grenze liegt, oder nach den Fischerdörfern östlich Lagos — **Epe, Iwopin, Oni** ...

2. Der Westen

Abeokuta war Mitte des 19. Jhdts. die bedeutendste Siedlung des Westens, der Engländer Mungo Park hinterließ uns ausführliche Reisebeschreibungen. **Ibadan** ist eine der größten Siedlungen Westafrikas. Etwa 600 000 Menschen wohnen hier, und doch sucht man vergeblich nach einem eigentlichen Stadtzentrum. Die ebenerdigen Häuser mit Wellblechdächern bestimmen das Bild. Bauerngehöfte nehmen einen großen Raum ein. Sehenswert sind die großen **Märkte Oje und Ojaoba**. Das Ausländerviertel Sabon Gari ist dicht bebaut. Man findet dort Händler aus allen Teilen des Landes. Im Verwaltungsviertel sieht man den Grundrißplan einer englischen Gartenstadt, mit allen Vor- und Nachteilen dieser nach Afrika verpflanzten städtebaulichen Vorstellung. Ein eigenes Stadtviertel bildet die **Universität Ibadan**. 1948 wurde hier ein „University College" eingerichtet, das der Universität von London unterstellt war. 1962 wurde eine Volluniversität aus dem College. Es entstand die bedeutendste Anstalt Nigerias für Forschung und Lehre. Dieses Campus liegt außerhalb der Stadt und wurde von bekannten englischen Architekten entworfen. Im Grünen verteilt liegen: Bibliothek, Hörsäle, Institute, Professorenwohnungen, Geschäfte, Post. Die Universität ist ganz nach englischem Vorbild aufgebaut; auch die verliehenen akademischen Grade entsprechen jenen Englands. Strenge Anforderungen werden für die Studienzulassung gestellt und alle Prüfungen nur schriftlich abgenommen. Etwa die Hälfte der Professoren sind Afrikaner, die anderen kommen aus aller Welt.

Ife ist das Zentrum des alten Gelbgusses, der Stein- und Terrakotta-Arbeiten. Im kleinen, aber gut eingerichteten Museum kann man Kunstwerke aus dem 13. Jhdt. sehen, also aus einer Zeit, bevor die Europäer an die Küste kamen.

3. Der Osten

Im Mündungsgebiet des Niger-Flusses befinden sich viele alte und moderne Hafenstädte: **Sapele** (Holzausfuhrhafen), **Abraka** (schöne Lage), **Warri** (alter Hafen), **Burutu** (Umschlaghafen für die Benue-Schiffahrt), **Forcados** (alter Hafen), **Port Harcourt** (1915 gegründet als Endpunkt der Eisenbahnlinie in das Innere). Weiter östlich liegt der alte Fischerhafen **Calabar,** der in der zweiten Hälfte des 19. Jhdts. zu großer Blüte kam und zum Schulzentrum der Church of Scotland Mission (Presbyterianer) wurde. In der Umgebung sind die Pfahlbaudörfer der Fischer sehenswert. **Aba** ist eine Industriestadt, **Owerri** Sitz der katholischen Mission, **Umuahia** der Protestanten und **Uzuakoli** der Methodisten. **Enugu,** die ehemalige Hauptstadt von Ostnigeria, ist eine moderne Verwaltungs- und Industriestadt, **Onitsha** der große Flußhafen, **Nsukka** die Universitätsstadt.

Reich an geschichtlichen Erinnerungen ist **Bonny**. König Pepple schloß einen Vertrag als gleichberechtigter Partner der Königin Victoria und fuhr danach zu einem Besuch nach England, um sich Land und Menschen seiner Vertragspartner anzusehen. Die alte Bischofskirche St. Stephen's ist eines der ältesten anglikanischen Gotteshäuser in Nigeria. An mehreren Stellen sieht man alte Kanonen aus der portugiesischen, niederländischen und britischen Zeit.

4. Der Norden

Die größte Stadt des Nordens ist **Kano**. Jahrhundertelang war hier der südliche Endpunkt der aus Tripolis kommenden Kamelkarawanen. Im alten Stadtviertel sieht man noch gelegentlich Kamele, aber die Zeit der transsaharischen Karawanen ist vorbei. Heute hat Kano einen modernen internationalen Flugplatz und ein modernes Geschäftsviertel. Man muß sich schon Mühe geben, um die Handwerker, insbesondere die Lederverarbeiter und die Silberschmiede, bei ihrer Arbeit zu beobachten. Sehenswert sind die Residenz des Emirs und die Große Moschee. Nach dem Vorbild des Felsendoms in Jerusalem, wurde sie mit einer Kuppel erbaut. Dazu kommen rechts und links je ein hoher Turm mit je zwei Balkonen. Das Ganze ist eindrucksvoll, jedoch in stilistischer Hinsicht keine westafrikanische Originalität, sondern eher eine Mischung zwischen vorderasiatischem und „Zuckerbäckerstil" des ausgehenden 19. Jhdts.

Sokoto, die Hauptstadt eines großen Fulbe-Reiches, besitzt noch einige Zeugen der Vergangenheit, so etwa im Sultanspalast. In den Siedlungsgebieten der Fulbe zeigt man den Fremden viele „Sultanspaläste". Es handelt sich dabei lediglich um Paläste von Emiren und Ardos, denn der einzige Sultan der Fulbe residierte in Sokoto.

Als Gegengewicht zur Haussastadt Kano und zur Fulbestadt Sokoto bauten die Engländer **Kaduna** als Verwaltungs- und Militärzentrum aus. Ein Vergleich dieser drei Städte vermittelt eine lange Geschichte Nordnigerias: Kano und der Haussa-Stadtstaat, Sokoto und das Fulbe-Reich, Kaduna und die britische Kolonialzeit. Dazu gehört als vierte Stadt **Zaria,** die vom unabhängigen Staat Nigeria zu einem Schulzentrum ausgebaut wurde.

Hundert Tips für Westafrikafahrer

Jede Reise soll richtig vorbereitet sein. Nur bei einer richtigen Reisevorbereitung kann man eine Fahrt auch richtig genießen. Eine Fahrt nach Westafrika ist noch lange keine Expedition. Eine Westafrikafahrt ist aber auch noch heute weit mehr als ein Wochenendausflug und muß aus diesem Grund gewissenhaft vorbereitet werden. Wer mit einem seriösen Reiseunternehmen nach Westafrika fährt, um dort Sonne und Meer zu genießen, benötigt weniger Vorbereitungen als jemand, der sich selbständig macht, denn die Reisegesellschaften sorgen für Unterkunft, Verpflegung und Rundfahrten.

Man sei als Reisender stets bestrebt, die religiösen, ethnischen, nationalen, kulturellen usw. Gefühle der anderen nicht zu verletzen. Was Anerkennung verdient, soll uneingeschränkt anerkannt werden. Man möge jedoch keinesfalls in das Gegenteil umschwenken und über die eigene Heimat schimpfen. Unsere mitteleuropäische Heimat ist sehr schön und verdient wahrlich nicht, daß man wegen kleiner Augenblicksenttäuschungen auf alles schimpft. Wer seine Heimat verleugnet, stellt sich bei den Afrikanern in ein ausgesprochen schlechtes Licht. Eine von Herzen kommende Höflichkeit, wo der eigene Stolz den Fremden achtet, bringt uns am weitesten. Vor einigen Jahren lachte man in einem westafrikanischen Land einen Europäer aus und verachtete ihn, weil er erklärte, seine Haut sei zwar weiß, sein Herz jedoch schwarz. Damit hatte er seine sicherlich guten Absichten genau in das Gegenteil umgekehrt. Ein höflicher Mensch spricht in Westafrika überhaupt nicht über die Hautfarbe. Wir sind nun mal Europäer und können dies auch nicht durch Redewendungen ändern. Wir müssen in Westafrika als gute und gerechte Menschen auftreten, dann werden die Einheimischen uns schätzen und ehren.

Man sei sparsam, aber nicht geizig. Geschenke darf man annehmen, man muß aber unbedingt Gegengeschenke machen — in Waren oder in Geld — die dem Wert des angenommenen Geschenkes entsprechen. Darum erkundige man sich vorher über die üblichen Preise. Wer kein Geld in der Tasche hat, bleibe daheim.

In den Tropen soll man sich dem Rhythmus der Natur anpassen, wenn das irgendwie geht. Die beste Erfahrungsregel ist dazu: bei Tagesanbruch aufstehen, Mittagsschläfchen („Siesta"), noch vor Mitternacht Bettruhe, Mäßigkeit in Essen und Trinken.

Sucht man sich einen Koch, Boy, Dolmetscher oder Träger aus, dann frage man doch erst einen erfahrenen Europäer um Rat. Besserwissen hat schon mancher teuer bezahlen müssen. Hat man einen geeigneten Diener gefunden, so müssen vor Beginn der Arbeit ganz genau schriftlich Pflichten und Lohn festgelegt werden. Wenn man einen Wagen mietet, sei es auch nur ein Taxi, so muß man erst den Preis aushandeln, bevor man sich in den Wagen setzt, sofern kein Taxometer am Taxi vorhanden ist. Wenn man eine Dienstleistung fordert, muß vorher ganz genau gesagt werden, was man davon erwartet und was man dafür an Geld zu geben bereit ist. Man spart sich dadurch viel Ärger und Palaver.

In den Geschäften der Städte haben die Waren ihre festen Preise wie in Europa, bei den einheimischen Kleinhändlern und Handwerkern gehört es jedoch zum guten Ton, wenn man erst einmal handelt, um den Preis herunterzudrücken. Nachdem z. B. der Haussa-Händler seinen Preis genannt hat, muß man lächelnd abwinken und die Hälfte davon anbieten. Irgendwo zwischen diesen zwei Preisen wird man sich dann einigen. Der Europäer bilde sich nur ja nicht ein, er hätte das vorteilhafteste Geschäft der Welt gemacht. Ein Kaufmann oder Handwerker verkauft auch nicht in Westafrika unter dem Einkaufs- oder unter dem Gestehungspreis. Man sollte auch nie umrechnen, was eine Ware oder eine Dienstleistung in Westafrika und was sie in Europa kostet. Solche Rechnungen sind immer falsch, weil ja die Voraussetzungen der Preisbildung ganz verschieden sind.

Der Reisende denke immer daran, daß nach ihm auch noch andere Landsleute in die gleiche Stadt, in das gleiche Dorf kommen werden und daß man noch nach vielen Jahren Spuren seines Aufenthaltes finden wird.

Anreise

Nach Westafrika kann man entweder mit dem Flugzeug, mit dem Schiff oder mit dem Kraftwagen fahren. Je nachdem welches Verkehrsmittel man für die Anreise wählt, wird der Ausgangspunkt der Westafrikatouren ein anderer sein, umso verschiedener ist auch der wichtige erste Eindruck.

Am bequemsten ist das Flugzeug. Man setzt sich in irgendeiner europäischen Großstadt in den großen Aluminiumvogel und ist wenige Stunden später in Westafrika. Eine Flugreise ist mit Kosten verbunden: die Flugkarte ist nicht ganz billig, vom Flugplatz wird man immer in eine größere Stadt geführt, wo man mindestens ein bis zwei Tage in einem teuren Hotel wohnen muß. Der Flugplatz bzw. die Stadt, zu der er gehört, sollte niemals Endstation einer Westafrikareise sein. Freilich kann man im Flugzeug nicht viel Gepäck mitnehmen, aber wenn man die persönlichen Sachen mitnimmt und die sperrigen Ausrüstungsgegenstände an Ort und Stelle kauft bzw. mietet oder sie per Schiff vorausschickt, ist eine Flugreise zweifelsohne bequem und zeitsparend.

Eine Schiffsreise ist billiger und man kann auch mehr Gepäck, im Bedarfsfall auch seinen eigenen Wagen mitnehmen. Von Marseille ist man in vier bis fünf Tagen in Dakar. Von London nach Takoradi oder Tema (Ghana) fahren die Dampfer 16—17 Tage. So eine Seefahrt bringt mehrere Vorteile mit sich: das Essen an Bord ist im Fahrpreis inbegriffen, man hat gute Möglichkeiten gesellschaftlichen Kontakts, und vor allem der Organismus gewöhnt sich schön langsam an das Tropenklima. Eine Seereise hat aber auch Nachteile: oft hohen Seegang (besonders im Golf von Biskaya, gelegentlich auch im Mittelmeer), in den südlichen Häfen gibt es wenig Süßwasser und daher müssen die Reisenden damit sparen, in den Kabinen ohne Klimaanlage ist es oft sehr heiß.

Es gibt Menschen, die lieber mit dem Flugzeug, andere, die lieber mit dem Schiff reisen. Ganz Schlaue kombinieren See- und Lufttreisen. Das ist jetzt auch bei verschiedenen Verkehrsgesellschaften vorgesehen. Man bekommt billigere Passagen, wenn man die See- und Luftverkehrsmittel der gleichen Gesellschaft benutzt. Man erkundige sich diesbezüglich genau, denn der Preisunterschied liegt zwischen 15% und 20% der normalen Beförderungspreise.

Es besteht auch die Möglichkeit, auf dem Landweg nach Westafrika zu gelangen. Es muß hier aber mit Nachdruck vor leichtsinnigen Durchquerungen der Sahara gewarnt werden. Zwischen Mitte Mai und Mitte Oktober sind die Sahara-Pisten gesperrt. Es hieße sein Leben leichtfertig aufs Spiel setzen, wollte man in dieser Jahreszeit der Hitze und der Sandstürme mit eigenem Fahrzeug — und sei es noch so gut — durch die Sahara gelangen. Die Sahara-Pisten sind noch lange keine Straßen (siehe Mai's Weltführer Nr. 20 „Sahara").

Ganz gleich, welchen Anreiseweg man wählt, möge man folgenden Rat beherzigen: nicht hasten! Man sollte niemals bei einer Fahrt im Wagen an eine Ankunftsstunde oder einen Ankunftstag gebunden sein.

Ausweise

Für die Reisen in alle westafrikanischen Länder ist ein R e i s e - p a ß erforderlich. Dieser soll drei Monate länger gültig sein als die voraussichtliche Dauer des Aufenthalts. Man trage seinen Reisepaß stets bei sich, auch wenn man nur leichte Sommerkleider anhat. Polizeiliche Kontrollen kommen zwar derzeit kaum häufig vor, es ist jedoch ratsam, den Paß so bereit zu halten, daß man ihn auf Aufforderung ohne Zögern dem einheimischen Polizisten vorzeigt.

Mehrere westafrikanische Staaten verlangen für die Einreise ein V i s u m. Wenn man Europa verläßt, muß man wenigstens ein gültiges Aufenthaltsvisum für das Zielland haben. Besser ist es, wenn man zwei oder drei Visen schon bei der Abfahrt hat. In Westafrika selbst kann man sich weitere Durchreisevisen besorgen. Mehrere westafrikanische Staaten verweigern die Einreise, wenn sich im Reisepaß ein Visum von Israel, Portugal, Rhodesien oder der Südafrikanischen Republik befindet. Man erkundige sich vor der Ausreise nach dem neuesten Stand bei den zuständigen Botschaften bzw. Konsulaten in Europa.

Wichtiger noch als die Pässe und Visen sind die I m p f - s c h e i n e. Man beachte aber, daß irgendwelche Impfbestätigungen gar nichts nützen. Man muß die internationale gelbe Impfkarte (Impfpaß) vorweisen. In allen Staaten Westafrikas werden Impfungen gegen Pocken und Gelbfieber in den meisten

Staaten auch Cholera gefordert. Sehr zweckmäßig ist es, wenn man vor Antritt der Reise die kombinierte Gelbfieber-Pocken-Cholera-Impfung bekommt. Man beachte allerdings, daß sie etwa vier Wochen beansprucht. In einigen Staaten werden Impfungen gegen Typhus, Paratyphus und Kinderlähmung mit großem Nachdruck empfohlen.

Wer in ein westafrikanisches Land fährt, muß dem betreffenden Staat auch die Gewähr dafür liefern, daß er im Krankheitsfall nicht auf Kosten des westafrikanischen Staates, sondern auf seine eigenen Kosten heimtransportiert wird nach Europa. Darum muß der Reisende entweder eine K a u t i o n zurücklegen (festgesetzte Preise, die etwa der Höhe einer Flugkarte Westafrika—Europa entsprechen) oder er muß beweisen können, daß er eine Rückfahrkarte per Schiff oder Flugzeug besitzt.

Zweckmäßigerweise führt man auch eine B e s c h e i n i g u n g mit, aus der hervorgeht, daß man in Europa sein Auskommen hat. Die Angst vor vagabundierenden „kleinen Weißen" ist da und dort groß.

Ratsam ist es auch, eine größere Anzahl von P a ß b i l d e r n mitzunehmen, denn man kann nie wissen, wofür man sie dringend benötigt.

Führt man E m p f e h l u n g s s c h r e i b e n mit, so sollen diese nach Möglichkeit in den ehemals französischen Gebieten in französischer, in den ehemals britischen in englischer Sprache verfaßt sein.

Ehrlichkeit und Höflichkeit sind auch hier unbedingt notwendige Ausweise.

Grundsätzlich ist man bei jedem Grenzübertritt den Z o l l gesetzen und Zolltaxen unterworfen. Im allgemeinen wird eine taxenfreie Einfuhr folgender Waren gestattet:

- [ ] streng persönliche Dinge (getragene Kleider, Schuhwerk, Speisereste);
- [ ] zwei Fotoapparate und 12 Filme (Filmrollen);
- [ ] eine Fotokamera (zur Aufnahme von Projektionsfilmen) und 10 Filmrollen;
- [ ] Feldstecher beliebiger Größe;
- [ ] ein Rundfunkempfänger;
- [ ] ein Plattenspieler mit 20 Schallplatten;
- [ ] eine Schreibmaschine;
- [ ] Camping-Ausrüstung (Zelt, Luftmatratze, Wasserkübel, Duschkübel, ...);
- [ ] Sportgeräte (Angel, Fußball, Schlauchboot, ...);
- [ ] für die Einfuhr von Schießwaffen (Jagdgewehren) ist eine besondere Einfuhrgenehmigung erforderlich;

☐ Fahrzeuge können nur mit einem Triptyk eingeführt werden, welches im Heimatland ausgestellt wurde;
☐ wer einen Hund, eine Katze oder ein anderes Haustier einführen will, muß Impfscheine gegen die Tierkrankheiten vorweisen, in einigen Staaten auch noch eine bescheidene Tiersteuer entrichten.

Ausrüstung

Je mehr Gepäck, umso bequemer die Reise. Je mehr Gepäck, umso teurer und langsamer die Reise. In nachfolgenden Listen wird ein Minimum an benötigten Gegenständen genannt. Zu diesen unbedingt erforderlichen Sachen kommen dann noch solche, die man wegen der persönlichen Bequemlichkeit besorgt.

Für das Leben in der **Stadt**, wo es elektrisches Licht und trinkbares Leitungswasser gibt, benötigt man:

△ Unterkleider sollen leicht sein und so zahlreich, daß man täglich wechseln kann.

△ Soviel Hemden, daß man täglich ein- bis zweimal wechseln kann. Sehr wichtig ist es für abendliche Einladungen, frische helle (weiße) Hemden (und Krawatten dazu) zu besitzen.

△ In den letzten Jahren bürgerte es sich ein, daß man zu verschiedenen Einladungen einen dunklen Anzug braucht. Dadurch entfällt die frühere Pflicht des weißen Smokings. Wenn man eingeladen wird, soll man sofort fragen, was angezogen wird (helles Hemd mit Krawatte, dunkler Anzug, heller Sportanzug). Die Damen werden sich nach den Herrenanzügen richten (Cocktailkleid, Sportkleid). Der Herr braucht also einen dunklen Anzug, einen Sportanzug und mehrere waschbare Sommerhosen (werden wöchentlich gewaschen), die Damen zwei dunkle Kleider und mehrere Sportkleider (dazu Schuhe und Taschen, nur bei ganz großen Anlässen werden Strümpfe getragen).

△ Die Socken soll man täglich wechseln.

△ Das Schuhwerk soll zweckentsprechend sein. In der Stadt sind Stiefel zu heiß, Sandalen darf man aber nur tragen, wenn man sich in schlangenfreiem Gebiet aufhält.

Für Reisen und Aufenthalt im **Busch** braucht man mehr an Ausrüstung als in der Stadt. Man vergesse jedoch bei der Zusammenstellung des Gepäcks nicht, daß es oft schwierig ist, genügend Träger zu bekommen (wenn man mit dem Gepäck in Gebiete will, wo es noch keine Straßen gibt).

△ Kleider und Hemden sollen in einer praktischen Farbe, wie etwa „Khaki", gehalten sein. Shorts und kurzärmelige Hemden sind nicht gut geeignet, weil dadurch Arme und Beine besonders stark den Insektenstichen ausgesetzt sind.

△ Verschließbare, robuste Metallkoffer.

△ Feldbett (möglichst leicht) und dazu Leintücher, Polster, Decken, Moskitonetz oder gutes Zelt mit Luftmatratze.
△ Bescheidene Küchenausrüstung und „eiserne Ration" an Lebensmitteln.
△ Ein Wasserfilter (Reisefilter) bzw. Chlorpillen gehören unbedingt dazu, weil die Ruhrgefahr überall groß ist. Noch besser ist es Mineralwasser von der Küste bzw. von den großen Städten in den Busch mitzunehmen.
△ Mehrere Beleuchtungsquellen (Taschenlampe, Sturmlaterne, Pressionspetroleumlampen).
△ Zur Körperpflege sind erforderlich: Duscheimer, Haarschneidemaschine und eine kleine Hausapotheke.

In Stadt und Busch braucht man:
△ Gute Sonnenbrillen (möglichst Polarisationsgläser), da die Brillen tatsächlich einen besseren Schutz gegen die Tropensonne darstellen als die Tropenhelme, die man kaum noch trägt.
△ Zur persönlichen Körperpflege: normale und „hygienische" Seife, Fußpuder, Kamm, Zahnputzzeug, Rasierzeug (Europäer mit ungepflegten Bärten sind keine Zier).
△ Eine kleine Hausapotheke mit folgenden Medikamenten:
Resochin-Tabletten zur Malaria-Prophylaxe. (Zur Prophylaxe zweimal 2 Tabl. 0,25 g wöchentlich an den stets gleichen Wochentagen. Zu Beginn die doppelte Dosis.)
Zu empfehlen ist auch Enterovioform-Tabletten mit sich zu führen, die man bei Darm-Infektion vorbeugend einnehmen kann.
Ferner leichte Laxantien (etwa Dulcolax oder Depuravit-Dragées).
Aspirin, Pyramidon-Tabletten.
Einen guten Hautpuder und -creme, möglichst fettarm.

Unterkünfte

In den größeren Städten gibt es sehr moderne **Hotels** mit Klimaanlagen usw. In kleineren Orten gibt es einfachere Hotels ohne Klimaanlagen und im Busch hat man entweder die gut eingerichteten, komfortablen Rasthäuser (Jagdhütten, Governement Rest-house, case de passage) oder die einfachen Rasthäuser (gite d'étappe), wo man nur Dach und Wände vorfindet. Die Preise entsprechen dem Komfort der Unterkunft. Gute Hotels kosten genau so viel, meist noch mehr als in Europa.
Jugendherbergen gibt es erst an wenigen Stellen. Man sollte die afrikanischen Jugendlichen zur Schaffung von Jugendherbergen ermuntern.
Camping war bisher in den westafrikanischen Städten unbekannt. Daher gibt es auch keine Campingplätze. Im Busch kann

man sein Zelt ohne weiteres aufschlagen, wenn man vorher die örtliche Autorität um Erlaubnis ersucht hat — und wenn man nachher ein kleines Trinkgeld gibt. Oft stellt der Dorfhäuptling den Reisenden und ihren Trägern einige Hütten zur Verfügung, man bringt zum Zeichen der Gastfreundschaft etwas Wasser und Holz, manchmal wird auch das Essen für die Träger gekocht. Es ist selbstverständlich, daß man dafür (und für die etwaigen sonstigen Geschenke) den entsprechenden Preis bezahlen muß, auch wenn er sagt, er hätte alles um der Freundschaft willen getan. Wenn man sich einen Zeltplatz aussucht, achte man ganz besonders auf Ameisen, Sandflöhe und Skorpione. In Frage kommen nur Zelte mit Boden, die man außerdem wegen der Schlangen usw. gut verschließen kann. Um das Zelt gegen Insekten zu schützen, hilft oft Insektenpulver vor dem Eingang.

Bei Abbruch des Zeltlagers bzw. beim Auszug aus den Hütten muß alles sauber gefegt sein, wenn man dem Gastgeber gegenüber höflich sein will.

Gastronomische Spezialitäten

In allen besseren Restaurants werden die Speisen nach europäischer Art zubereitet und serviert. Es handelt sich entweder um die französische oder um die englische Küche.

Wer gerne einheimische Spezialitäten kosten will, möge dies nicht gleich am ersten Tag seines Aufenthaltes in Afrika tun. Erst wenn sich der Körper etwas dem Klima und dem Lebensrhythmus Westafrikas angepaßt hat, kann man sich an lokale Speisen wagen.

Wie in Nordafrika, so kennt man auch hier den **Kuskus.** Im Norden versteht man darunter die Speise, die aus Hartweizengries, verschiedenen Gemüsesorten und Rind-, Lamm- oder Hühnerfleisch zubereitet wird. Fälschlicherweise bezeichnet man als „Kuskus" auch Hirse- und Maisbrei. Das arabische **Meschui,** d. h. ganze Schafe am Spieß gebraten, kennt man nur in der Wüste und deren Randgebieten. Bei einigen Viehzüchtern wird das Fleisch in Streifen geschnitten, leicht über offenem Feuer gebraten und luftgetrocknet. Sonst wird das Fleisch immer gekocht. **Geflügel,** besonders Hühner und Tauben, wird viel gegessen, eine besondere Spezialität ist Hühnerfleisch in Erdnußsauce gekocht. Weitere Eiweißlieferanten sind: **Fische,** Krebse, Krabben, Langusten, Muscheln und Schnecken, örtlich und zeitlich begrenzt auch Termiten, Heuschrecken und Insektenlarven. Immer seltener ist **Wild** der Eiweißlieferant. Als besondere Spezialitäten gelten dabei: Elefantenrüssel, Antilopen-Nierenstück, Krokodilschwänze und Koteletten der Riesenschlangen. Wenn solche exotische Speisen richtig zubereitet werden, d. h. mit exotischen Gewürzen, schmecken sie vortrefflich.

Weizen muß eingeführt werden, darum ist das Brot teuer, das Weizenmehl in der westafrikanischen Küche unbekannt. Im offenen Land spielt die **Kolbenhirse** („petit mil") eine große Rolle, etwas weniger die Doldenhirse („grand mil"), obzwar diese kalorienreicher ist. Morgens und abends hört man in den Dörfern ein rhythmisches Klopfen: meist stehen zwei Frauen an einem Holzmörser und zerstoßen die Hirse mit langen Holzstangen. **Reis** ist, wie Bernhard Mohr nachgewiesen hat, seit alten Zeiten in Westafrika bekannt. In den letzten Jahrzehnten erlangte er eine immer größere Bedeutung. Eine besondere Spezialität ist „Reis mit Fisch": gedämpfter Reis mit Gewürzen, verschiedenen Gemüsesorten mit gekochtem Fisch. Ähnlich wird auch Reis mit Rind-, Schaf- oder Ziegenfleisch bzw. Geflügel zubereitet. Auf die Matte kommt ein großer Teller, ringsherum sitzen fünf oder sechs Personen, die vorher ihre Schuhe ausgezogen und sich die Hände gewaschen haben, greifen mit der rechten Hand (niemals mit der linken!) nach dem Reis, kneten ihn zu kleinen Knödeln oder Klötzen und führen ihn zu Mund. Dazwischen wird ab und zu nach dem Gemüse oder nach dem Fisch gegriffen. In der großen Platte entsteht dadurch vor jedem Teilnehmer ein Loch. Es wird erwartet, daß man als Gast viel ißt. Wenn man nicht diese Absicht hat, gelingt es vielleicht unbemerkt, den Reis zu den Nachbarn zu schieben. Wichtig ist dabei, daß vor einem selbst auf der Platte der Boden zu sehen ist mit einer möglichst großen Fläche.

Im Waldbereich ist die Hirse kaum bekannt, dort sind **Knollengewächse** die Grundnahrungsmittel. Am besten schmeckt der Yams, dann folgen in abnehmender Reihenfolge: Makabo (Colocasia), Maniok (Manihot) und Süßkartoffeln. Yams wird geröstet oder gekocht, Makabo stets gekocht, Maniok muß erst von seinen Giftstoffen getrennt werden durch reichliches Spülen, die Süßkartoffel gilt als Speise der Armen und der Hungerzeiten. In neuerer Zeit wurde die Kartoffel an einigen Stellen Westafrikas akklimatisiert und ist besonders in den Städten auf den Märkten zu finden.

Es gelang auch, verschiedene europäische **Gemüsesorten** zu akklimatisieren: Bohnen, Karotten, Radieschen, Tomaten, auf der Kapverdischen Halbinsel sogar Kraut (Kohl). Zu den in Westafrika altbekannten Gemüsesorten gehören: Gombo (eine Auberginenart), Bohnen, Zwiebel, Kürbis- und Melonenarten sowie Blätter mehrerer Bäume und Gräser. Dazu könnte man noch die Kochbanane rechnen.

Die verwendeten **Fettstoffe** sind regional sehr verschieden. An der Küste wird häufig das leicht verdauliche Kokosfett benützt, im immerfeuchten Regenwald ist das säurereiche und für einen europäischen Magen schwere Palmöl üblich. Im offenen Land werden die Nüsse des Schibutterbaumes (Karité), Erdnußöl oder tierische Fette verwendet.

Unter den **Gewürzen** ist eine kleine Paprika-Art („Pili-Pili" und andere Bezeichnungen) allgemein verbreitet. Dazu kommt schwarzer und grauer Pfeffer sowie eine Reihe lokal bekannter Gewürze aus Blättern, Rinden oder Wurzeln. Das Speisesalz kommt entweder aus der Sahara, aus den Salztümpeln des Sahararandes, aus den Lagunen- und Küstengebieten oder aus Europa.

In Westafrika wachsen viele **Obstsorten.** In der Wüste sind es vor allem Dattelsorten, die man als Frischobst oder als Dörrobst ißt. Ganz selten findet man dort Granatäpfel und Weintrauben. Im offenen Grasland ist der Mangobaum sehr verbreitet. Seine Frucht hat einen harzigen Geschmack. Recht sauer sind die Früchte der Fächerpalmen. Die Papaya schmeckt ähnlich wie die Zuckermelone. Die besonders schmackhaften Goyaven sind leider sehr selten. Im Waldbereich gibt es viele Obstsorten, unter denen die Süßbanane (Obstbanane), Ananas, Zuckerrohr, Orangen, Pampelmusen, Zitronen und die afrikanische Birne („avocado") sowie Corrosol, die bekanntesten sind. Die Kola-Nüsse des immerfeuchten Regenwaldes haben eine weite Verbreitung als Aufputschmittel gefunden. Auf der Kapverdischen Halbinsel werden Erdbeeren, Zucker- und Wassermelonen gepflanzt.

Mit den **Getränken** muß man vorsichtig sein. Man kann sich nicht auf die städtischen Wasserleitungen verlassen; daher wird geraten, Mineralwasser mit Originalverschluß zu trinken oder das Wasser richtig abzukochen. In der Wüste ist der schwarze Tee, zumeist mit Pfefferminze zubereitet, zum Standardgetränk geworden. Übersüß und stark, aber er löscht den Durst (drei Gläschen und nicht mehr!). Selten trinkt man — im Gegensatz zu Nordafrika — Kaffee oder „Legmi" (Saft der Dattelpalme). Im Grasland kennt man das Hirsebier, aus keimender Hirse hergestellt. Die Behauptung, solches könne nur mit menschlicher Spucke hergestellt werden, ist ein böswilliges Gerücht. Man läßt Hirse keimen, trocknet sie, zerstößt sie und unter Zusatz von Wasser kommt es zu einer alkoholischen Gärung. Je nach der Art der Hirse und der Qualität des Wassers erhält man ein mehr oder minder gutes Getränk, ganz leicht alkoholisch. Neben dem Hirsebier kennt man stellenweise auch Maisbier, Bananenbier, Zuckerrohrbier.

Noch vor der Kolonialherrschaft wurde **Alkohol** aus Europa nach Westafrika gebracht. Es handelte sich vor allem um „scharfe Sachen": Gin, Cognac, Schnaps. In den anglophonen Gebieten Westafrikas ist der Konsum von Gin-Tonic und Porto verbreitet, neben Whisky-Soda. In den frankophonen Gebieten trinkt man als Apéritif Pastis, Campari, Dubonnet und andere Weinbranntsorten, zum Essen Wein und danach als „digéstif" Cognac oder einen der vielen Schnäpse. Man hat sich in den frankophonen Gebieten an die britischen Sitten gewöhnt, daher sind Whisky-Soda und Gin-Tonic üblich geworden. Bei einer Einladung wird man gefragt, was man trinken möchte. Es muß nicht unbedingt Alkohol sein, es kann sich auch um Fruchtsäfte handeln, etwa aus Tomaten, Orangen, Pampelmusen, oder um nichtalkoholische Säfte, die in der ganzen Welt zu finden sind. Verhältnismäßig neu ist der Bierkonsum. Es gibt heute mehrere Bierbrauereien in Westafrika, außerdem wird Bier aus Europa eingeführt. Während der Kolonialzeit gab es eine goldene Regel: „Apéritif nicht vor 11 Uhr, zum Mittagessen Hälfte Wein, Hälfte Wasser bzw. Eis; Abendapéritif nicht vor Sonnenuntergang!" In den islamischen Gebieten wird öffentlich kein Alkohol getrunken. Es ist höflich, wenn sich die Europäer daran halten.

Kostenvoranschlag

Für den europäischen Touristen ist das Leben in Westafrika verhältnismäßig teuer. In den Städten muß man in den Hotels und Gasthäusern etwa den doppelten Preis der europäischen Hotels und Gasthäuser gleicher Kategorie rechnen. Ein Hotelzimmer kostet umgerechnet 40 bis 70 Deutsche Mark, ein Essen 20 bis 50 DM. Der Benzinpreis ist sehr verschieden, je nach der Entfernung vom Hafen. Ein Liter Normalbenzin kostet im Durchschnitt in den größeren Hafenstädten umgerechnet 50 Pfennig, im Innern jedoch bis zu 95 Pfennig. Zigaretten sind hier billiger als in Europa, dagegen sind begreiflicherweise Textilien, Lebensmittelkonserven und überhaupt Erzeugnisse der Industrie teurer als in Europa. Der Unterschied zwischen den Hafenstädten und den Städten im Innern ist sehr groß. Man verlangt im Innern z. B. für die gleiche Fischdose das Doppelte und Dreifache des Preises, der in der Hafenstadt verlangt wird. Grundsätzlich kann man in Westafrika alle europäischen Waren kaufen, Einschränkungen gelten nur für Waffen und Munition.

Günstige Reisezeit

Die günstigste Reisezeit sind die Monate, deren klimatische Gegebenheiten am leichtesten zu ertragen sind. Für die meisten Menschen ist das die erste Hälfte der Trockenzeit, also etwa die Monate Dezember, Januar, Februar, März. Es wird aber auch Menschen geben, die gerade Ende der Trockenzeit (trotz oft drückender Schwüle) in Westafrika sein wollen, weil dann die wilden Tiere leichter zu sehen sind und weil diese sich dann in der Nähe der wenigen Wasserstellen aufhalten. Andere fühlen sich während der Regenzeit wohler, trotz Feuchtigkeit, starker elektrischer Entladungen und vielfach unbenützbarer Straßen. Eine kleine Uuersicht soll hier für sieben westafrikanische Städte gegeben werden:

Stadt	Empfehlenswerte Reisezeit	Heiße Zeit	Regenzeit
DAKAR	November bis Mai	Juni—Oktober	Juli—September
BAMAKO	Dezember bis Februar	März—Mai	Juni—September
CONAKRY	August, September u. Dezember—Februar	ganzjährig 26° bis 28°	Mai—November Höhpunkte Juli—August
MONROVIA	November bis Februar	ganzjährig 26° bis 28°	April—Oktober
ABIDJAN	August—Septemb. Dezember—März	ganzjährig 26° bis 28°	März—Juli u. Oktober—November
LAGOS	November—März	Oktober—April	Mai—September
JOS	Oktober—März	Februar—März	Juni—September

Winke für den Jäger

Um Enttäuschungen zu vermeiden, sei gleich gesagt, daß in Westafrika kaum wilde Tiere vor dem Wagen („zum Knipsen") stehen bleiben werden. Dazu muß man in die großen Wildparks von Ost- und Südafrika gehen. In Westafrika muß man die wilden Tiere erst aufspüren.

Der **Fotoliebhaber** wird seine besten Bilder vor Sonnenuntergang knipsen. Wegen der hohen Luftfeuchtigkeit muß man im Süden die Fotoapparate und die Filme besonders gut schützen, etwa in Metallbehältern in denen sich ein Mittel zum Entzug der Luftfeuchtigkeit befindet.

Für alle, ob Fotografen oder nicht, werden sicher die westafrikanischen Nationalparks ein besonderes Erlebnis sein. Die wichtigsten dieser Schutzgebiete sind:

Niokolo-Koba in der Republik Senegal. In Tambakunda (Straße und Eisenbahn, etwa 600 km von Dakar, gelegentlicher Flugverkehr) kann man Wagen zum Besuch des Parks mieten. Im Park gibt es komfortable Rasthäuser, Pflanzen und Tiere der Savanne und des Waldes.

Boucle du Baoulé (Baule) in der Republik Mali. Liegt etwa 110 km westlich Bamako, wo man Wagen zum Parkbesuch mieten kann. Neben Pflanzen und Tieren kann man hier auch Felszeichnungen bewundern.

Naturschutzgebiet NIMBA-Berg in Republik Guinea, an der Grenze zur Elfenbeinküste und zu Liberia. Besonderheiten sind Pflanzen und Tiere des Waldes, vor allem des feuchtheißen Höhenwaldes.

Naturschutzgebiet BUNA (Bouna), in Republik Elfenbeinküste, etwa 500 km nördl. Abidjan. Wagen zu mieten in Ferkessedugu. Pflanzen und Tiere der Savanne.

Nationalpark W — PENDJARI, das größte Pflanzen- und Tierschutzgebiet Westafrikas, liegt an der Grenze zwischen Dahome, Obervolta und Niger. Besonders reich an Tieren der „Parklandschaft" („savane boisée"). Ausgangspunkte für Besichtigungen: Kandi (Dahome), Diapaga (Obervolta) oder Niamey (Niger). Im Nationalpark befinden sich mehrere Rasthäuser mit allem Komfort.

Um in Westafrika jagen zu können, braucht man erst eine Erlaubnis zur Einfuhr von Waffen und Munition. Diese Erlaubnis stellen in der Regel die jeweiligen Innenministerien aus. Meist läuft solch ein Gesuch über einen europäischen Jagdverein. Ist man dann im Lande, so braucht man einen Jagdschein. Davon gibt es vier Sorten (bei denen auch die Taxen verschieden sind):

a) **Kleiner Jagdschein.** Man darf nur Tiere erlegen, welche nicht geschützt sind. Dazu gehören die meisten Vögel, die kleineren Antilopen, Nager...

b) **Mittlerer Jagdschein** (Schein für Sportjagd). Es dürfen auch einige geschützte Tiere gejagt werden (die Liste wird einem beim Ausstellen des Scheines ausgehändigt).

c) **Großer Jagdschein.** Man darf auch seltene Tiere erlegen, allerdings nicht in unbeschränkter Zahl.

d) **Spezialjagdschein.** Dieser gilt nicht sechs Monate wie die vorher genannten, sondern nur einen Monat. Dieser Jagdschein wurde besonders für Touristen, Angehörige von Museen und wissenschaftlichen Vereinigungen geschaffen. Er enthält eine Liste von besonders interessanten Tieren.

Zusätzlich zu den Jagdscheinen gibt es auch noch eine Sondererlaubnis für Tierfang zu wissenschaftlichen oder zu kommerziellen Zwecken.

Grundsätzlich verboten ist die Jagd durch Auto-Hetze, mit Nachtlampen, Giftstoffen, Netzen, Fallen usw. Es ist ratsam, in der Landeshauptstadt den Herrn Referenten für Jagdwesen aufzusuchen und mit ihm den Jagdplan zu besprechen. Er wird sowieso ganz genau erfahren, was und wo der europäische Jäger geschossen hat.

Wichtige Adressen

Diplomatische und konsularische Vertretungen der Bundesrepublik Deutschland in Westafrika

Dahome. Botschaft: Cotonou, 7 route Inter-Etats, P.O.B. 504, Tel. 2967
Elfenbeinküste. Botschaft: Abidjan (Côte d'Ivoire), 11 Ave. Barth Immeuble SMGL, 3 ètage
Ghana. Botschaft: Accra, 7th Ave. Extension, Valldemosa Lodge Plot No. 18 — North Ridge Residential Area, P.O.B. 17 54, Tel. 2 13 11.
Guinea. Ambassade d'Italie: Conacry, Mission catholique, Immeuble No. 2
Liberia. Botschaft: Monrovia, Old Congotown, P.O.B. 34, Tel. 2 64 60/2 65 16
Mali. Botschaft: Bamako, Ave. Albert Sarrault — Villa Kountor, P.O.B. 100, Tel. 32 99
Mauretanien. Botschaft: Nouakchott, P.O.B. 372, Tel. 20 32, 27 22, 27 29
Niger. Botschaft: Niamey, P.O.B. 629, Tel. 25 34
Nigeria. Botschaft: Lagos, Eleke Crescent Victoria Island, P.O.B. 728, Tel. 5 84 30
Konsulat: Kaduna, Ahmadu Bello Way 22, P.O.B. 430, Tel. 36 96
Konsulat: Ibadan-Dugbe, Onireke Street c/o Western Nigeria Trading Co. Ltd. Private Mail Bag 51 48, Tel. 2 23 63
Obervolta. Botschaft: Ouagadougou (Haute Volta), P.O.B. 600, Tel. 30 66
Senegal. Botschaft: Dakar, 43 Ave. Albert Sarrault, P.O.B. 2100, Tel. 2 61 63/64
Sierra Leone. Botschaft: Freetown, P.O.B. 728, Tel. 25 11, 25 12
Togo. Botschaft: Lomé, Marina Route d'Aflao, P.O.B. 1175, Tel. 23 38, 23 70

Diplomatische und konsularische Vertretungen westafrikanischer Staaten in der Bundesrepublik Deutschland

Dahome. Botschaft: 53 Bonn-Godesberg, Viktoriastr. 7, Tel. 6 20 97
  Konsulat: 1 Berlin 42, Oberlandstr. 65, Tel. 52 40 00
  Konsulat: 28 Bremen, Langenstr. 52—54, Tel. 3 16 31
  Konsulat: 4 Düsseldorf, Cecilienallee 45, Tel. 43 54 90
  Konsulat: 3 Hannover, Haeckelstr. 9, Tel. 81 50 59
  Konsulat: 8 München 82, Togostr. 18, Tel. 46 74 49
  Konsulat: 7 Stuttgart, Königsträlle 2, Tel. 76 47 82
  Konsulat: 62 Wiesbaden, Rheinstr. 68, Tel. 37 34 05
Elfenbeinküste. Botschaft: 53 Bonn-Godesberg, Bachemerstr. 25, Tel. 31 21 21/22
  Konsulat: 2 Hamburg 1, Georgspl. 10, Tel. 33 12 23
Gambia. Konsulat: 6 Frankfurt 90, Ditmarstr. 20, Tel. 77 67 78
Ghana. Botschaft: 53 Bonn, Adenauerallee 73 a, Tel. 63 16 33
  Konsulat: 1 Berlin 31, Bundesallee 28, Tel. 87 56 10
  Konsulat: 4 Düsseldorf, Konrad-Adenauer-Platz 12, Tel. 35 78 51
  Konsulat: 6 Frankfurt, Bockenheimer Landstr. 43, Tel. 72 24 83
  Konsulat: 2 Hamburg 70, Jüthornstr. 78, Tel. 68 85 15
  Konsulat: 7 Stuttgart 1, Schickstr. 2, Tel. 24 53 97
Guinea. Botschaft der Rep. Mali, 53 Bonn-Godesberg, Luisenstr. 54, Tel. 35 70 48
Liberia. Botschaft: 53 Bonn, Poppelsdorfer Allee 43, Tel. 22 40 80
  Konsulat: 6 Frankfurt-Niederrad, Blauenstr. 5, Tel. 76 63 75
  Konsulat: 23 Kiel, Harmstr. 68, Tel. 6 24 14
  Konsulat: 5 Köln-Marienburg, Pferdmengesstr. 3; Kanzlei: 5 Köln, Friedrichstr. 60, Tel. 21 32 70
  Konsulat: 78 Freiburg, Stefan-Meier-Straße 131, Tel. 27 77 55
  Konsulat: 8 München 2, Residenzstr. 7, Tel. 22 23 88
Mali. Botschaft: 53 Bonn-Bodesberg, Luisenstr. 54, Tel. 47 0 48/9
  Konsulat: 4 Düsseldorf, Berliner Allee 40, Tel. 15 0 90
Mauretanien. Botschaft: 53 Bonn-Godesberg, Friedrichstr. 8, Tel. 36 40 24
  Konsulat: 6 Frankfurt, Kaiserstr. 61, Tel. 8 74 02
  Konsulat: 2 Hamburg 1, Wandalenweg 26, Tel. 24 52 64-66
  Konsulat: 62 Wiesbaden-Biebrich, Tel. 87 4 02
Niger. Botschaft: 53 Bonn-Godesberg, Dürenstr. 9, Tel. 56 0 57/ 60 58
  Konsulat: 2 Hamburg 1, Mönckebergstr. 10, Tel. 32 25 91
Nigeria. Botschaft: 53 Bonn-Godesberg, Kennedyallee 35, Tel. 7 69 21
  Konsulat: 2 Hamburg 13, Hallerstr. 76/III, Tel. 4 10 30 15
Obervolta. Botschaft: 53 Bonn-Godesberg, Wendelstadt-Allee 18, Tel. 35 40 08

Konsulat: 4 Düsseldorf, Marienstr. 10, Tel. 35 36 43
Konsulat: 8 München, Neuhauserstr. 34, Tel. 59 43 35
Konsulat: 7 Stuttgtrt 80, Industriestr. 29, Tel. 73 10 76/78
Senegal: Botschaft: 53 Bonn, Am Bundeskanzlerplatz, Bonn-Center, Tel. 22 59 08/9
Konsulat: 1 Berlin 12, Hardenbergstr. 12/III, Tel. 3 13 90 02
Konsulat: 285 Bremerhaven, Hoebelstr., Tel. 7 30 41
Konsulat: 2 Hamburg 11, Vorsetzen 54, Tel. 31 11 11
Konsulat: 5 Köln-Marienburg, Alpenstr. 690, Tel. 82 9 31
Konsulat: 6101 Messel, Forsthausstr. 5, Tel. Messel 10
Konsulat: 8 München, Pienzenauerstr. 23, Tel. 98 77 53
Konsulat: 66 Saarbrücken, Feldmannstr. 72—74, Tel. 5 66 99
Konsulat: 798 Ravensburg, Franz-Stapf-Straße 42, Tel. 44 31-36
Sierra Leone. Botschaft: 53 Bonn-Godesberg, Ubierstr. 88, Tel. 6 97 64
Konsulat: 2 Hamburg 1, Spaldingstr. 70, Tel. 2 80 24 28
Togo. Botschaft: 53 Bonn-Godesberg, Beethovenstr. 13, Tel. 65977-78
Konsulat: 1 Berlin 19, Schloßstr. 5, Tel. 30 66 459
Konsulat: 28 Bremen, Schlachte 32, Tel. 31 03 31
Konsulat: 4 Düsseldorf, Lindemannstr. 43, Tel. 67 32 05
Konsulat: 6 Frankfurt, Schumannstr. 62, Tel. 77 10 86
Konsulat: 2 Hamburg 39, Harvestehuder Weg 107, Tel. 44 45 23
Konsulat: 23 Kiel, Wall 49—51, Tel. 45 1 01
Konsulat: 8 München, Türkenstr. 93, Tel. 38 09 293
Konsulat: 7 Stuttgart, Augustenstr. 13, Tel. 66 6 21

Diplomatische und konsularische Vertretungen Westafrikas in Österreich

Dahome. Generalkonsulat: A-Wien IV, Porzellangasse 56
Ghana. Generalkonsulat: A-Wien XIV, Kendlerstr. 22
Liberia. Generalkonsulat: A-Wien I, Singerstr. 8
Niger. Generalkonsulat: A-Wien I, Bösendorferstr. 5
Obervolta. Generalkonsulat: A-Wien I, Tuchlauben 8
Senegal. Generalkonsulat: A-Wien I, Opernring 1, Stiege R

Diplomatische und konsularische Vertretungen Westafrikas in der Schweiz

Dahome. Generalkonsulat: CH-4000 Basel, Thiersteinerallee 14, Tel. 061/35 50 50

Konsulat: CH-1200 Genève, 3 rue du Mont-Blanc,
   Tel. 022/32 18 50
Elfenbeinküste. Botschaft: CH-3000 Bern, Thormannstr. 51,
   Tel. 031/43 10 51
   Generalkonsulat: CH-1200 Genève-Aire, 18/19 av. du Lignon,
   Tel. 022/45 61 30
Ghana. Botschaft: CH-3000 Bern, Belpstr. 11, Tel. 031/25 78 53
   Generalkonsulat: CH-1200 Genève, 56 rue Moillebeau,
   Tel. 022/34 91 58
Liberia. Generalkonsulat: CH-8000 Zürich, Limmatquai 3,
   Tel. 01/32 29 46
   Konsulat: CH-1200 Genève, 5 place Claparède,
   Tel. 022/46 47 77
Nigeria. Botschaft: CH-3000 Bern, Belpstr. 11, Tel. 031/25 53 73
Senegal. Konsulat: CH-1000 Lausanne, 25 route de Berne,
   Tel. 021/32 18 42
Togo. Konsulat: CH-1200 Genève, 6 rue Bellot, Tel. 022/46 39 22

Diplomatische und konsularische Vertretungen Österreichs in Westafrika

Botschaft in Dakar: 24, Boulevard Pinet-Laprade, B. P. 3247,
   Tel. 23 276 (zuständig für: Senegal, Mauretanien, Mali, Guinea, Obervolta, Niger, Elfenbeinküste, Togo, Dahome und Gambia)
Botschaft in Lagos: Western House, 8/10 Yakubu Gowon Street, Bloc A, 11th floor, P.O.B. 1914, Tel. 27 331 (zuständig für Nigeria, Ghana, Liberia, Sierra Leone und Äquatorial Guinea)
Honorarkonsulat mit Visabefugnis: **Accra**/Ghana P.O.B. 564, Mobil House, Liberia Road, Tel. 65 3289
Honorargeneralkonsulat ohne Paß- und Visabefugnis: **Monrovia**/ Liberia, P.O.B. 1435

Diplomatische und konsularische Vertretungen der Schweiz in Westafrika

Botschaft in Dakar: 1, rue Victor Hugo, B.P. 1772, Tel. 263 48

Sonstige Adressen

Goethe-Institut, Abidjan/Elfenbeinküste, P.O.B. 8982
Goethe-Institut, Accra/Ghana, P.O.B. 3196

German Cultural Institut, Lagos/Nigeria, P.O.B. 957
Goethe-Institut, Lomé/Togo, P.O.B. 914
Deutsch-Ghanaische Gesellschaft, 68 Mannheim, Tattersallstr. 35 (Planethaus)
Deutsch-Mauretanische Gesellschaft, 62 Wiesbaden-Biebrich, Volkerstr. 5
Nigerian Airways, 6 Frankfurt, Münchenerstr. 8

Auswahl aus dem Schrifttum

Karten:
Michelin-Karte Nr. 152 „Sahara", 1 : 4 000 000
Michelin-Karte Nr. 153 „Afrique Nord et Ouest", 1 : 4 000 000
Michelin-Karte Nr. 182, „Afrique Occidentale", 1 : 3 000 000

Bücher in deutscher Sprache

Die Deutsche Afrika-Gesellschaft, Bonn, hat Ländermonographien über alle Staaten Westafrikas veröffentlicht. Bitte dort (Markt 10—12) Prospekte anfordern. Das Amt für Auswanderung, 5 Köln, Habsburgerring 9, gibt über die einzelnen Staaten Westafrikas Merkblätter heraus.

WERDER, P. V.: Staatsgefüge in Westafrika. Stuttgart 1938, 201 S.
MARFURT, L.: Musik in Afrika. München 1957, 110 S.
MÜLLER, K.: Geschichte der katholischen Kirche in Togo. Kaldenkirchen 1958, 573 S.
MANSHARD, W.: Die geographischen Grundlagen der Wirtschaft Ghanas... Wiesbaden 1961, 308 S.
THELLE, A.: Kunst in Afrika. Stuttgart 1961, 320 S.
HIRSCHBERG, W.: Völkerkunde Afrikas. Mannheim 1965, 302 S.
JÜRGENS, H. W.: Beiträge zur Binnenwanderung und Bevölkerungsentwicklung in Liberia. München 1965, 104 S.
CORNEVIN, R. u. M.: Geschichte Afrikas. Stuttgart 1966, 476 S.
WULKER, G.: Togo. Tradition und Fortschritt. Stuttgart 1966, 159 S.
HAAF, E.: Die Kusase. Eine medizinisch-ethnologische Studie (Nordghana). Stuttgart 1967, 275 S.
MÜLLER, J. O.: Probleme der Auftrags-Rinderhaltung durch Fulbe-Hirten in Westafrika. München 1967, 124 S.
OBERMEIER, H.: Dahomey als Wirtschaftspartner. Köln 1967.
HINKMANN, U.: Niger. München-Wien 1968, 178 S.
MOHR, B.: Die Reiskultur in Westafrika. München 1969, 163 S.
SCHRAMM, J.: Die Westsahara. Freilassing 1969, 172 S.

Bücher in anderen Sprachen

HERSKOVITS, M .J.: Dahomey. Am Ancient West African Kingdom. New York 1938, 402 S.
LABOURET, H.: Paysans d'Afrique occidentale. Paris 1941, 307 S.
RICHARD-MOLARD, J.: Afrique Occidentale Française. Paris 1949, 239 S.
FAGE, J. D.: An introduction to the history of West Africa. Cambridge 1955, 210 S.
BOATENG, E. A.: A Geography of Ghana. London 1959, 180 S.
ROUGERIE, G.: Le façonnement actuel des modelés en Côte d'Ivoire forestière. Dakar 1960, 542 S.
CORNEVIN, R.: Le Dahomey. Paris 1965, 126 S.
HERSKOVITS, M. J.: L'Afrique et les Africains entre hier et demain. Paris 1965, 315 S.
SURGY, A. de: La pêche traditionelle sur le littoral Evhé et Mina. Paris 1966, 157 S.
VERGER, P.: Le Fort St. Jean Baptiste d'Ajuda. Porto Novo 1966, 192 S.
WANE, Yaya: Les Toucouleur du Fouta Tooro (Sénégal). Dakar 1969, 250 S.

Die Deutsche Welle, der Kurzwellendienst der Bundesrepublik Deutschland, strahlt ihr Programm in 30 Sprachen der Welt aus. Wohin Sie auch reisen: Sie haben fast überall die Möglichkeit, mit einem guten Transistorgerät die neuesten Nachrichten und Berichte aus der Heimat zu hören. Genaue Informationen über Frequenzen und Sendezeiten geben Ihnen Programmhefte, die Sie — mit Angabe des Reiseziels — bei der ÖFFENTLICHKEITSABREIT DER DEUTSCHEN WELLE, 5 Köln 1, Postfach 100444 anfordern können. Sie erhalten es kostenlos.

Der Verlag wünscht Ihnen einen angenehmen Aufenthalt in Westafrika und wäre Ihnen dankbar für allfällige Mitteilungen über inzwischen eingetretene Veränderungen.

Namens-, Orts- und Sachregister

A

Aba 163
Abadla 70
Abenguru 57, 121
Abeokuta 56, 162
Abidjan 54, 57, **119**
Abomey 55
Abomey Calavi 151
Abraka 163
Accra 55, 57, **132**
Ada 135
Adraram Ammojjar-Paß 66
Adressen, wichtige 177
Adzope 121
Afrikanische Einheit,
  Organisation 36
Agades 56, 157
Agbonu 143
Aheme-See 150
Ain Ahel el Taya 65
Air-Gebirge 158
Akosombo 135
Akschuschd 65
Alauiten 76
Alépè 120
Alkohol 173 f.
Allada 55, 151
Almoraviden 61
Amerikaner 27, 113
Ameriko-Liberianer **27**
Anecho 57, 142
Angara-Débou 153
Angler 72
Anglikaner 163
Animisten 28, 109, 122, 124, 153
Anreise 166
Araber 17, 26, 61
Arabisch 60
Architektur 37
Arlv, Nationalpark 156
Asahun 142
Aschanti, Volksgruppe 18, 137
Atakora-Kette 156

Atakpame 143
Atar 66
Audagost 67
Auinet et Mlis, Paß 67
Ausgrabungen 17
Außenhandel 63, 68, 70, 81 f.,
  101, 104, 106, 111, 114, 118,
  126, 131, 140, 145, 155, 161
Ausrüstung 169
Autoreise 53 f., 63

B

Badagry 162
Bagida 141
Bagineda 72
Bakel 77
Bama 57
Bamako 56 f., **70**
Bambara, Volksgruppe 18
Bambey 95
Bandiagara 54, 74 f.
Bandjali 143
Banfora 54, 127
Bani, Fluß 73
Banjul 98, 100, **102**
Bargny 90
Barth, Heinrich 76
Bassari, Volksgruppe 143
Basse 102
Bauya 112
Béchar 70
Behausungen 30 f.
Benguela-Strom 135
Benin 19, 58
Benin-Klima 11
Benin-Typus **27**
Berber 61
Berekum 57
Bergbau 106, 111
Bevölkerung 60, 68, 77, 99, 103,
  105, 110, 113, 117, 125, 129,
  139, 144, 153, 159
Biafra-Krieg 25, 160

Bibliotheken 119, 147
Bignona 98
Bigu, Faunareserve von 156
Bildungswesen 38
Bingerville 120
Binnenhandel 63, 101
Binnenschiffahrt 48, 161
Birni-Nkonni 57
Bla 73
Blitta 143
Bo 112
Bobo-Dioulasso 54, 57, 73, **127**
Bodenschätze 41, 114, 118, 131, 161
Boffa 107
Boghé 94
Bohicon 55, 151
Boke 107
Bolama 103 f.
Bolgatanga 55, 138
Bonny 163
Bonoua 120
Bopa 150
Bororo, Volksgruppe **26**
Botanischer Garten 116
Botschaften 177 f.
Bouaflé 121
Bouaké 54, 57, 123
Boucle de Baoulé, Naturschutzgebiet 71
Bougouni 57
Brandenburger 21, 134
Brasilien 58, **144**
Brikama 103
Buchanan 116
Buea-Victoria 58
Buguni 57
Buna, Naturschutzpark 124
Burutu 163

C

Cacheu 104
Calabar 162
Camping 170
Cap Skirring 98
Cape Coast 135

Casamance 77, **98 f.**
Come 150
Conakry **107**
Cotonou 55, 58, **146 f.**

D

Dabou 54, 119
Daenen 21
Dagana 94
Dagomba, Volksgruppe 18
Dahome 24, **144 ff.**, 156
Da-Home, Reich 19
Dahome, Volksstamm 19
Dahra 96
Dakar 56, 82 ff.
Daloa 121
Dapango 144
Dekolonisation 35
Deutsche 22, 139
Diamanten 42
Dichtkunst 37
Diourbel 95
Diula-Reich 123
Djenné 54, **73**
Djugu 153
Dogon, Volksgruppe 74
Dogongebiet 54
Dosso 55, 57
Duala 58
Duékoué 121

E

Ehe 33
Eisenbahnen 48, 69, 118, 126, 131, 140, 145
Eisenerz 41, 62, 115
Ejura 137
Elfenbeinküste **117 ff.**
Engländer 21 f., 100, 110, 113, 130, 159, 162
Englisch 101, 113, 168
Enugu 58, 163
Epe 162
Erdnußkultur 79
Erdöl 41

Ethnien 77, 98 f., 103, 105, 110, 117, 125, 129, 144, 153, 159
Europäer 8 ff., 27, 77, 117, 130

F

Fada Ngurma 128
Fachschulen 39
Fadiouth 92
Fatala, Fluß 107
Felszeichnungen 158
Férkéssédougou 57, 123
Ferlo 95 f.
Fernsehen 40
Festungen (Verzeichnis) 133
Fetischismus 149
Fina, Naturschutzgebiet 71
Fischerei 43, 69, 106, 118, 130, 145, 160 f.
Flugplätze 62, 80, 86, 101, 104, 106, 111, 114, 116, 118, 126, 140, 145, 147, 155, 161
Flugverkehr 48, 52, 154, 161, 166
Fo 54
Forcados 163
Forschungsinstitut CRDS 94
Forstwirtschaft 42, 118
Fort Lamy 57
Fotografieren 52, 53, 175
Franzosen 21 f., 61, 78, 105, 117, 128, 139, 154, 157
Französisch 60, 77, 105, 117, 125, 138, 144, 168
Frau 33
Freetown **110 f.**
Fremdenverkehr 48
Fulbe-Staaten 20
Fulbe, Volksgruppe 20, **26,** 76, 105
Futa Djalon-Gebiet 108

G

Gambia 24, **99 ff.**
Gambia, Fluß 14
Gandiole 95
Ganta 116
Ganvié 150

Gao **71**
Gaya 55
Gbarnga 116
Gebirge 15
Gebirgsklima 11
Gedeku 116
Georgetown 102
Gepäck 53
Gesundheitswesen 34
Getränke 173
Gewässer 13
Ghana 17, 24, 77, 105, 129
Ghanka 116
Ghrébo 120
Gold 41
Gorée, Insel 77, 87 ff.
Grand Bassam 119
Grand Popo 149
Greenville 116
Großfriedrichsburg 134
Guéné 153
Guinea 24, **105 ff.**
Guinea-Klima 10
Guinea-Bissau 103 ff.
Gurma, Volksgruppe 125

H

Häfen 80, 140
Handwerk 46, 69
Harper 116
Harrismus 120
Haussa-Staaten 20
Haussa, Volksgruppe **27**
Hölzer 12
Holländer 21 f.
Homo Asselarensis 16
Hotels 155, 170
Ho 135 f.
Höhere Schulen 39
Huza-System 137

I

Ibadan 56, 162
Ibo, Volksgruppe 160
Ife 163
Ilorin 56

185

Impfung 167
Industrie 47
Institut f. islamische Studien 85
Institut für Tropenmedizin 116
Islam 29, 38, 71, 75
Iwopin 162

J

Jadse, Fluß 14
Jagd 72, 124, 128, 156, 175
Joal 92
Jugendherbergen 170

K

Kabara 71
Kabrusse 99
Kaduna 56, 164
Kaedi 94
Kaffee 140
Kakao 130, 137, 140
Kakata 110
Kalle, Volksgruppe 155
Kamerun 22
Kandi 143, 153
Kanem-Bornu, Reich 21
Kaniaga, Staat 105
Kankan 109
Kano 56 f., **164**
Kaolack 56, 96
Kapverden 58 ff.
Katholiken 29
Katiola 123
Katsina 57
Kaur 102
Kautschuk 114
Kayar 90
Keta 135
Kelle 93
Kenema 112
Kinder 34
Kindia 108
Kinos 40
Kintampo 55, 137
Kleidung 169
Klima 9
Kluto 142

Kolda 98
Kolonien 22
Kolonialismus, letzte Phase 23
Komadugu, Fluß 14
Kompienbiga, Reserve von 156
Kong 123
Konko 102
Konkure, Fluß 107
Konsulate 177 f.
Korhogo 123
Kostenvoranschlag 174
Koutiala 73
Küchenspezialitäten 171 ff.
Küsten 15
Küsten-Typus (Volksgruppen) 27
Kulikoro 69, 109
Kumasi 55, 57, **137**
Kumba 58
Kunst 36 f., 124
Kuntaur 102
Kupfer 62, 65
Kurland 21, 99
Kurussa 109

L

Labe 108
Lagos 56, **162**
Lagunen 14
Lama-Kawa 143
Landwirtschaft 45 f., 69, 100, 106, 118, 145, 154, 160
Lederverarbeitung 154
Libanesen 27
Liberia 23, 113 ff.
Linguère 96
Lome 58, **141 f.**
Los-Inseln 107
Louga 93
Luftfeuchtigkeit 9

M

Macenta 116
Maiduguri 57
Makeni 111
Malanville 55, 153
Malerei 38

Mali 17, **68 ff.**, 77, 105
Mamfe 58
Mampong 137
Mamu 108
Man 121
Mangroven 13
Mano 112
Mansa 102
Maradi 57
Marampa 112
Marokko 17, 62, 75
Marua 57
Matarn 94
Mauren, Volksgruppe **26**, 61
Mauretanien 60
Mbanga 58
Mboro 91
Mboro-sur-Mer, Badestrand 91
Mbour 91
Mesozoikum 16
Messianische, Religionsgruppen 29 f.
Mietwagen 82
Missahöhe 142
Mission, evangelische 137
Mittelguinea 108
Mole Game Reserve 138
Monrovia 113, **115**
Monrovia **115**
Mopti 54, 71, **74**
Mora 57
Mossi, Volksgruppe 18, 125, 127
Muriden, Bruderschaft 78, 95
Museen 53, 84, 88 f., 94, 119, 149

N

Nachtigal, Dr. Gustav 139, 142
Nationalparks **175 ff.**
Natitingu 153
Nationalpark W 156
Ndali 152
Négritude 36
Nema 67
Neokolonialismus 35
Ngazobil 91
Ngigmi 157

Niamey 55, 57, **155 f.**
Niamtugu 143
Nianing 91
Niederschläge 9
Niger **153 ff.**, 156
Niger, Fluß 14, 69
Nigeria 24, **158 ff.**
Nikki 152
Niokolo-Koba, Nationalpark 97
Nioro du Rip 98
Noepe 142
Nokue-See 150
Nordafrika 75
Nuadhibu 62
Nuakschott 56, 60, 62, **64 f.**
Nuatja 142
Nutzholz 42
Nzerekore 109, 116

O

Obervolta **125 ff.**, 156
Oni 162
Onitsha 58, 163
Orodara 57
Ouidah 58
Owerri 163
Oyo 56

P

Paläozoikum 16
Palime 142
Pama, Faunareserve von 156
Panafrikanismus 35
Paraku 55, 152
Pasteur-Institut 108
Pendjari, Nationalpark 153, 156 f.
Pflanzenwelt 11 f., 65
Phosphate 80
Pisten 48, 118, 126
Pita 108
Plateau 15
Podor 94
Politische Verhältnisse 35
Port Bouet 120
Port Harcourt 162

Porto Novo 19, 58, **147**
Porto Lequro 140 f.
Portugiesen 21 f., 36, 58, 98, 103, 144, 159
Portugiesisch-Guinea 24
Potiskum 57
Präkambrium 15 f.
Praia 58
Presbyterianer 163
Presse 40
Protektorate 22
Protestanten 29

Q

Quartär 16

R

Regenwald 12, 44
Reisepaß 167
Reisezeiten, günstige 11, 174 f.
Religionsbekenntnisse 28 ff., 77, 99, 105, 113, 125, 129, 139, 159
Reparaturwerkstätten 82, 118, 155
Rio Nunez 107
Robertsport 116
Rosso 56, 93
Roume, Insel 107
Rufisque 90
Rundfunk 39

S

Saadier 76
Sahara 167
Sahara-Kastenhäuser 158
Saharier **26**
Sahel 44
Sahel-Klima 10 f.
Sahelier **26**
Saint Louis 56, 77, 94 f.
Salala 116
Salz 69
San 54, 73
Sangalkam 91
Sangha 75

Sansandinq, Stauwerk von 72
Sansanne-Manqo 144
São José de Bissau 103
São Tiago, Insel 58
Sapele 163
Sassandra **122**
Savannen 12, 109
Savé 55
Schiffsverkehr 81, 166
Schulwesen 38
Schum 67
Schweden 21
Sebe 142
Sébikotane 90
Sequ **72**
Sekondi 135
Senegal **77 ff.**
Senufo, Volksgruppe 124
Serer, Volksgruppe 18, 79
Seeschiffahrt 48, 52 f.
Segu 71
Senegal, Fluß 13
Sévaré 54
Siedlungen, ländliche 30 f.
Siedlungen, städtische 32
Sierra Leone 24, **110 ff.**
Sikasso 57
Sine-Salum-Gebiet 77
Singu, Faunareserve von 156
Sklavenhandel 22, 147 ff.
Sofara 74
Sokode 143
Sokoto 57, 164
Somadugu 73
Somba, Volksgruppe 153
Songhai 18, 71
Soziale Verhältnisse 32
Sprachen, hamitisch-semitische 27
Sprachen, sudanesische 28
Stauseen 128
Steyler Missionare 141
Straßen 48, 53, 63, 70, 80, 118, 126, 131, 140, 145, 154, 161
Stromschnellen 70
Subkanarisches Klima 11

Sudanesen **27**, 61
Sudan-Klima 10
Sudan-Städte 32

T

Taiba 80
Takoradi 55, 135
Tamale 55, 137
Tambakunda 56, 97 f.
Tangueta 153
Tankstellen 82, 119
Tanout 56
Taxis 52 f.
Tekrur (Tukulor), Volksgruppe 18, 77
Tema 55, 132
Temperaturen 9
Terschitt 66
Tertiär 16
Theater 40
Thiès 92
Tidjani-Bruderschaft 93
Tiébissou 122
Tierwelt 11 ff., 157
Tierzuchtanstalten 108
Timbuktu 18, 54, 68, **75 ff.**, 128
Timzat-Paß 67
Tivaouane 93
Töpferei 123
Togo 22, 136, **138 ff.**
Totemisten 28, 75
Totota 116
Touba 95
Toumodi 54
Tove 142
Treibstoff 54
Trinkwasser 54
Tschadsee 56, 157
Tsevie 142
Tuareg, Volksgruppe **26**, 75 f.

U

Umuahia 163
Universitäten 39, 86, 112, 115, 119, 132, 147, 163

Unabhängigkeit 23 ff., 62, 69, 77 ff., 100, 106, 110, 117, 125, 130, 145, 154, 159
Uranerzlager 154
Urwald 12
Uzuakoli 163

V

Velingara 98
Verhaltensregeln 164 ff.
Verkehrswesen 47, 58 f., 62, 69, 79, 101, 104, 106, 111, 114, 117 f., 131, 140, 154
Viehzucht 43, 62, 69, 100, 106, 118, 130, 140, 145, 160
Visum 167
Volta-Fluß 135
Vonjama 116

W

Wagaduqu 55, 57, **127 f.**
Walata 67, 128
Waldguinea 109 f.
Warardra-Paß 67
Warri 163
Wasserfälle von Kaletta, Balandi und Kitema 107
Wasserfälle von Pita 109
Waterloo 112
Weltkriege 23
Widdah **148**
Winneba 132
Wirtschaft 41 ff., 58 f., 62, 104, 106, 111, 114, 117 f., 126, 130, 140, 154, 160
Wirtschaftsgemeinschaft, westafrikanische 35
Wolof, Volksgruppe 18
Wudil 57
Wüstenklima 11
Wüsten-Vegetation 13

Y

Yamoi Ssoukro 121
Yeji 137
Yoff 87

Yonibana 112
Yoruba, Volksgruppe 19, **27**
Yundum 103

Z

Zaria 56
Zégoua 57
Ziguinchor 98
Zinder 56 f., **157**
Zoll 168
Zoo 87
Zorzor 116
Zwerat 62

Aus lands reisen

Seit über 40 Jahren das Länderbuch

VORBEREITUNG · DURCHFÜHRUNG

Herausgegeben von der Industrie- und Handelskammer Stuttgart

Wo Reisen ins Ausland geplant und durchgeführt werden, ist das in seiner Art einzige Loseblattwerk „Auslandsreisen" unentbehrlich. Auch Sie arbeiten sicher und schnell mit dem blauen Länderbuch, das durch Ergänzungslieferungen immer auf dem neuesten Stand gehalten wird.

Seit über vier Jahrzehnten bei 13 Auflagen weit über 70 000 Bezieher! Verlangen Sie einen ausführlichen Prospekt!

J. Fink Verlag · 7 Stuttgart S · Mörikestraße 15